ALTIN KİTAPLAR
YAYINEVİ

Bu Diziyi Hazırlayanlar
NİLGÜN HİMMETOĞLU
PINAR YILMAZER

BASKI
12. BASIM / KASIM 2002
AKDENİZ YAYINCILIK A.Ş.
Matbaacılar Sitesi No: 83
Bağcılar - İSTANBUL

ISBN 975 - 405 - 521 - 1

ALTIN KİTAPLAR YAYINEVİ
Celâl Ferdi Gökçay Sk.
Nebioğlu İşhanı Cağaloğlu-İST.
Tel: (0 212) 513 63 65 - 526 80 12
520 62 46 - 513 65 18
Faks: (0 212) 526 80 11
www.altinkitaplar.com.tr
info@altinkitaplar.com.tr

ALTIN GENÇLİK DİZİSİ: 11

Anne Babama Sevgilerimle,

LÜTFEN BENİ ANLA

İPEK ONGUN

ve

Gençler

ALTIN KİTAPLAR

Yazarın Yayınevimizden Çıkan Kitapları:

MEKTUP ARKADAŞLARI
KAMP ARKADAŞLARI
AFACANLAR ÇETESİ
YAŞ ON YEDİ
LÜTFEN BENİ ANLA
BİR PIRILTIDIR YAŞAMAK
BU HAYAT SİZİN
BİR GENÇ KIZIN GİZLİ DEFTERİ
ARKADAŞLAR ARASINDA
KENDİ AYAKLARI ÜSTÜNDE
YARIM ELMA GÖNÜL ALMA
ADIM ADIM HAYATA

Gençlerimizin sevgi ve çeşitli duygu güzellikleriyle oluşturduğu bu anlamlı çalışmayı yine gençlere, bu kez de

geleceğin anne ve babalarına

ithaf etmek istiyorum.

Ve tüm kuşaklar için geçerli bir söz...

Nasıl bir anne babaya sahip olduğumuz o kadar da önemli değil,

Çünkü bu seçim bizim elimizde değil.

Ama nasıl bir anne baba olacağımız çok önemli.

Çünkü bu seçim bizim elimizde.

Bu kitabın oluşmasına düşünceleri, gözlemleri ve önerileriyle katkıda bulunan

Seval Agun, Nuray Akdemir, Pınar Duygu Akay, Zeynep Albayrak, Deniz Altınbaş, Bilge Altınbilek, Nur Anbaryapan, Özge Angı, Duygu Arıöz, Hande Arslan, Ceyda Avcı, Gözde Bacık, Funda Bostan, Gülseren Bozkurt, Savaş Bozkurt, Deniz Cankoçak, Aslı Cirit, Cevher Coşanöz, Didem Çakır, Deniz Çakırer, Fatma Çırak, Elif Çöl, Zeynep Çulfaz, Fatoş Demirmen, Serra Doğacan, Emel Egüz, Hüyla Eraydın, Ezgi Erdağ, İlke Erdoğan, Ebru Ergin, Yeşim Ergüngör, Zeynep Erkul, Burcu Ertuğrul, Türkan Ertuna, Nezihe Güler Eskimez, Nilüfer Ö. Ferah, Gülşen Gedik, Melahat Gözcü, Gülcan Gülmez, Selin İrem Güner, İdil Güngör, Işıl Gür, Gaye Hafez, Melike Hancıoğlu, Ayça Işıldar, Cansel Kıral, Seda Kocakülah, Nazlı Konaç, Elif Korkmaz, Görkem Nazlı, Didem Nurcan, Koray Özdemir, Evren Özden, Canan Öztanık, Ebru Öztürk, Özge Sağduyu, Elif Saitoğlu, Fatma Sarı, Burcu Sert, Zeynep Sönmez, Esen Sökücü, Aslı Sümer, Benek Sürenkök, Seda Şahin, Serap Şahin, Havana Şimşir, Meral Tamer, Aysun Tarınç, Hande Taştekin, Selin Tümer, Özlem Uğur, Neşe Ünlü, Nehriban Ünverdi, Ahugül Ürük, Hazem Yanpar, Aylin Yıldırım, E. Esin Yılmaz, Şule Yürek, Yasemin Zelzele'ye bir kez daha yürekten teşekkür etmek istiyorum.

Doğrudan bu çalışmayla ilgisi olmasa bile, çeşitli konularda getirdikleri öneriler, dilekler ve izlenimlerle gelecek kitaplara ışık tutan, başta

Şebnem Cansun ve Eren Özeren olmak üzere, Zehra Akbaş, Meltem Didem Avşar, Efser Aykul, Dilek Ayvaz, Nihan Çağatay, Didem Çakır, Nevhiz Çalık, Pınar Çelebi, Müjgan Sevil Çiftçi, Çiğdem Elgin, Pelin Ergin, Neslihan Giray, Duygu Görücü, Özlem Günay, Gökçay İstanbullu, İdil Kadıoğlu, Sibel Kara, Serpil Karaduman, Semra Karakum, Gökçe Kınay, Didem Nurcan, Özlem Özdemir, Zeynep Özgen, Pınar Özhan, Hümeyra Pamuk, Özlem Rendeci, Seçil Serpil, Hale Sevinç, Evrim Sırmalı, Nihan Soyaslan, H. Onur Tokgöz, Cengiz Tosun, Zeliha Zıvdır ve Didem Topçu'ya bu destekleri için çok teşekkür ediyorum.

Burada bu konularla ilgili olmadığından isimlerini tek tek veremediğim ama bana güzel mektuplar yazıp, kartlar gönderen gençlere de ayrıca teşekkür ederim.

Biz Bu İşi Başardık!

Kutlarım sizi sevgili gençler, kutlarım!

Demek ki isteyince oluyormuş!

«Neden olmasın»lar işe yarıyormuş!

Sizlerle, yazdıklarınızla, fikirlerinizle nasıl gurur duyuyorum, bir bilseniz.

Şimdi, konuyu bilmeyen ve şaşkın şaşkın elinde bu kitabı tutanlar için zorunlu ve olabildiğince kısa bir açıklama...

Bu kitabın yazılması fikri tamamen gençlere aittir. Gittiğim okullarda, «biraz da anne babalarımız için yazsanıza,» önerilerini önce, olacak şey değil, diye kestirip atmıştım. Çünkü bu, her bakımdan beni aşan bir konuydu. Benim ne kimseye akıllar verecek bir bilgeliğim, ne de konuyla ilgili uzmanlığım var. Ama aynı öneri ısrarla yinelenmeye, bazı duyarlı ana babalar da buna katılmaya başlayınca oturup düşündüm, ne yapabilirim, nasıl yapabilirim diye.

Sonunda sevgili gençlerime seslenerek, madem böyle bir kitap yazmamı istiyorsunuz, o zaman sizler de alın kâğıdı kalemi elinize ve anne babalarınız hakkında neler düşünüyorsunuz, beklentileriniz nelerdir; sizleri neler sevindirir, neler üzer; neleri beğeniyor neleri beğenmiyorsunuz bana yazın; yeterince öneri gelirse belki de bunları bir kitapta toplarız, şeklinde bir çağrıda bulunup, topu onlara attım.

Ve... oturup beklememe fırsat kalmadan öyle güzel mektuplar gelmeye başladı ki... Akılcı mektuplar, içli mektuplar, şen şakrak mektuplar, sessiz seslenişlerle ulaşmaya çalışan mektuplar... Şiirler, anılar, fikirler... Mantıklı istekler, özlemler, beklentiler... Öneriler, çağrılar... Hepsi de sevgi dolu, sevgiye sonuna dek açık. Aldığım her mektubun apayrı bir güzelliği vardı. Sizlere bu mektupların tümünü okutabilmek isterdim ama bunca güzelliklerine karşın o mektupları peşpeşe sıralamak kitabı bir telefon rehberine çevirecek, bu arada da o güzelim fikirler arada kaybolup gidecekti.

İşte bu nedenle kiminin düşüncelerini kullandım, kiminin önerilerini... (Onlar kendilerini satır aralarında bulacaklardır.) Kiminden bir cümle, kiminden bir paragraf aldım. Kiminin tüm mektubunu, kimininse şiirini koydum. Bu arada değerli bilim insanlarının konuyla ilgili kitaplarını okuyup, bilgilendikten, yani bir tür ev ödevi de diyebileceğimiz bir çalışma yaptıktan sonra, bu bilgileri ve gençlerin yazdıklarını bir potada eriterek sizlere sunmaya çalıştım.

Gençlerle hazırladığımız bu kitap biraz garip bir çalışma oldu. Şöyle ki, kesin çizgilerle belli bir kesime seslenmiyor, birbiriyle örtüşen ve kesişen birkaç kesime birden sesleniyor. Hem bu kitabı yazan gençlere ve anne babalarına; hem genç anne babalara, hem de anne baba olacak genç kuşağa...

Ayrıca tekrar belirtmemde yarar var. Gençlerimiz ve ben hiçbir konuda uzman değiliz. Bu kitap, ne çocuk nasıl eğitilir biçiminde; ne de sorunlu çocukların ya da gençlerin sorunları nasıl çözülür tarzında bir çalışma. Bunar uzmanların konusu, bizleri aşan konular. Bizim burada yaptığımız karşılıklı oturup, kâğıt kalem aracılığıyla sohbet etmek. Birbirimizle konuşup, birbirimizi daha iyi anlamak, neler düşündüğümüzü birbirimize anlatmak ve bunların anne babayla çocuğu arasında zaten varolan sevgi selinin daha da coşkulu akmasını, yakamozlarının daha da güçlü pırıldamasını sağlamak... Bu söyleşiler için, daha güzel, daha anlamlı bir yaşama doğru bir tür el ele veriş de diyebiliriz. Örneğin, Bursa'dan yazan gencimiz Artvin'deki gencin sorununu dile getirecektir. Belki Balıkesir'den yazan gencimiz Kıbrıs'takinin gülümsemesine yardımcı olacaktır. Afyon'da yaşayan gencimiz aynı yakınmaları Aydın'dan yazanın mektubunda okuyunca, «Demek bir tek ben değilmişim bu sıkıntıları çeken,» diyerek bir parçacık da olsa teselli bulacaktır. Ankara'dan yazılmış delidolu bir mektup hepsini güldürecektir belki. İşte kitabımız bu tür söyleşilerden oluşuyor.

Ve bunu yaparken,
kuşaklar arasındaki farklılıkları,
koşulsuz sevginin ne olduğu ve nasıl verilmesi gerektiği,
bir «insan yetiştirmenin» sorumluluğu,
mutlu ve «değerli» bir insanın oluşumu,
hak ve özgürlüklerin çok küçük yaştan başlayarak verilmesinin önemi,
ana baba okullarının gerekliliği,
yaşam ve eğitimin anlam ve amacı hakkında da düşünmeye çalışıyoruz birlikte. (Yani boşa çançan değil bizim sohbetlerimiz!)

Kitabı bitirdiğimde, hiç aklınıza hayalinize gelmeyen bir şeyle karşılaşınca donup kalırsınız ya, işte ben de o an gençlerimizin neyi başardıklarını tam anlamıyla kavramanın şokunu yaşadım.

Düşünün! Bir öneri getirmişler. Israrcı olmuşlar. Sonra da yurdun ayrı ayrı köşelerinden yazarak ortaklaşa bir çalışma içine girmiş ve bir KİTAP oluşturmuşlardı gençlerimiz. Bu kitap tamamen onların isteğiyle başlamış, yönlendirmeleriyle gerçekleşmişti.

«Neden olmasın?» demiş ve başarmışlardı.

Üstelik konuşarak, tartışarak düşünce üretemeyen, daha da önemlisi pek çok önemli konuya birlikte bir türlü çözüm getiremeyen yetişkinlerin oluşturduğu bir ortamda başarmışlardı bunu.

Ne müthiş bir şey, değil mi?
Sevgili gençler, sizleri yürekten kutluyorum.
Sizlerle çok ama çok gurur duyuyorum.
Sizleri seviyorum.

VE

«Yaşasın! Biz bu işi başardık,» diyorum.

Yanlış Anlama Anne

Amacım seni üzmek değildir
Beni sakın yanlış anlama.
Pişman olmanı isteyemem senden
Ya da ağlamanı
Sadece dinlemeni istedim,
Birazcık kabullenmen fikirlerimi.
Ya da ne bileyim
Kendi doğrularını değil de
Biraz da benimkileri düşünmeni istedim anne.
Sevmeni istedim benim sevdiklerimi
Ama senin gibi değil benim sevdiğim gibi.
Görmeni istedim güneşi
Benim gördüğüm gibi
Yani sadece sarı ve yuvarlak değil
Arasında turuncuların da olduğu bir resim gibi.
Senin doğrularını inkâr ettim anne,
Karşı çıktım sana
Ve sen tüm kızgınlığınla
Kötü kötü suratıma bakıp kızdın.
Oysa biliyor muydun
Aynı zamanda sen de benim doğrularımı
İnkâr ettin anne.
Sevdim anne
Doyasıya, ölesiye.

Ama bilmen gereken bir şey vardı,
Asla boyun eğmedim, eğmeyeceğim.
Senin de öyle görmeni istedim
Ama göremedin anne.
Bana asi deme anne
Çünkü senin istediğin
Kendi fikirlerini
Barınamayacakları bir bedene sokmak.
Oysa ben de büyüdüm anne,
Eski küçücük çocuk değilim artık.
Kendi fikirleri olan
Özgürlüğüne düşkün bir insan olma yolundayım.
Yani bir başka deyişle
Bir yaşama savaşı veriyorum belki kendi kendime.
Bana kızma anne
Çünkü sen hiç ayakların kopana kadar
Ve dilediğince bağırarak dans etmedin.
Çünkü sen hiç ağaca çıkıp
Ayvaları toplamadın.
Ya da yakamozları seyretmedin akşam,
Dalgalı bir denizde boğuşmadın dalgalarla;
Belki de ıslak kumlara
Üstüm kirlenir mi diye düşünmeden
Uzanmadın,
Ya da yıldızları toplamadın gökyüzünden.
Belki de bunların hepsini yaptın da,
Bana anlatmadın.
Niye anlatmadın anne?
Senin yaptığın hataları yapmayayım diye mi?
Oysa söyler misin anne,
Hataları yapmadan doğruları nasıl öğrenebilirim?
Nasıl ben olabilirim istediğim gibi?
Nasıl yaşayabilirim bu iğrenç dünyada?
Ben siyaha mavi derim belki

Körü körüne inanmadan,
Oysa sen yemin edebilirsin siyahın siyah olduğuna.
Peki niye düşünmüyorsun anne
O ya maviyse diye?
Hiç çikolatalı dondurma savaşı yaptın mı anne
Gülmekten katılarak?
Hiç düşündün mü her sene kızdığın
O yumurta savaşı ne eğlenceli diye?
Belki de o savaşları yapmasaydım anne,
Yanlışlarla savaşmayı öğrenemeyecektim.
Ama öğreniyorum anne.
Sen hep şiir yazdığımı
Ve bununla ilgili bir meslek seçmemi istedin
Ama ben sadece hissettiğim için yazıyorum anne
Mecburiyetten yazmak istemiyorum.
Evet, belki hiç iyi öğrenci olmadım hayatımda,
Olamadım.
Ama doğrudan olmasa da hep örnekler vardı.
Gösterdiğin, göstermek istediğin
Ama görmek istemedim anne.
Hep bu yüzden bana kızdın.
Gördün mü yine benim doğrularımı inkâr ettin anne.
Ben risklere girmeyi severim
Yani tekdüze bir yaşam istemiyorum
Çevremdekiler gibi olmak,
Ben değişik olmak istiyorum anne
Fikirlerimle tanınmak.
Aramızda dağlar var
Kocaman dağ gibi fikirler
Belki bir savaş var aramızda,
Adı
Fikirler ayrılığı.
Ben karanlıktan korkmam anne
Çünkü onun gizini ve güzelliğini biliyorum

Oysa sen hep ışık yakarsın hava karardığında;
Oysa perdeleri açıp
Işıkları kapatıp seyrettin mi hiç gökyüzünü,
Bardaktan boşanırcasına yağmur yağdığında
Hiç ıslanmak geldi mi içinden?
Benim geldi anne
Ama sen izin vermedin yapamadım.
Oysa hep korktun hasta olacağımdan
Ben benim anne
Hastalığım da bana, sağlığım da...
Artık böyle olmak zorunda
Belki bunları beni düşündüğünden yapıyorsun
Ama bu kadar düşünme anne
İzin ver biraz da ben düşüneyim.
Bana kızma anne
Benden önemlisi fikirlerimi inkâr etme
Çünkü bu fikirleri bir başka deyişle
Sen yarattın,
Çünkü beni sen yarattın,
Ben istemeden.
Bunu unutma!
Herkes bir şey olabilir anne
Çok çalışabilir, başarılı olabilir
Ama ben hiçbir şey olabilirim anne,
O zaman bu benim sorunum
Senin değil.
Bunu anlamalısın anne
Belki gurur duymalısın.
Diğerlerinden farklı olduğum için
Ya da farklı olmaya çalıştığım için.
Ne olursa olsun anne
Dünyanın yedi harikası var,
Niye sekizinciyi bulmayalım anne?
Niye el ele vermeyelim
Ama bir şartla,

Sen kendi fikirlerinle
Bense kendi doğrularımla.
Seni seviyorum anne!
Bunu kaç kere söylemem gerek
Sen de beni sevdiğini söyle
Ve sadece senden yardım istediğimde karış fikirlerime.
Unutma anne
Yanlış yapmadan doğruları bulamam.
İzin ver senin yanlışlarını
Ama benim doğrularımı yapayım.
Hep demez miydin sen
Aile en kutsal kavramdır, diye
Bu kutsal kavramı bozmak istemiyorum
Ama bozmamam için yardım et bana anne.
Biraz da benim açımdan bak olaylara
Kırların hâlâ yeşil olduğunu
Ve güneşin parladığını gör
Ama üzülme
Geceleri güneşin kaybolduğunu artık öğrendim
Bak zor olmadı anne
Bir konuda aynı fikirdeyiz
Belki güneşe bakış açılarımız farklı ama
Sonunda ikimiz de inanıyoruz
Gecenin karanlık olduğuna
İmkânsızı başarmak istiyorum anne
Çünkü bence
İmkânsız diye bir şey yok
Bunu anla lütfen anne!
Karanlıklarda kaybolmam
Çünkü karanlıklar tahmininden çok daha güvenli.
Benim güvenlikte olduğuma
İnanıyor musun anne,
Senin fikirlerin altında,
Yapmadığını iddia ettiğin baskıların altında?
Eğer evet dersen yanılıyorsun anne

Kendimi hiç güvenlikte hissetmiyorum anne.
Beni anla lütfen, anne!
Bir şeyi yaptığımda
Niye yaptın sorusuyla değil
Aferin cevabıyla karşılaşmak istiyorum,
Biraz pohpohlanmak istiyorum belki
Çünkü artık
Şımarmamayı öğrendim anne.
Senin ne olduğunu biliyorum,
Annemsin
Ama artık sen de benim ne olduğumu öğren
O çocuktur deyip de geçme anne
Biraz güven bana!
Güveniyorum diyorsan,
Senden daha çok güven istiyorum.
Sen hiç tanımadığın insanlara güvendin mi anne?
Ben güvendim
Hiç de öyle anlattığınız gibi
Korkunç değilmiş anne.
Karşımda bir gülümseme görünce
Tanımadığım bir insandan,
Gözlerim doldu anne.
Sen hiç kendini olduğun gibi anlattın mı o kimseye,
Çekinmeden?
Ben anlattım anne
Hem de tüm gerçekleriyle
Ve mutlu oldum anne.
Sen hiç hırçın rüzgâra karşı yürüdün mü?
Yanakların kızarıp da dudakların çatladı mı?
Ben yürüdüm anne
Ve bence yaşamak bu demek
Tüm zorluklarıyla yaşamak.
Eğer bana zorları öğretmezsen anne
Nasıl yaşamın yaşam olduğunu anlarım?
Ben senin karnındayken

Her tekmemde düşündün mü bunları?
Büyüyüp insan olacağım
Fikirlerimi tartışacağım
Aklına gelmedi değil mi anne?
Düşündüğün sadece
Küçük ellerim, burnum ve ayaklarımdı
Oysa kişiliğim vardı anne,
Ben istemediğim zaman
Yemek yedirtemezmişsin ya bana,
Garajcılık oynarmışız.
İstemiyorum anne
Başkalarının doğrularını istemiyorum.
Ben olmak istiyorum,
Doğrularımla beraber!
Bilmiyorum anlatabildim mi anne
Fikirlerimi doğrularımı
Eğer bana asi diyorsan
Seni kısıtlayamam anne
Ama gün gelince
Bu asi kızınla gurur duyacaksın.
Sana söz veriyorum
Ve senden söz almak istiyorum,
Siyaha mavi olarak
Kırlara yeşil
Güneşe resim olarak bakman için
Benim gördüklerimi görmen
İnsanlara güvenmen için.
SENİ SEVİYORUM ANNE
Ve beni sevmeni istiyorum
Küçük kızın değil de
Seninle konuşabilen
Bir insan olduğum için.

Selin Tümer
16 Eylül 1993

Ana Babalık Zor Zanaat

Bilmem hiç düşündünüz mü, bir insanın doğru dürüst bir bina inşa edebilmesi için onun mühendis olması, yani yıllarla fakültelerde dirsek çürütmesi beklenir ve ancak bu eğitimden sonra bir ev yapmasına izin verilir.

Bir tamirci yıllarca «usta»nın yanında çıraklık yapar ve ancak çıraklık dönemi sonunda eline bir radyo ya da bir televizyon teslim edilir.

Buna karşılık, bir insan yavrusunu kucağımıza verirler ve bizlerden mükemmel bir evlat yetiştirmemizi isterler. Oysa bunun üstesinden gelecek hiçbir eğitimimiz, donanımımız, bir çıraklık dönemimiz bile yoktur. Üstelik elimize verdikleri kullanılmış bir el radyosu değil, tüm sorumluluğuyla geleceği etkileyecek güce sahip bir insan yavrusudur. Kısaca, bir insan yetiştirmenin tüm sorumluluğudur pembe ya da mavi battaniyeye sarılarak kucağımıza bırakılan. (Ne dehşet verici bir düşünce, değil mi?)

Ve bu noktada umulan, ana babalık içgüdüsünün hemen devreye girerek tüm bilgeliğin «anında görüntü» şeklinde kafamızda ve gönlümüzde belirivermesidir. Dayanaklarımızsa kendi anne babalarımızdan görüp duyduklarımız, duygularımız ve görev olarak bellediklerimizdir. Beslemek, bakmak, en iyi biçimde okutmak, bir meslek sahibi olmasını sağlamak ve evlendirmek gibi...

Bu anlayış günümüze kadar iyi kötü pek çok kuşağı getirdi. El yordamıyla sürdürülen bu yöntem sırasında bazı hatalar olduysa da kırılıp döküleni, gösterilemeyen ama derinlerde bir yerlerde olduğunu bildiğimiz bir sevgi, hele de yıllar geçtikten sonra yapıştırdı, pürüzleri zaman içinde eritti. Ama bugün artık bu yöntem yeterli olmamaya başladı. Neylersiniz, bu da bizim şansımız! Bizim çocuklarımız bizler kadar kanaatkâr(!) değiller.

Soru soruyor; bizleri ve yöntemlerimizi sorguluyorlar.

Daha hedefe varan bir sevgi biçimini özlüyorlar.

«Mutlu» olmak istiyorlar.

Daha «anlamlı» ve «değerli» bir yaşam biçimi; iç ve dış güzellikler istiyorlar.

Sanki bir kabuk çatlıyor ve bizler bir değişimin, yeniliğin eşiğindeyiz.

«Ruhen anlaşmak»mış...

İç güzellikler dedim de, aklıma anneannem geldi. Sekiz, on yaşlarında olmalıydım. Bir gün evin kadınları; annem, teyzem ve anneannem oturmuş dedikodu yapıyorlardı. Annem ballandıra ballandıra bir boşanma öyküsü anlatıyordu. Anneannemse pratik bir kadındı, hemen sadede geldi.

«Neden boşanıyorlarmış?» diye sordu.

«Ruhen anlaşamıyorlarmış,» dedi annem duygulu bir sesle.

«Neymiş, neymiş?» diye anlamaya çalışıyordu anneannem.

«Canım ruhen yani manen anlaşamıyorlarmış.»

Anneannem bu yanıt üzerine bir kızdı, bir kızdı.

«Ne demekmiş ruhen anlaşamamak,» diye söylendi? «Erkek para kazanır, evini geçindirir; kadın da çocuklarını büyütür. O evlilik de pekâlâ yürür. Manen anlaşamıyorlarmış! Daha neler!»

Yaa, işte hayat o günlerde böylesine kolaymış. Evlilikte herkes yerini işini bilirse, gül gibi geçinilir gidilirmiş. Çocuklara gelince, çocuğun yediği helal, giydiği haram, düşüncesinden hareketle iyi beslenir, gereği kadar giydirilir, elden geldiğince bir gelecek hazırlanırmış.

Bugün bizlerin anladığı biçimde «iyi çocuk yetiştirmek,» olanakları elverdiğince beslemek, giydirmek, iyi bir okula, daha sonra da üniversiteye girebilmesi için yine tüm olanaklarımızı seferber ederek onu hazırlamak; saygın ve geçimini sağlayacak bir meslek edinmesine yardımcı olmak ve en sonunda da, yani kalan son mecalimizle de, onu evlendirmek ve evini açmasına destek olmak şeklinde ortaya çıkıyor. (Daha sayarken insan yoruluyor, değil mi?)

Sadece görevleri yapmak keçiboynuzundaki mutluluktur

Geçenlerde sınıf arkadaşlarımız ve eşleriyle bir akşam yemeğinden sonra oturmuş konuşuyorduk. Konu çocuklarımız, çocuğu olmayanlara acımak, çocuklarımızın bizler için ne büyük bir mutluluk kaynağı olduğu üzerine bir çeşitlemeydi. Arkadaşlarımızdan birinin eşiyse son derece sessiz, bizleri dinliyordu. Hiç lafa karışmıyor, bir ona bir buna bakarak biz hararetle konuşanları izliyordu.

Sonunda birisi, «Bütün gece susup durdun. Sen ne düşünüyorsun bu konuda? Çocuklarımız bizler için en büyük mutluluk kaynağı değil mi?» diyerek onu da konuşmanın içine çekmeye çalıştı.

Arkadaşımız bir süre düşündü. Hepimiz yanıtını bekliyorduk. Sonunda, «Çocuklarımızın hayatımıza kattığı mutluluğu keçiboynuzundaki şekere benzetiyorum,» demez mi!!

Hepimiz bağırıştık! O ise gayet sakin devam etti.

«Yalan mı? Durmadan uğraş, çabala, didin. Özveri... Özveri... Ve bunun karşılığında bir parçacık mutluluk. Tastamam keçiboynuzundaki şeker kadar...»

Çok, çok iyi bir baba olan bu dostumuzun sözleri üstünde bir an durup düşünmek gerek aslını isterseniz. Çünkü bu noktada çoğumuzun henüz farkında bile olmadığı bir açmaza parmak basıyordu arkadaşımız.

Bizler bu dünyaya «mutlu» olmak için de gelmiş olabileceğimizin henüz farkında değiliz. At gözlüğü takmışcasına bize öğretilenlerin, yani «görevlerimizin» çizdiği daire içinde dönüp duruyoruz. Şunun şurasında belli sürelik bir ömrümüz olduğunun ve bugünlerimizi olabildiğince mutlu, renkli ve anlamlı geçirmenin bir suç olmadığından haberdar bile değiliz.

«Mutlu» olmanın hakkımız olduğunu hâlâ bilmiyoruz.

Yaşama sevinci ve bilinci üstünde pek düşünmemişiz.

Böyle olunca da yaşama kültürünü geliştirememişiz.

Tekdüzelikle suçladığımız gündelik yaşamımızı değiştirme gücüne sahip olduğumuzun bilincine varamamışız.

Bir sonbahar sabahı ormanda yürüyüşe çıkmayı, jimnastik yapıp form tutmayı; vazoları, konuklar gelecek diye değil, sırf kendi göz zevkimiz için kır çiçekleri ya da yemyeşil yapraklarla doldurmayı; son çıkan kitap ve kasetleri izlemeyi, kütüphanelere üye olarak bol bol okumayı, çeşitli radyo istasyonlarından yararlanarak doğru dürüst müzikle günlerimize yepyeni bir boyut katmayı; evde arasıra değişik bir yemek ya da sofra düzeni uygulamayı; haftasonunda ailemizle bir piknik düzenlemeyi ya da tiyatroya gitmeyi nedense hafife alır, yüzümüzde alaycı bir gülümsemeyle, işte bunlar derdi olmayan, işsiz güçsüz takımının yapacağı şeyler, benim derdim başımdan aşmış, diye düşünür ve sadece görev bildiklerimize yöneliriz. Ve boşa dönen saat zembereği gibi görevlerimize hiçbir renk katmadan aynı şeyleri yineler, yineleriz.

Gerçek mutluluksa yaşamı kafa ve gönül deneyimleriyle paylaşmaktır

Çocuklarımızla ilişkilerimize gelince, bakın neleri ıskalarız. Bebekliklerinde masal okuyarak onları kitapla tanıştırmayı, sıcak bir yaz gününde bahçe hortumuyla onlara bol kahkahalı bir duş yaptırmayı; sıkıntılı bir gününde onunla sessiz bir köşeye çekilip, «Bana derdini söyleyebilirsin,» demeyi ve onu gerçekten dinlemeyi; bir kız çocuğunun ilk süslenişinde güçlü bir özgüvene imza atacak sıcak bir gülümsemeyle onu ne kadar güzel bulduğumuzu söylemeyi ve yüzünün pembeleşmesini izlemeyi; deniz kıyısında çıplak ayakla çıkılan bir yürüyüşte köpüren dalgalara bakarak ona amacı olan ve buna ulaşabilmiş değerli bir insanın öyküsünü anlatmayı; insanı «insan» yapan temel ve evrensel ilkeleri anlamasına yardımcı olmayı ve deniz kıyısı sona erdiğinde bir kayanın üstüne oturup onu doyurana dek karşılıklı konuşmayı, ona ufuklar açmayı... ıskalamışız.

İlk aşk acısında onu «anladığımızı»; ilk başarısızlığında onu yüreklendirerek «arkasında» olduğumuzu, ilk başarısında onunla ne denli gurur duyduğumuzu açık açık söylememişiz. Nasıl olsa biliyor, yanılgısına düşmüşüz. Kendi duygularımızı bir dostumuza anlatırcasına anlatmamış, iyi ve kötü anlarımızı onlarla paylaşmamışız.

İşte tüm bunları görev bellediğimiz yedirmek, giydirmek, okutmak, evlendirmekle kıyaslıyor ve yine o hafif alaycı gülümseme gelip oturuyor dudaklarımızın kenarına.

İşte bu nokta, bizim yanılgı noktamız.

Çünkü gerçek mutluluk sadece yapmamız gereken görevlerimizde değil, en az onlar kadar önemli olan kendi iç dünyamızı aydınlatacak, bize gönül ve kafa keyifleri, zevkleri, tatları verecek olayları çocuklarımızla birlikte yaşamakta yatıyor.

Bizler bu dünyaya gün doldurmak için gelmedik.

Bizler bu dünyaya daha iyi şeyler için geldik.

«Mutlu» olmak için geldik.

Ve sırf görevlerimizle yetinirsek, işte o zaman sadece çocuklarımızla değil, tüm yaşamımızla olan ilişkilerimizdeki mutluluk ve hayattan zevk alma oranı keçiboynuzundaki şekerden öteye gidemez. Önce bunun farkına varmalıyız ve alışılmış kalıplardan sıyrılıp, kendi kafamızla her şeyi yeni baştan sorgulamalı, düşünmeliyiz. Bu uyanış bize dünyaya gelişimizin gerçek amaç ve anlamını kazandıracaktır. Hem kendimizin, hem de çocuklarımızın «mutlu» olmaya hakkı olduğunun; gelip geçeceğimiz yıllarla sınırlı ömrümüzü en doğru, en güzel ve en doyurucu biçimde yaşamak için, kısaca mutlu bir insan olarak yaşamak için burada bulunduğumuzun farkına varacağız, eğer durup düşünürsek.

İşte gençlerimiz burada devreye giriyorlar. Onları bizim kuşaktan ayıran fark burada yatıyor. Biz tüm bunların farkında değildik ve pek çok şeyi ıskaladık bu yüzden. Onlar ne istediklerini kesin sözcüklerle anlatamıyorlar belki ama yeni ufuklara, yeni doğrulara yönelen daha anlamlı bir hayat, daha renkli bir yaşam biçimi, daha pürüzsüz ilişkiler istiyorlar bizden. Ve bunu bizlerle birlikte yaşamak istiyorlar, bizden koparak değil.

Yaşamda ve insan ilişkilerinde kurallar, görevler ve tabuların ötesinde bir şeylerin olması gerektiğini sezinliyorlar ve yardım etmemizi istiyorlar. Bizleri sarsıyor, uyandırmak istiyorlar sanki.

«Hep birlikte insanın bu dünyaya gelme amacına yaraşır biçimde yaşayalım,» diyorlar.

İşte onlarla aramızdaki fark.

Dedim ya, ana babalık zor zanaat!

Anneannemle ilgili anlattıklarım ve bugünlere varışımız aklıma geliyor, aşağıdaki mektubu okurken. «Nerden nereyeee...» diye mırıldanmaktan kendimi alamıyorum. Ve çok ama çok mutlu oluyorum!

«Ben sizin kitabınızı baştan sona kadar okudum. LÜTFEN SİZ DE BENİMKİNİ BAŞTAN SONA KADAR OKUYUN» diye bir not ve mektup.

«Memnuniyetle,» diyor ve okuyoruz.

«Büyük gençlere merhaba!

Öncelikle tüm gençler adına gençliğe saygı duyan ve bizi sevenlere teşekkür ediyorum. Saygı bizim toplumumuzdan biraz uzak bir kavram; bizim toplumumuz saygı duymayı ne yazık ki bilmiyor ve bütün sorunlar bundan doğuyor.

Hepimizin bildiği ama benim yine de tekrarlamak istediğim bir gerçek, anne ve babalarımızın bizleri, bizlerin de onları çok sevdiğimizdir. Küçükken annemle babamı mükemmel olarak görür, tüm davranışlarını örnek alırdım. O zamanlar onlarla paylaştığımız tek şey karşılıklı sevgimizdi. Ama büyüdükçe sevginin habercilerinden artık haber gelmiyordu sanki. Biraz daha büyüyünce olaylara daha olgun bir insan gözüyle bakmaya başladım ve bir insan yetiştirmenin, onu yönlendirmenin kolay bir şey olmadığını anladım. Ben bunu kabul ediyorum. Kabul edemediğim, bazı konuşmaların sonunun hep 'hayır'la bitmesi... Her şeye 'hayır' demek ne kadar kolay! Bazı şeyleri karşılıklı oturup, saygılı bir şekilde konuşarak, fikirlerimizi birbirimize aktararak ortaya güzel şeyler çıkarmak onlara zor geliyor. Onun için de kolay yolu seçip, işin yararlı ve zevkli yanını düşünmeden kesin bir 'hayır' diyorlar. Oysa insanlara konuşarak, tartışarak doğruları bulmaları öğretilseydi, öyle yetiştirilselerdi, bugün daha sağlıklı bir Türkiye'de yaşıyor olmaz mıydık?

Aslında tüm anne babalar bizim yaşadıklarımızı yaşamış, bizim gördüğümüz tüm eksiklikleri görmüşler ama bunları düzeltmek için çaba göstermemiş, uğraşmamışlar. *Böyle gelmiş, böyle gider, demişler. Ama hayır! Biz bunu değiştireceğiz.* Zaten sizlerden tek ama en büyük farkımız da bu değil mi?»

Sınıfımızı Nasıl Zar Zor Geçtik?

Ana babalık zor zanaat, demiştik. Acaba uzmanların gözüyle biz hangi noktadayız? Anne babalık karnesi olsaydı yapılan araştırmalar ışığında bizlere ne gibi notlar verirlerdi? Bilmek istiyorsanız bir derin soluk alıp, okumaya başlayın.

1- Çocuğumuza yeterli güven duygusu veremiyormuşuz.
Böylece özgüveni olmayan bir insan çıkıyormuş ortaya.

2- Ona bağımsız davranmasını öğretmiyormuşuz.
Böylece utangaç ve içine kapalı oluyormuş çocuğumuz.

3- Sevgiyle disiplini dengelemesini bilmiyormuşuz.
Böylece ya çok pasif ya da saldırgan kişiler çıkıyormuş ortaya.

4- Girişimciliği hiç desteklemiyormuşuz.
Böylece çekingen, sebatsız ve yetersiz gençler yetişiyormuş.

5- Çalışma zevki ve boş zamanları değerlendirme alışkanlığı vermiyormuşuz.
Böylece çalışmayı bir yük olarak algılayan; boş zamanları değerlendiren değil, harcayan insanlar olmalarına yol açıyormuşuz.

6- Hele de cinsel eğitimde hepten yetersizmişiz. Onları sağlıklı biçimde bilgilendirmiyor, kız erkek arkadaşlıklarına abartılı ve yapay yasaklar koyarak sorun yaratıyormuşuz.

7- Ve onların bizlerle serbestçe konuşmalarını, duygu ve düşüncelerini iletmelerini engelliyormuşuz.
Böylece birçok sorunun kaynağı olan «kuşaklar arası iletişim kopukluğu» ortaya çıkıyormuş. Gençler ailelerindeki bu bozuk iletişim modelini ilerde kurdukları aileye taşıyorlarmış.

Nasıl?

Re - za - let bir karne değil mi?

Eee, uzmanlar acı söylermiş. Bilimsel bir araştırma sonucu ortaya çıkan bulgular işte böyle. Ama gariptir, böyle bir karne almamıza karşın sınıfımızı geçmişiz! İnanılır gibi değil ama sınıfımızı «kurul kararıyla» geçmişiz. Üstelik bizi geçirenler kimler biliyor musunuz?

«Kurul kararıyla» bizleri geçirenler yine bizim kendi çocuklarımız. Ve, bakın gerekçelerini nasıl dile getiriyorlar.

1- Söz ve davranış özürlü olmalarına karşın gerçek ve derin bir sevginin bulunuşu.

2- Tüm olanaklarını seferber ederek bizlere verebileceklerinin en iyisini verme çabası.

3- Bizlere karşı görevlerinde sorumluluk duygusuyla davranmaları.

4- Aslında iyi niyetli olmaları.

Bu gerçeklere bir de konunun uzmanı tarafından karnelerimizin altına düşülen not eklenince, bizim çocukların deyişiyle «yırtmışız!» Gençlerimizin yüzde seksen beşinin en sorunlu dönem olması beklenen gençlik yıllarını sağlıklı bir şekilde atlatabildikleri yazılı bu notta. Üstelik geriye kalan yüzde on beşin içinde daha başka sorunları olanlar çoğunluktaymış. Demek ki, o kadar da kötü değilmişiz!

«İnsan yetiştirme» eğitimi

Şimdilik vaziyeti kurtarmış ve sınıfı geçmiş durumdayız ama bir sonraki sınıfı geçebilmemiz için pek çok çalışıp, pek çok okuyup dünyada ve ülkemizde hızla değişen gerçekleri ve kavramları öğrenmemiz gerek. Belki de bir ana baba okuluna gitmek en iyi çözüm.

Gün gelecek tüm anne adayları eşleriyle birlikte bir ana baba okuluna giderek bebeğin hem bedensel hem ruhsal açıdan sağlıklı bir insan olarak büyüyebilmesi için yoğun bir eğitim görecekler. Hatta belki de zorunlu bir eğitim olacak bu. Ne kadar da iyi olurdu. Bu tür eğitimin ülkemizdeki ilk işaretlerini gerek Doç. Dr. Haluk Yavuzer'in önderliğinde üniversite bünyesinde, gerek Halk Eğitim, gerekse özel ana baba okullarındaki kurslarda görüyoruz.

Bir düşünün, bir dolu gereksiz ezber yerine liselere anne babalık dersleri konsa... Gençlerimiz nüfus planlamasının yanısıra, bilim adamlarının eserleri doğrultusunda «insan yetiştirme» konusunda bilgilendirilseler, akraba evlilikleri, AIDS gibi çeşitli hastalıklar ve çok genç yaşta evliliğin sakıncaları konularında uyarılsalar... Ve bu dersler ezber ve not kaygısı dışında tutularak, ilgili konuların tartışılarak öğrenildiği bir yer olsa... «Şöyle bir sorun var. Diyelim sen babasın, ne yapardın?» gibi sorun çözüm biçiminde bir düşünme şekliyle gençlere işin özü kavratılsa...

Biliyor musunuz, aslında bu o kadar da hayal değil, çünkü gençlerimiz böyle bir bilinçlenme gereğinin farkındalar. Bunu mektuplarındaki önerilerle dile getiriyorlar. Bilinçli ana babalığa şimdiden hazırlanır bir halleri var. Gördükleri yanlış uygulamalardan ders alıyorlar, soru soruyorlar, sürekli öğrenmek, yaşamın güzelliklerini çoğaltmak istiyorlar. Ve en önemlisi, «Benim çocuğum olunca...» diyerek bu çok, çok önemli konuda daha şimdiden düşünmeye başlamışlar bile. Ne büyük bir aşama!

Bakın bir gencimiz ne diyor.

«Çocuklarımız hakkımızda, bizim anne babalarımız hakkında düşündüğümüz gibi düşünmesinler...»

«İnsanoğlu gerçekten yeryüzündeki en değerli yaratık. Bir özbenliği, kendine ait bilinci, düşünceleri, duyguları, gözlemleri ve birçok canlının sahip olamadığı yetenekleri var ama bu muhteşem zekâ küpü neden çok dar bir çerçeve içerisinde düşünüyor? Neden kafalarındaki o küflenmiş demir kalıpları kırmıyor? Kuşaklar arasındaki küçücük bir bağlantıyı akıl almaz köprülerle dara sokuyorlar?

Bizler genciz ve önümüzde yaşanacak bir dolu hayat var. Beklentilerimiz, düşlerimiz, umutlarımız, kaygılarımız var ve biz anne babalarımızın desteğine muhtacız. Onlardan bize otuz, kırk yaşlarında astığı astık, kestiği kestik biri gibi değil; olabildiğince yumuşak ve alçakgönüllü davranmalarını istiyoruz. En azından sizlerin tecrübeleri var, çünkü siz de genç oldunuz. Bizim kadar iyi bilirsiniz ihtiyaçlarımızın, arzularımızın neler olduğunu! Peki ama bu aksaklıklar neden doğuyor? Neden bir baba çocuğuna, 'Doktor olacaksın yoksa hakkımı helal etmem,' diyebiliyor da, neden, 'Eğilimlerin hangi meslekle çakışıyorsa o mesleğe yönel,' diyemiyor. Ya da 'Şu saatte evde olacaksın. Beş dakika gecikirsen kafanı koparırım,' diyebiliyor da, 'Senin sorumlulukların var çocuğum. Kendine sahip çıkacak yaştasın ama bize karşı da sorumlulukların var. Hangi saatte eve geleceğini bildir; eğer bu saat uygunsa kabul ederiz, değilse başka bir yol deneriz,' gibi bir laf etmiyor...

Bizlerin derdi gördüğünüz gibi hiç bitmiyor, Sayın Ongun. Anne babalarımızın dünya kadar işi var. Bizim dertlerimizle mi uğraşsınlar, kendi dertleriyle mi? (Annem hep böyle der.) Bana göre iş dönüp dolaşıp aile ve okul eğitimine geliyor. Düşünüyorum da, madem ki bizler ana babalarımızı bir parça da olsa yadırgıyoruz, yeni bir yol deneyelim.

Büyüyünce çocuklarımız bizim hakkımızda böyle düşünmesinler diye kendimize yön verip iyi bir anne ya da baba olacağımıza yeteri kadar inandığımızda bu işi yapalım. Zor değil ki!

NEDEN OLMASIN?

Saygılarımla»

Anlamak ve Öğrenmek İçin Dinleyelim

Bizden önceki kuşaklar ve biz mutluluk sözcüğünü hep öylesine kullanagelmişizdir. Gerçek anlamını, derinliğini anlamadan; «hayatın özünü», «yaşamın temel amacını» anlatan bir sözcük olduğunun pek de farkına varmadan, kayaların üstünden hiçbir iz bırakmadan akan sular misali kullanıp durmuşuzdur bu sözcüğü.

Oysa mutluluk da tıpkı cangüvenliği, özgürlük ve eşitlik gibi bir insanlık hakkıdır.

Evet, mutlu olmak bir haktır.

İşte gençlerimiz bunu istiyorlar.

Bu kadar önemli bir olgunun farkına vardıkları ve bu hakkı istedikleri için onlarla gurur duymalıyız.

«Hayırlı evlat», «tüm giriş sınavları şampiyonu», «iyi bir iş sahibi» olmanın da ötesinde bir şeyler olmak istiyorlar.

«Mutlu» ve «değerli» bir insan olmak istiyorlar.

«Mutlu» ve «değerli»...

Bu iki sözcük üstünde biz anne babalar çok ama çok düşünmeliyiz.

Peki, mutlu ve değerli derken acaba neyi anlatmak istiyorlar? Ne düşünüyorlar?

İzlenimlerimi şöyle sıralamak istiyorum:

Koşulsuz sevilen; böylelikle kendini seven ve bu sevgiyi başkalarıyla paylaşabilen,

Güvenilen, saygı gören; böylelikle kendine güven ve saygı duyan, bir değeri, bir saygınlığı olan,

Kendi kafasıyla düşünebilen böylece gerçek anlamda özgür olan, kendi özbenliğini bulabilmiş,

Evrensel ilkeler doğrultusunda düşünceleri ve davranışlarıyla tutarlı bir yaşam çizgisi yakalayabilmiş,

Mutluluğun en önemli öğelerinden biri olan insan ilişkilerini hoşgörü, saygı ve sevgiyle sürdürebilen,

«Mutlu» ve «değerli» bir insan olarak bu hayatı yaşamak istiyorlar.

Bu izlenimleri nasıl mı edindim?

Onları dinleyerek.

Gençleri sevgiyle dinlemek üç kitap kazandırdı

Sadece düz bir çizgide anlatılanı değil, satır aralarında fısıldananlarda, konuşurken cümle aralarındaki küçük sessizliklerde, duraklamalarda; gözlerde yanıp sönen pırıltılarda da dinliyorum onları. Ve inanır mısınız, bunun sonucunda tam üç kitap yazdırdılar bana. Son üç kitabım bütünüyle onların istekleri, arayışları ve oluşturdukları tatlı baskı sonucu oluştu.

Bir Pırıltıdır Yaşamak onların hayatı daha incelmiş zevklerle örülü, daha neşeli, daha renkli yaşamak, kısaca çağdaş dünyanın sosyal yaşamda geliştirdiği güzellikler birikimini, «yaşama kültürü» de diyebileceğimiz birikimi öğrenme arzuları sonucu yazıldı. İstedikleri asla özenti ya da göstermelik davranış biçimleri değildi. Yaşama kültürü doğrultusunda bir şeyler öğrenmek arzusundaydılar. Onları gerçekten «dinleyen» biri isteklerinin bu doğrultuda olduğunu hemen anlayabilirdi.

Derken kavramları sorgulamaya başladılar. Bir şeyler değişiyordu ve onlar artık yeni ufuklara, yeni doğrulara kanat çırpmak istiyorlardı. Kişiliklerini geliştirmek hakkında; yaşamın anlamı, amaçlar, hayaller, sevgi ve mutluluk hakkında da sorular sormaya başladılar.

Ve... *Bu Hayat Sizin* yazıldı.

Sonra tüm bunları anne ve babalarıyla paylaşmak için benim anne babalara yönelik yazmamı ısrarla istediler. Bunun sonucunda da elinizde tuttuğunuz üçüncü kitap ortaya çıktı. Onları «dinleyen» biri bu kitabın kuru bir yakınmalar dizisi olmadığını, tam tersine mutluluğu, güzellikleri ve temel doğruları çok sevdikleri anne babalarıyla paylaşmak istediklerini hemen kavrayabilecektir.

İşte rahatlıkla gençlerimizin eseri diyebileceğim son üç kitabımın öyküsü...

Çocuklarımızı dinleyelim.

Gençlerimizi dinleyelim.

Çünkü onlardan öğrenecek çok şey var!

«Yaşadıklarımın tersini yapacak, çocuklarıma sevgi, saygı, güven ve değer vereceğim»

Ve yine okunacak, dinlenecek, üzerinde uzun uzun düşünülecek bir başka mektup.

> «Biz yıllar önce köyden ilçeye taşındık. Ağabeylerim okula uyum sağlayamadıkları için ticarete atıldılar. Ben ilkokulu pekiyiyle bitirdim. Benim alışamadığım kent kültürüydü. Ortaokulda biraz daha geliştim. Artık diğer insanlara uyum sağlayabiliyordum. Çok da çalışkandım, öğretmenimin gözbebeğiydim. İdealim hukukçu olmaktı. Orta sona geldiğimde annem ciddi bir hastalığa yakalandı. Bu yüzden o yıl sınavlara giremedim. Liseye başladığım günlerde annemi kaybettim. Rahmetli annemin en büyük isteği okuyup avukat olmamdı. Evin tek kızı olduğum için bir yandan eve bakıyor, bir yandan okula gidiyordum. Ev işleri malum... Telefon tarifiyle yemek yapmasını öğrendim. Gece yarılarına kadar çamaşır yıkıyordum. Küçük kardeşimi okula ben hazırlar, gönderirdim. Ağabeylerimle babama da ben bakıyordum. Üniversite sınavlarına bir yıl kala babam evlendi. Üvey annemle pek anlaşamadık. Babamın bazı davranışları beni çok üzdüğü için bunalıma girdim. Sınavda öğretmenliği az bir puanla kaçırdım. Ailevi sorunlar nedeniyle sınava bir daha girmedim. Ama daha sonra Tansu Çiller'in çıkardığı yasadan yararlanarak başvurdum ve sigorta bölümünü kazandım. Şimdi hem okuyor, hem de bankada çalışıyorum. Bir yandan da okuyarak kültürümü geliştirmeye çalışıyorum.

Beni en çok üzen babamın beni anlamaması, düşüncelerime saygı duymaması, üvey annemin beni üzen davranışlarda bulunması... Bunların da ötesinde annemin ölümünden sonra babamın bizlere sahip çıkmaması... Maddi açıdan demiyorum, manevi yönden... SEVGİ, SEVGİ. İşte bunu istiyorum ve bunu tamamlayan SAYGI... Ben ona saygı duyuyorsam, onun da bana saygı duyması gerek. Beni düşündüren diğer bir konu da, bugün babam bana ve diğer kardeşlerime haksız davranıyor, bizlere anlayış göstermiyor; acaba yarın ben de anne olduğumda böyle mi olacağım? Ama sanmıyorum, tam tersine *bu yaşadıklarımı, edindiğim tecrübeleri ileride en iyi şekilde kullanacağıma inanıyorum.*

Ben diyorum ki, anne babalar çocuk psikolojisini iyi bilmeliler. Özellikle anne baba adayı olanlar bu işe bilinçli girmeliler. Onları yetiştirirken onlara güven duymalılar. Çocuklarına saygı duymasını, onlara değer vermesini bilmeliler. Onlara en büyük güzelliği, SEVGİ'yi aşılamalılar! Sevgisiz bir ortamda yaşamak çocuğu bunalıma itecektir. Bu nedenle fazla şeye gerek yok, sevgiye yer versinler yeter.»

Kelebeklere Özgürlük Yakışır

Aldığım mektupların tümünde beliren güçlü ve açık iki mesaj var. Bunları hemen belirtmek istiyorum.

Birincisi anne ve babalarını çok ama çok sevdikleri. Bunu tartışma götürmeyecek biçimde belirtmişler mektuplarında.

İkincisiyse, bizimle onlar arasında çatışma değil «farklılıklar» olduğu. Eleştirilerinde, farklı dünya görüşü, farklı beklentiler ve davranış biçimleri isteği çıkıyor ortaya. Bu nedenle, yazılanları sadece yakınmalar ya da olumsuz eleştiriler olarak değil, yine onların deyişiyle «yeni ufuklara», «yeni doğrulara» yönelmek amacıyla yapılmış çağrılar olarak görmemiz gerek.

Sözümüze devam etmeden önce taşları yerli yerine koymak açısından bir noktaya daha dikkatinizi çekmek istiyorum. Şu aşamada gençlerimizin bizleri, bizlerin de kendi anne babalarımızı suçlamamız biraz işin kolayına kaçmak oluyor. Çünkü herkes en iyiyi kendisinin bildiğini iddia ediyor ve uyguluyor. Bir de bu «en iyi» çok değişken bir en iyi! Okulda öğretmenin dediği bir tür iyi, evde ailenin uyguladığı tamamen başka tür olunca ve hepimiz de en iyiyi kendimizin bildiğini iddia edince zavallı gençlerimizin kafası iyice karışıyor. (Hoş bizim kafalarımızın da pek düzenli olduğu söylenemez ya...)

Bu zıtlıkları toplumumuzun pek çok kesiminde görmek mümkün. Bakıyorsunuz bir yerde hâlâ çağdışı düşünceler uygulanıyor, öte yandan modernlikte Batı'yı sollamışız. Derken bir gün bir Türkün dünya çapında başarısını okuyup mutlu oluyor ve «İşte uluslararası platformda biz de varız,» diye gururlanıyoruz.

Hem ileriyiz, hem geri. Peki, biz neden böyleyiz?

İşte tüm bu iniş çıkışlar çocuklarımızla olan ilişkilerimizi de zedeliyor. Nerede izin vereceğiz, nerede vermeyeceğiz, bilemiyoruz. Tek bir doğru yok. Bizim doğrularımız başka, gençlerimizinki başka; hatta bu doğrular kentten kente bile değişiyor. Şu kentte şuna izin var, bu kentte aynı şey düşünülemez bile. Ve işte bu da gençlerimizi çok ama çok bunaltıyor. Onlar net, açık ve çifte standart uygulanmayan doğrular istiyorlar.

Acaba neden bir türlü doğru dürüst bir çizgi tutturamıyoruz?

Elbette kuşak farklılıkları yaşanıyor ama böyle olması bir yerde toplumun ilerlemesi açısından doğal, hatta gerekli. Çünkü her kuşak kendinden öncekinden farklı ve yeni şeyler isteyecek ki, evrimsel gelişme sürebilsin. Bu, farklı oluşun yapıcı yanı. Yıpratıcı yanıysa toplumsal gelişme çizgisinde bize özgü zigzagların yaşanması. Bunun nedeni de bir zihniyetten bambaşka bir dünya görüşü ve düşünce yapısına geçiş sürecini henüz tamamlayamamış olmamızdan kaynaklanıyor. Bizim, gençlerimizle aramızdaki sorunların kaynağını büyük ölçüde bu değişim, daha doğrusu değişim sancıları oluşturuyor.

Düşünün ki, daha yetmiş yıl öncesine kadar biz kadınlar peçe takıyorduk, okuma yazma bilmemiz yasaktı, tepeden tırnağa kapalıydık. Kelimenin tam anlamıyla ikinci sınıf vatandaş olan, eğitilmeyen, tabii kendi eğitilmediği için de kendisi gibi cahil insanlar yetiştiren kadınlar ve analardık.

Yüzyıllar boyu din ağırlıklı, «kul» yetiştiren bir toplumun üyeleri olarak yaşadık kadınımız, erkeğimizle. Toplumda hep «büyüklerimiz» bizden daha iyi bilir; evde «evin büyüğü» daha iyi bilir, diyerek en ufak bir düşünce üretmeden, düşünmenin ne olduğunu bile bilmeden, geleneksel otoriter kültürün emrettiği kurallara uyarak yaşadık. Geçmişimizin gurur duyacağımız çok güzel yanları var ama bu da onun sosyal yanı. Bu konuyu da iyisiyle kötüsüyle görmemiz gerek. Gerçekleri gözardı edemeyiz.

Derken Atatürk ve devrimleri ışık gibi doğdu toplumumuzun üstüne. Atatürk akılcı, çağdaş, laik ve özgürlükçü bir anlayışı yerleştirmeye çalıştı. Cumhuriyeti kurarak insanların kendi kendilerini yönetmelerini yani düşünmeye başlamalarını sağladı. Kadını o karanlık peçenin altından çekip çıkardı ve «milletin anası» olabilsin diye eşitliğine ve eğitimine büyük önem verdi. Bilime, sanata, eğitimin her türüne destek vererek devrimler geliştirdi. Kısaca toparlamak gerekirse, bizi bir dünyadan alıp bambaşka bir dünyaya yerleştirdi.

Şimdi bu böyle olunca, bizler kafamız, yüreğimiz ve mantığımızla bu yeni özgürlükçü, çağdaş ve akılcı anlayış doğrultusunda yaşamak ve gençlerimizin de böyle eğitilmelerini istiyoruz. Gençlerimizin okullarda kız erkek birlikte okumaları bizi asla rahatsız etmiyor. İşte bu bize Atatürk'ün armağanı.

Ama... gencimiz bu çizginin dışında, sosyal yaşamda bir şeyler yapmak isteyince, o yüzyıllar boyu iliklerimize işlemiş geleneksel otoriter anlayış depreşiyor, alışkanlıklarımızın kolaylığına sığınıp, «Hayır,» diyoruz en okkalı sesimizle.

İşte bizim ikilemimiz! Yüzyılların alışkanlığının yanısıra beynimizin gerisine yerleşmiş olan ve düşünmeden kabullendiğimiz bazı yazısız kuralların tortusuna karşılık, Atatürk'ün bu topluma layık gördüğü akılcı, çağdaş, özgürlükçü düşünce ve davranış biçimi. Çağdaş düşünce biçimi ülkemizde tam anlamıyla henüz oturmadığından, kimi yerde daha çok özümlenmiş, kimi yerde daha az özümlenmiş olduğundan, bizler bir saatin sarkacı gibi bir o yana, bir bu yana gidip duruyoruz ve işte bu durum da gençlerimizi rahatsız ediyor.

Taşları yerli yerine koyalım derken, bizim gençlerimizle sorunlarımız çağdaş ülkelerdeki gibi sadece kuşak çatışmasından kaynaklanmıyor, önce bunun farkına varalım, demek istiyorum. Bizim anlaşamama nedenlerimiz çok daha derinlere gidiyor. Taban tabana zıt bir dünya görüşünden diğerine geçişin sancılarını yaşıyoruz. Gençler Atatürk'ün bizleri layık gördüğü demokratik modele daha yakın olduklarından, ilerleme yolunda gençlerimizle ana babaları arasında sırf bu yüzden kaynaklanan yakınmalar ve çatışmalar olacaktır.

İşin özünü görelim ve eleştirilerin büyük bölümünün aslında bu tür bir toplumsal değişme ve gelişme sancısından kaynaklandığının farkına varalım. Bunun üzücü değil, tam tersine sevindirici ve heyecan verici olduğunu bilelim.

Gençlerimizi özgür bırakacak kadar çok sevelim

Bir koza düşünün. İçindeki kelebek tüm güzelliğiyle o kozanın içinde uyumakta. Ve, gün geliyor kelebek kabuğunu zorlamaya başlıyor. Bir mücadeledir gidiyor. Acaba kabuğunu kırmaya çalışırken kendini, o narin kanatlarını incitecek mi, yoksa yarasız beresiz bu dönemi atlatacak mı? Ve bizler heyecan içinde bir beklemeye giriyoruz. Sanki ikinci bir doğum olayı yaşanıyor. Bu kez bir kişiliğin doğum sancılarına tanık oluyoruz.

Derken bir gün kabuk deliniyor, kelebek yavaşça o delikten sıyrılıyor. Baktıkça insanı hayretlere düşüren desen ve renklerle bezeli kanatlarını gerinircesine açıyor. Tüm ihtişamı, tüm zarafetiyle karşımızdadır artık o. Bir an olduğu yerde titreyerek duruyor başarısını kutlarmışcasına; sonra kanatlarını dalgalandırarak neşeli iniş çıkışlarla uzaklaşıyor.

İşte ben gençlerimizi böyle görüyorum.

Kelebekler gibi her biri ayrı ayrı güzellikte, ayrı ayrı renklerde; narin ama güçlü. Kabuğu kırmak, özgürlüklerine doğru uçmak istiyorlar. Bizlerse bu evreyi yüreğimiz çarparak izliyoruz. Kimimiz, «Hiç çıkmasın o kabuktan; dünya çok tehlikeli bir yer,» diyor.

Kimimiz ellerini ovuşturarak, «Aman aman, dikkat,» diye inildeyip duruyor. (Ben galiba bu sınıfa dahilim.)

Kimimiz de, «O bilemez, dur onun yerine ben yapayım,» diye kozadan çıkmaya çalışan kelebeği kanadından tutup çekmeye kalkıyor. Ve kelebeğin narin kanatları, bu iyi niyetli çekiştirmeler sonucunda zedeleniyor, bazen de eziliyor. Böylece o güzel kelebeğimiz kendi kanatlarıyla hiçbir zaman uçamıyor.

Kelebeklere özgürlük yakışır.

Onları eğitelim, destekleyelim.

Ve onları özgürce, kendi kanatlarıyla uçarak bizden uzaklaşmalarına izin verecek kadar çok sevelim.

Ve işte gerek özel yaşamında, gerekse meslek seçiminde kanatları az da olsa örselenmiş bir kelebek. Ama dedim ya, onlar narin ve güçlüdürler. Bir yerden bir destek alınca kanatlarını hemen dalgalandırmaya başlamış bile.

«Meslek seçiminde bazen sırf anne babamızın güvenini yitirmemek için yanlış adım atıyoruz»

«Şu anda hemşirelik üçüncü sınıfta okuyorum. Hemşirelik insanları sevmeyi ve onlara yardım etmeyi gerektiren bir meslek. Ben insanları seviyorum, insanlara yardım etmeyi çok çok seviyorum. Ama hemşirelik yapmak istemiyorum. Bu yazdıkarım birbiriyle ters, biliyorum. Hemşirelik yapmak istemememin iki nedeni var. Birincisi, hemşireliğin bu toplumda saygınlığı yok. İkincisi, ben bu mesleği bilinçli olarak, isteklerim ve yeteneklerim doğrultusunda seçmedim, öylesine yazdım. Ve kazandığımı gazetede okuduğumda, kendi kendime şu soruyu sorduğumu hatırlıyorum: Hemşire ne yapar? Dört yıl boyunca bize ne öğretecekler?

Çok acıdır, toplumumuzda pek çok kişi hemşirenin ne yaptığını bilmez. Hemşire deyince ilk akla gelen iğne yapmak oluyor. Oysa hemşire hastasına kronik hastalıklar hakkında bilgi veriyor, hastasının hastalığına bağlı kompikasyonları önlemek için önlem alıyor. Hastaya, günlük yaşam faaliyetlerinde yapamadıkları olduğunda, yardımcı oluyor. Psikolojik destek veriyor. Bütün bunların karşılığında ne alıyor? Sadece ve sadece maaş. Bu da bana yetmiyor, ben manevi doyum istiyorum. Bakım verdiğim insanlar hemşireyi ne sayıyorlar, ne de seviyorlar. Bu çok acı. İnsanın bütün çalışma isteğini kırıyor. İşte bu nedenle hemşirelik yapmayı sevmiyorum. Oysa ekonomik bağımsızlığımı kazanmak ve ailemin omuzlarından kendi yükümü kaldırmak zorundayım, onun için de bu mesleği sürdüreceğim.

Keşke kitaplarınızı lise yıllarımda okumuş olsaydım. Kimbilir belki şimdi olduğumdan daha mutlu olabilirdim. 'Ben ne istiyorum? Yeteneklerim hangi yönde?' diyebilseydim, eminim şimdikinden daha farklı bir yerde olurdum. Bu sorunu sadece ben yaşamıyorum. Üniversitede okuyan pek çok arkadaşım, özellikle de bizim bölümdeki arkadaşlarım ilgileri ve yetenekleri başka yönde olduğu halde istemedikleri bölümlerde okuyorlar.

Buradan sizin aracılığınızla anne ve babalara seslenmek istiyorum. Sevgili anne ve babalarımız, lütfen ama lütfen çocuklarınızı yönlendirirken onların ilgi duydukları konuları da gözönüne alın ve *lütfen onların içindeki cevheri görün ve bu yeteneği geliştirmeleri için onlara yardım edin.* Desteğinizi esirgemeyin ve onlara güvendiğinizi açıkça gösterin. Bir çocuğu ve genci en çok yıkan şey anne ve babasının güvenini yitirmektir. Bazen sırf onların güvenini kaybetmeyelim diye yanlış adımlar atıyoruz. Ve bu yanlış adımlarla geldiğimiz yerde kendi içimizde eriyip gidiyoruz.

«Annemin beğendiği gibi çok uslu, çok sessiz olmak hiç de iyi değilmiş»

Anne ve babalar sadece meslek seçimi konusunda değil pek çok konuda çocuklarını çıkmaza ittiklerinin farkında değiller. Ben içine kapanık bir insanım. Bunun nedeni yetiştirilişimden kaynaklanıyor. Bunu aşmaya, dışa dönük bir insan olmaya çalışıyorum, çünkü içe dönük insanlar en çok kırılan, en çok acı çeken ve en mutsuz grubu oluşturuyorlar. Ben bunu kendimden ve arkadaşlarımdan biliyorum. Ama insanın kendini değiştirmesi çok zor.

Hatırlıyorum da, annem, 'Benim kızım büyüklerin lafına hiç karışmaz. Çok akıllı, çok uslu, çok sessiz,' derdi. Ben de annemin sözünü doğrulayarak ekstra kredi almak için sakin sessiz, suspus otururdum, sanki sağır dilsizmişim gibi. Oysa şimdi düşünüyorum da o kadar suspus olmak hiç de iyi değilmiş. Şimdi bir toplum içinde konuşurken öyle zorlanıyorum ki anlatamam. Dinleyici olmaya öyle alışmışım ki, konuşmak bana çok ürkütücü geliyor. Bir grupta herkes konuşup ben dinlerken biri bana bir şey sorduğunda sanki sesim kuyulardaymış da çıkaramayacakmışım gibi geliyor. O an öyle ürküyorum ki, duygularımı, düşüncelerimi dile getiremiyorum.

Üniversiteye ilk geldiğim yıl herkes bana saf gözüyle bakıyordu. Arkadaşlarım bana hiçbir şey bilmiyormuşum gibi davranıyorlardı. Oysa ben de onların bildiği kadarını biliyordum, belki de daha fazlasını ama dile getiremiyordum. Konuşma yeteneğim yoktu. Yıllarca bastırılmış bir şeyi geliştirmek çok zor.

Üniversitede bir öğretmenim bana, 'Senin potansiyelin var, hem de fazlasıyla ama bunu gösteremiyorsun ve kendine güvenin yok,' dedi.

'Bunun ben de farkındayım ama bunu aşmak için ne yapmam gerektiğini bilmiyorum,' dedim.

'Sana tavsiyem her çeşit kitap, gazete, dergi; ne bulursan oku ve bir toplulukta konuşurken sesini biraz yükselt,' dedi. (Ben oldukça kısık sesle konuşuyordum.)

Hocamızın dediklerini yapmaya çalışıyorum. Ve bana yol gösteren bu hocama gerçekten teşekkür borçluyum. Şimdi kendime soruyorum. 'Benimle yıllardır yaşayan ailem bu içime kapanıklığımı nasıl oluyor da görmüyor? Ya da görüyorsa neden yardımcı olmuyor? Beni çok kısa sürede kalabalık öğrenci grubu içinde tanıyan öğretmenim kadar nasıl oluyor da tanıyamıyorlar?'

Sevgili anne babalar lütfen çocuklarınızı tanıyın. Lütfen onları anlayın. Lütfen onlara yol gösterin. Sorunlarıyla başbaşa bırakmayın, onlara destek olun.»

Sudaki Halkalar

Ne demiştik, gençlerimiz mutlu ve değerli insanlar olarak yaşamak istiyorlar. Aslında bu, gerçekleşmesi en zor ve en zaman alıcı bir istek. Ama bir de sonuç elde edildi mi, işte o zaman dünyaya gelmiş olmanın, «insan» olmanın «anlamı» bulunmuş ve insanlık amacına ulaşılmış olacak. Ve bu da her türlü çabaya, ne kadar zor olursa olsun, değer!

Mutlu ve değerli bir insan olabilmek için önce gençlik günlerinin «mutlu ve değerli bir genç olarak yaşanmış» olması gerek.

Mutlu ve değerli bir genç olarak ortaya çıkabilmek içinse, çocukluk günlerinin mutlu ve «değer verilen» bir çocuk olarak yaşanmış olması gerek.

Mutlu ve değerli bir birey olma aşamaları suya atılan bir taşın oluşturduğu küçükten büyüğe giden halkalar gibi gelişiyor. Özlemi duyulan mutlu ve değerli insanı gerçekleştirme çabası insan yavrusunun doğduğu andan başlıyor ve sudaki halkalar gibi evre evre genişleyerek hedefe varıyor.

Mutlu bir insanı oluşturacak olan öğeleri sıralamak gerekirse... önce yaradılış geliyor. Her bebek bazı temel özelliklerle doğuyor. Kimi bebek doğduğu andan başlayarak daha neşeli, daha çabuk tepki veren, hareketli, canlı oluyor. Bu bebeklere «kolay» bebekler deniyor. Bir de daha suskun, daha çabuk ağlayan, geç tepki veren, pek de keyifli olmayan bebekler var. Onlara da «zor» bebekler deniyor. Anne babalar da ilgili, sevgi veren; ilgisiz ve sevgisini esirgeyen olarak ikiye ayrılınca ortaya ilginç sonuçlar çıkıyor.

Yapılan araştırmalarda kolay bebeklerle, ilgili ana babaların çok güzel bir gelişme gösterdikleri ortaya çıkmış. Zor bebeklerle, ilgili anne babaların sorunları olmuş ama yarattıkları sevgi ve ilgi ortamında bebeklerini olumluluğa doğru çekebildikleri saptanmış. Buna karşılık kolay bebeklerle, ilgisiz anne babaların vardığı sonuç; zor bebeklerle, ilgili anne babaların sonuçlarıyla kıyaslanınca, kötü. Olumsuzluk ağır basıyor. Böylece ilgi ve sevginin çoğu kez yaradılışa bile egemen olabileceğini görüyoruz. Burada bir parantez açmak istiyorum. Sevgi ve ilginin etkisini sadece insanlarda değil, hayvanlarda da görmek mümkün. Kendi köpeklerimizle yaşadığımız birkaç olay sevginin her tür canlı için ne denli önemli olduğunu gösterdi bize.

Arkadaşımız, köpeğimizin yavrularından birini ısrarla istiyordu; sonunda verdik. İyi huylu bir av köpeğiydi. Dostumuzun evinde gerektiği gibi bakılıyordu, kendilerince. Yemeği, suyu veriliyor, ava götürülüyordu ama... sevgi ve ilgi görmüyordu. Ne köpeği alan dostumuz, ne de ailesi onu okşamıyor, onunla oynamıyordu. Üstüne üstlük mahallenin çocukları akıllarına estikçe onu taşlıyorlarmış. Bir süre sonra köpek hakkında yakınmalar başladı. Geleni geçeni ısırıyor, etrafa zarar veriyormuş. Gördüğü sevgisizlik onu hırçın ve kötü huylu bir köpek yapmıştı. Köpeği oradan alıp, hayvan seven bir başka dosta verdik. Sonuçta bir hayvan, diye nitelenen bu canlı sevgisizliğe dayanamamış, isyan etmişti.

Bir başka örnek de kendi evimizden. Bizim köpeklerimiz evde değil bahçede kalırlar, onlara bahçeci bakar. Hayvanları çok seven eşimse her gün bahçeye gider, onlarla oynar, onları sever, okşar, egzersiz yaptırır ve eğitir. Şimdi hep denir ki, köpek ona yemek vereni sever, ona bağlanır. Oysa yemeğini veren bahçeci yanından geçip gider, köpek aldırmaz bile (çünkü bahçeci de ona aldırmaz, sadece görevini yapar) ama eşimin arabasının sesini duyduğu an hoplayıp zıplamaya, havlamaya, keyifle kuyruğunu sallamaya başlar. Bizleri şöyle bir selamlar ama eşimi görünce çılgına döner. Peki neden bunca tezahürat? Yemeğini veren ve bütün gün birlikte olduğu kişinin bir başkası olmasına karşın, ona gerçek anlamda sevgi ve ilgi gösteren kişi eşim de ondan. Ve işte alt tarafı bir hayvan, denilen o canlı bu farkı anlıyor, biliyor ve kendisine sevgiyle yaklaşana, o da sevgiyle cevap veriyor.

Evet, yine bebeklerimize dönelim. Zor bebekler ve ilgisiz ana babalara gelince, söylemeye ne hacet, en sorunlu kesim. Pek çok suçlunun bu gruptan çıktığı gözönüne alınırsa, bu gruba «yüksek riskli çocuklar» denmesine şaşmamalı.

Böylece yaradılış halkasının içinden geçerek geliyoruz asıl önemli halkaya; çocuğun içinde büyüdüğü «ortama» yani aileye.

Sevgi + Güven = Özgüven

Bir insanın yetişmesindeki en önemli etken, aile. Uzmanlar çocuğun yaşamındaki temel taşların yerli yerine oturması açısından ilk altı yılın çok önemli olduğu konusunda birleşiyorlar. Bebek doğduğu günden başlayarak koşulsuz sevildiğini ve güvende olduğunu duyumsarsa, mutluluğa doğru ilk adımını attı demektir.

Kişinin huzurlu, kendiyle barışık, dünyayla barışık, etrafındakilere sevgi verebilen bir yapıda olabilmesi için önce kendini sevebilmesi gerek. Ben bunu bir sevgi pınarına benzetiyorum. Eğer o pınarın dibinde su yani sevgi yoksa verecek hiçbir şeyi yok demektir. Olmayan bir şey verilemez ki... Eğer dibinde su varsa, bu su zamanla pınarın kendi çukurunu dolduracak, sonra taşıp etrafındaki çiçekleri, kırları sulayabilecektir, tıpkı kendini seven insanın ailesine, dostlarına ve tüm insanlara sevgisini verebilmesi gibi.

Sevgi pınarına ilk suyu verense, annedir. Bebeğiyle göz göze bakışması, onunla konuşması, onu kucaklayıp öpmesi, sarılması bebeğin sevgiyle tanışmasını ve kendisini, demek ki ben sevilecek bir varlığım, şeklinde algılamasını sağlıyor. Bebeğin ilk günlerinde ve aylarında hem anne hem baba ona dokunarak, onunla konuşarak ve gözlerinin içine bakarak sevgi ve sıcaklıklarını aktarırlarsa, onun sevilmeye layık bir varlık olduğu mesajını vererek mutlu ve olumlu bir kişiliğin ilk temel taşını yerli yerine koymuş olurlar.

Aslında bebekler çok haklı! Kendinizi bir an onların yerine koyup düşünün. Hiç bilmediğiniz bir yerde, tanımadığınız insanlar arasında buluveriyorsunuz kendinizi. Sizi istiyorlar mı, istemiyorlar mı, bir fikriniz yok. Üstelik her bakımdan onlara bağımlısınız. Kuşku duymaz mısınız, korkmaz mısınız? Hani bebekler ara ara hiçbir fiziksel neden yokken vızıldanırlar ya, bunun nedeni kendi dillerinde, «Bugün suratın asık. Yoksa beni sevmiyor musun; beni istemiyor musun?» anlamına gelen kuşku dolu, sevgi içerikli sorularmış. Ve bu noktada bizim yapmamız gereken hemen ve inandırıcı biçimde bebeğimize dokunarak, konuşarak, okşayarak, gözlerinin içine bakarak onun sorularını olumlu biçimde yanıtlamak olmalıymış.

İşte bu nedenle bebeğimizi sevdiğimizi kendimizin bilmesi yeterli olmuyor; önemli olan bunu ona hissettirmemiz, bildirmemiz. Bebeğimizin kendini seven, başkalarını seven mutlu bir insan olabilmesi için o sevgi pınarının ilk suyunu her anlamda ve her biçimde bol bol vermemiz gerek.

Sevgi kadar önemli ikinci temel taşsa, onun bizlere güvenmesini sağlayabilmek. Bu da yine ilk aylarda, yıllarda ağladığı zaman yanında olmak, karnı acıkınca doyurmak, temiz tutmak kısaca her türlü bakımını «sevgiyle» yerine getirmekle oluyor. Bakımını kusursuz biçimde gerçekleştirebiliriz, «tertemiz, çiçek gibi» bir bebeğimiz olabilir ama bunu sinirli, öfkeli davranışlarla ve söylenerek yapıyorsak asla güvenini kazanamayız.

Bebek bakmak kolay değil. İnsanın uykusuz ve yorgun olduğu zamanlar çoğunlukta. Bebeğin gereksinimlerini söylene söylene yaparak kendimizi bir parça ferahlatabiliriz. Ve, sonuçta el kadar bebe; altını temiz tutup, karnını doyuruyorum ya, azıcık söylenmişsem ne anlayacak, diye düşünebiliriz. Oysa bebekler pek çok şeyi bal gibi anlarlar, çünkü onların duyuları güçlüdür. Annelerinin sinirli olduğunu telaşlı olduğunu ya da bir şeylerin ters gittiğini hemen «hissederler».

Kızım bebekken, akşam yemeğine arkadaşlarımızı davet ettiğimizde, ben o gün sabahtan akşama kadar evin bir yanından öbür yanına telaş içinde koşturur dururdum. Evi temizler, yemekleri yapar, sonra da büyük bir olasılıkla gayet gergin bir biçimde kızımı yedirip hemen uyuması için içimden dualar ederdim. Ama... o her zaman tam vaktinde melekler gibi uyuyan kızım, her ne oluyorsa, cadılar gibi huysuzlanmaya başlar, bir türlü uyumak bilmezdi. Haydi, bu sefer bizde bir telaş... Acaba hasta mı? Derece koymalar, orasını burasını yoklamalar. Acaba altını mı ıslattı? Acaba çengelli iğne mi battı?

Sonunda hasta olmadığı ve bizim bu yoğun ilgimizden de fevkalade memnun kaldığı dişsiz ağzıyla gülücükler dağıtması şeklinde ortaya çıkardı. Bir süre sonra hafifçe kapanmaya başlayan gözkapaklarına aldanıp, sanki bir saatli bombaymışcasına onu yavaşça, çoook yavaşça yatağına koyardık ve... anında konser başlardı. Bu her davette böyle yinelendikçe kızımızın davetlerimizi sabote etmekte neden bunca kararlı olduğunu kendimize sorar olmuştuk.

Oysa el kadar bebe dediğimiz varlık annenin telaşını ve kendisini bir an önce yatırmak için sabırsızlandığını hissederek kuşkulara kapılıyordu. Acaba istenmiyor, sevilmiyor muyum, diye korkup sorular soruyor, kendince tepkisini dile getiriyordu. Ve tabii, bütün bunları ben ancak şimdi çözmüş ve öğrenmiş durumdayım!

Bakımını yaparken hem anne, hem baba olabildiğince sabırlı, sakin, sevecen ve tutarlı olmalı. O sizin neden sinirli olduğunuzu bilemez, sadece sizin ona sinirli davrandığınızı algılar.

Onun, «Zavallı kadın, bugün konuklarımı ağırlayacağım diye canı çıktı. Bir de kaynanası yaptığı böreği beğenmeyince iyice sinirleri oynadı. Eh, bütün bunların üstüne benim temiz mama önlüğüme şeftalili bisküviyi tükürmem, doğal olarak onu çıldırttı ve başladı bağırmaya. Olur böyle şeyler...» diye düşünmesini bekleyemezsiniz herhalde. Bebeğinizin bütün gün olup bitenden haberi olmadığından, sadece annesinin ona bağırmasıyla ya da sert bir davranışıyla durumu ölçüp, ben istenmiyorum, sevilmiyorum herhalde, şeklinde algılayacaktır konumunu.

Tabii burada tüm anne babaların birer sabır abidesi olmaları beklenmiyor. Ama hayatın en birinci gününden başlayarak sevgi ve güven vermenin yaşamsal önemini bilirlerse; istemeden de olsa bu tür bir olay yaşandığında en azından yanlış mesajları düzeltme, bir biçimde gönlünü alıp dengeleri yeniden kurma çabası içine gireceklerdir. Sevgiyle, özenli ve tutarlı bir biçimde bakılan bebek anne ve babasına güvenmeye başlar. Sevgi ve güven duyma bebeğimizin kendini seven, kendine güvenen bir kişiliğe doğru bir adım daha atmasını sağlar. Özgüvenin ilk tohumları ekilmektedir. Mutlu bir insanın hayatını üstüne kuracağı en önemli temel taşlardır bunlar.

İlk günden başlayarak anne babası tarafından sevildiğini duyumsamak...

İlk günden başlayarak anne ve babasına ve onların sevgisine güvenmek...

Ve bu duyguların doğal sonucu olarak yavaş yavaş gelişmeye başlayan ve bir insanın mutlu ya da mutsuz olmasındaki o büyük etken - özgüven duygusuna kavuşmak...

Sevgi + güven = özgüven.

Yetiştirmekte olduğumuz insanın mutluluğu ve niteliği açısından düşünürsek, bu sözcüklerin altını bin kez de çizsek azdır.

Disiplinin sevgiyle dengelenmesi

En doğal, en kendiliğinden gelen duygu diye bildiğimiz sevgi konusunda büyük bir sorunumuz var oysa. Gençlerden gelen mektuplarda onlara olan sevgimizi yeterince ortaya koymamış olduğumuz sonucu ortaya çıkıyor. Bizler çocuklarımızı çok ama pek çok seviyoruz, nitekim onlar da bunu hissediyorlar. Ama bu sevgiyi onlara verme konusunda pek de bilgili olmadığımızdan, tam olarak doyuma ulaşmış değiller. Hissettikleri ya da tahmin ettikleri bu sevgiyi daha somut olarak, sözlerde ve davranışlarda da yaşamak istiyorlar. Az önce bebekler konusunda verdiğim örnek gibi, onları sevdiğimizi bizim bilmemiz yetmez. Bu sevgiyi onlara da bildirmemiz, sırasında davranışlarımız ve sözlerimizle açık açık anlatmamız gerek.

Burada *Bu Hayat Sizin* adlı kitabımdan bir alıntı yapmak istiyorum. Aslında gençler için yazılmış bir bölüm ama biz ana babaların duygularını ve açmazlarını da dile getirdiği için bir kez de burada yinelemek istiyorum.

«Çocuklarımız için canımızı veriyor da, gerekli sevgiyi göstermesini bilmiyoruz.

Gerçekten sevgisiz ve kötü bir ortamda büyüyenlerin sayısı aslında pek fazla sayılmaz. Gönül bu sayının sıfır olmasını diliyor.

Öte yandan büyük çoğunluğu oluşturan bir grup var ki, gerçek anlamda sevgisiz bir ortamda yaşıyor olmamasına karşın, yine de sevgisizlikten yakınıyor.

Neden?

Çünkü bizler sevmesini bilmiyoruz.

Çocuklarımızı seviyoruz ama bu sevgiyi çocuğumuza ulaştırmasını beceremiyoruz. Bu sevgiyi göstermesini bilmiyoruz. Bu sevgiyi iletemiyoruz.

Kimimiz iyi terbiye olsun diye, kimimiz çocuk disiplinle yetişirse güçlü olur diye, kimimiz aman şımarmasın diye yapıyoruz bunu. Kimimiz de nasıl olsa çocuktur, anlamaz, diye kendi uğraşlarımızı, eğlencelerimizi, ahbaplarımızı ön plana alarak, çocuğumuzdan ilgimizi esirgiyoruz.

Sonuçta hepsine dikkatlice baktığınızda ortak paydayı buluyorsunuz.

Bilgisizlik.

Çocuk yetiştirme, çocuk ruhu, çocuk psikolojisi hakkında bilgisizlik.

Sevgisizlik değil, bilgisizlik.

Çünkü çocuğumuz için canımızı veririz, gerçekten de veririz ama yetiştirirken gerekli sevgiyi veremiyoruz. Canımızı verebiliyor ama gerekli sevgiyi veremiyoruz. Ne ilginç, değil mi?

Sonra, sizler büyüyüp evden uçtuktan sonra, boş odalarınızda gezinirken, keşke... onlar yanımızdayken daha çok öpüp koklasaydım. Keşke... onlarla daha çok şakalaşıp, gülüşseydim. Keşke... disiplin sağlayacağım diye bu kadar katı olmasaydım. Değer miydi? Aynı disiplini daha yumuşak bir biçimde sağlayamaz mıydım? Keşke... çocuklarımla 'arkadaş' olabilseydim, diye düşünürüz bizler.

Burnumuzun direği sızlar, gözlerimiz dolar ve hemen o boş odanın kapısını çekip, oradan uzaklaşırız. Çünkü o anda, birlikte yaşadığımız o çocukluk günlerinin geri gelmeyeceğini farkederken, bilgisizliğimizin bedelini ödüyoruzdur.»

Peki ne yapmak gerek?

Aslında çok basit. Çocuğumuzu nasıl seveceğimizi, daha doğrusu bu sevgiyi ona nasıl iletmemiz gerektiğini öğreneceğiz. Bu konuda okuduğum şahane bir kitap bana bir ufuk açtı sanki. Dr. Ross Campbell tarafından yazılıp, Meral Gaspıralı'nın Türkçeleştirdiği ve Altın Kitaplar Yayınevi tarafından yayınlanan bu kitabın adı, *Çocuk Sevgiyle Büyür.*

Dr. Campbell bu kitabında çocuklarımızı «koşulsuz sevgiyle» sevmemiz gerektiğinin yanısıra «nasıl» seveceğimizi de anlatıyor.

Koşulsuz sevgi konusunda sanırım her şeyden önce koşulsuz sevginin ne olduğuna iyice bir açıklık getirmek gerek. Koşulsuz sevgi, sevgiyi hiçbir şarta bağlamadan, o insanı o insan olduğu için, iyi yanlarıyla olduğu kadar kusurlarıyla da sevebilmek, demek. İşte biz ana babalara uzmanlar tarafından çocuklarımıza vermemiz gereken sağlıklı sevgi türünün bu tür, yani koşulsuz sevgi olduğu önemle vurgulanıyor.

Bunu ilk duyduğumda, «İyi, hiçbir koşul tanımadan her dediklerine evet diyelim de, tepemize çıksınlır,» diye düşündüğümü itiraf etmeliyim. Oysa buradaki ince ayrıntıyı kaçırmamak gerek. Koşulsuz derken çocuğumuzun yaptığı hatalar düzeltilmeyecek, eğitilmeyecek, evde herkesin uyduğu kurallara uymayacak, canının istediğini yapacak ve biz de buna katlanacağız, şeklinde bir sevgi türü değil anlatılmak istenen. Hani bazı aşırı hoşgörülü(!) ana babalar vardır; çocuklarının evdeki eşyaları kırıp dökmesine ses çıkarmadıkları bir yana, «Birader, bizimki sanki Rambo mübarek,» diye övünürler. İşte bu asla koşulsuz sevgi değil; olsa olsa çocuğun çok kötü yetişip, itici bir tip olmasına yol açan sağlıksız bir sevgi türü.

Koşulsuz sevgi çocuğu şımartmak ya da evin mutlak hakimi haline getirmek de değildir. Koşulsuz sevgide gözden kaçırılmaması gereken en önemli öğe, sevgiyle disiplinin dengelenmesi... Burada 'disiplin' sözcüğü üstünde durmanın yararı var. Disiplin nedense cezayla eşanlamlı anılır. Oysa asıl anlam 'eğitimdir'. Disiplin cezalandırmak değil, eğitmektir çocuğu. Saygısızlık yaptığında, kural tanımadığında, başkalarını rahatsız ettiğinde ya da zarar verdiğinde onunla konuşarak, yaptığının neden kötü olduğunu anlamasını sağlamak ve uyarmaktır. Hataları da eğitimin bir parçası olarak görüp, bu yapılmaması gerekenlerden yola çıkarak ona neyin doğru, neyin yanlış olduğunu anlatmaktır. Ve tüm bu uyarılara karşın davranış yinelendiğinde cezalandırarak, her yapılanın bir bedeli olduğunun öğretilmesidir. Ama yinelemek gerekir ki, cezalandırma en son yöntem olmalıdır.

Ve tüm bu uyarılar yüreğine korku salarak, üstüne yürüyerek, kişiliğini ezip utanca boğarak değil; tam tersine sakin, sevecen ve eğitici bir üslupla yapılmalı, bu arada hata yapsa da sevildiği vurgulanmalıdır.

Örneğin, çocuğumuz taş atıp komşunun camını kırdı. Başkasının malına zarar vermenin çok yanlış bir şey olduğu sakin ve ciddi biçimde anlatmalı, uyarmalı, gerekiyorsa cezalandırmalıyız. Bunu yaparken de onu sevdiğimizi ama «yaptığını» sevmediğimizi vurgulamalıyız.

«Sen bir hata yaptın. Seni sevmiyorum,» değil.

«Sen bir hata yaptın. Böyle 'davranmanı' sevmiyorum,» demeliyiz.

«Camı kırdın, sen kötü bir çocuksun,» değil.

«Sen kötü değilsin ama yaptığın kötü,» şeklinde bir tavır içine girmek koşulsuz sevgi göstergesi oluyor.

Çocuk, ne olursa olsun, ne yaparsa yapsın ailesinin onu sevdiğini, kendisi için sevdiğini bilmeli; her zaman arkasında ailesinin desteği olacağına inanmalı. Bunun yanısıra kötü bir şey yaptığında uyarılacağını, kurallara uymadığı takdirde de cezalandırılacağını bilmeli. Ama bu iki eylem birbirini etkilememeli. Çocuğumuzu severek eğitmeli, gerektiğinde uyarmalıyız ama asla ve asla onu sevmeyeceğimiz tehditleriyle, «kötü çocuk» tanımlamalarıyla sevgimize ve bize olan güvenini sarsacak biçimde değil. Çünkü o zaman bu koşullu sevgi olur ki, gerçek anlamda sevgi, koşullu olamaz. Bu tür bir sevgi yani koşullu sevgi, sağlıklı ve çocuğumuz için yararlı bir sevgi biçimi değil.

Biz çocuklarımıza, «İyi notlar alırsan; uslu ve sessiz olursan seni severim,» dersek, belki çocuğumuz çalışkan, uslu ve sessiz olur ama o hiçbir zaman gerçek anlamda, koşulsuz sevgiyle sevildiğini bilen bir çocuğun özgüvenine, doğal neşesine ve cıvıl cıvıllığına sahip olamayacaktır. Dahası, o da anne babasını koşullu sevecektir. Hem de hiç farkına varmadan. Örneğin, pahalı bir okulda okutuyorlarsa, istediği giysileri, arabayı alıyorlarsa sevgi gösterecek; bunları yapamazlarsa sevgisini esirgeyecektir. Çünkü o, «Benden beklenenler oranında sevgi aldım; öyleyse onlar da benim istediklerimi yaptıkları oranda benden sevgi alabilirler,» diye düşünecektir. Bu durumu gören anne baba, «Sadece istediği bir şey alındığında bize sevgi gösteriyor. Geri kalan zamanda yüzümüze bile bakmıyor, meğer ne nankör çocukmuş,» diye düşünecektir için için. Ve nedeni bir türlü anlaşılamayan bu tür davranışların kısır döngüsü içinde hüzünlerle düşkırıklıkları katlanarak yaşanacaktır. Tabii bütün bunların bilinçaltında gerçekleştiğini eklememize gerek yok. Davranış biçimlerinden, bazı sözlerinden alınan ve beyne yerleşen olumlu ve olumsuz mesajlar bunlar. Ve işte bu nedenle konuyu anlamamız önem kazanıyor. Eğer anne babalar olarak verdiğimiz mesajlarda bilgili ve bilinçli olursak, hem kendimizin, hem de çocuklarımızın hayatında yaşanacak pek çok düşkırıklığı ve üzüntüyü önlemiş olacağız.

Koşulsuz sevgi, çocuğumuza verebileceğimiz en büyük armağan, bırakabileceğimiz en değerli mirastır

Evet, ne diyorduk? Anne babanın farkında olmadan, daha iyi çalışsın ya da daha iyi insan olsun diye başvurduğu koşullu sevgiyle yetiştirilen çocuk, anne babasının asıl niyetini anlayamayacak ve bir mektupta yazıldığı gibi,

«İş yapınca iyi, iş yapmayınca onların gözünde değerimin sıfır olması beni çok üzüyor,» diyecektir.

Oysa koşulsuz sevginin öneminin (bilinçli ya da bilinçsiz olarak) farkına varabilmiş şanslı aileler çocuğuna,

«İyi not almasan da biz seni seviyoruz. Önemli olan moralini bozmadan, çalışıp elinden geleni yapman. Ve elinden gelenin en iyisini yaptığını bilmen,» diyerek destek verir ve çalışmalarında yardımcı olmaya gayret eder.

Onu kimseyle kıyaslamadan, olduğu gibi, kendi sınırları içinde kabul ettiği ve sevdiği mesajını verir. Sadece uslu ya da ailenin istediği biçimde davrandığında, iyi not aldığında değil; öylesine, hiçbir nedeni yokken de onu, sırf o olduğu için ve çok sevildiği için kucaklar, şakalaşır, yanından geçerken şöyle bir saçlarını karıştırır.

Koşulsuz sevgiyle büyüyen çocuk, sevgiyi böyle algılayacak ve o da anne babasını sevgisi için şart koşmadan, sağlayabildikleri ya da sağlayamadıkları olanakları bir ölçüt olarak görmeden sevebilecektir. Onları oldukları gibi, sadece anne ve babası oldukları için sevecek; bu tür bir sevgi almış olduğu için onlara aynı biçimde cevap verebilecektir.

Koşulsuz sevginin getirdiği bir başka çok önemli öğe, dostluk. Katı kurallar, koşullar, sen şununla yükümlüsün, ben bununla; bunları yerine getirmeyen sevgi alamaz, tarzında sessiz mesajlar ve yargılamalarla çocuk ve ailesi arasında dostluk kurulamaz. Ve, ne acıdır ki, bu dostluğun kurulamamış olduğunun yıllar sonra farkına varılır. Bu arada anlamlı ve doyurucu yaşanabilecek nice güzel yıllar da ıskalanmıştır.

Oysa çocuğumuzla daha ilk yıllarından başlayarak kurabileceğimiz dostluk, ona da, bize de neler neler kazandıracaktır. Onun o küçük, çocuksu dünyasındaki sorunlarında yanında olmak; sorunlarının, bize önemsiz görünse de, onun için önemli olduğunu bilmek ve ona göre davranmak, destek olmak, anlayış göstermek; onunla «dertleşmek», çocuğumuzla «konuşmak» için zaman ayırmak ve onu gerçekten «dinlemek»... Her ne yapmışsa, her ne olmuşsa daima bize gelebileceği güvencesini ona vermek... Cezalandırılması gereken bir durum dahi olsa, gerekli bedelin ödenmesi sırasında tüm sevgimizle yanında olacağımız gibi çok önemli bir konuyu çocuğumuza anlatmak... Onun dostu olduğumuzu ve daima onun yanında olacağımızı ona bildirmek...

İşte bu tür davranışlar koşulsuz sevginin sessiz mesajları olmalarının yanısıra çocuğumuzla aramızda geliştirilecek olan sağlam bir dostluğun temelleridir. Ve yıllar sonra, bu dostluğun sonucu olarak, onlar da bize destek verecek, onlara gönlümüzün istediği ölçüde maddi olanak sağlayamıyorsak bunu anlayışla karşılayacak; sıkıntımızda bize el uzatacaklardır.

Bir alışveriş, bir alacaklı verecekli ilişkisi, bir «görev» olarak değil, koşulsuz sevgi bağlarıyla birbirine bağlı dostların dayanışması şeklinde gelişip ömür boyu sürecektir, yılların içinden süzülüp gelmiş bazen hüzünlü ve sıkıntılı, bazen komik ve neşeli küçük küçük anıların birikimiyle oluşmuş bu güzel ve anlamlı ilişki.

Burada bir an durup, koşulsuz sevgi ilişkisini yansıtan bir mektubu sizlerle paylaşmak istiyorum. *Milliyet* gazetesinde «Aziz Nesin'den Oğluna Mektuplar» başlıklı yazı dizisinde, baba oğulun birbirlerine yazdıkları mektupların bazı bölümleri yayınlanmıştı. Ve işte, Ali Nesin'in babası Aziz Nesin'e yazdığı anlamlı mektup.

«En az mirası bana bıraktığını yazıyorsun. Babacığım en çok mirası bana bıraktın sen. İnsancıllığı, insan sevmesini, düşünmeyi, çalışmayı... bana sen öğrettin. Daha bana ne miras gerek? Seninle her söyleşi, insanı zenginleştiriyor, her mektubun öğretiyor. Hem de söyleşerek tatlı bir öğreti. Babacığım, ev filan istemiyorum, boşu boşuna para harcayacaksın. Ben evleri Vakfa bırakıyorum. Bana yeterinden fazla miras bıraktın. Bana verdiklerin dünya eder. Sırf öğrenimimden bahsetmiyorum... Daha neler neler var. Senden tek istediğim Amerika'da iki üç yıl daha kalmama yardımcı olman ve seninle arkadaş ilişkilerimizin devam etmesi, on beş günde bir mektup... Ev mev istemiyorum. Benim geleceğim artık güvencede. Üstelik senin sayende, daha bana ne verebilirsin. Bilirsin benim malda mülkte gözüm yoktur, elbise ne bulursam giyerim... ama bu yüzden evleri istemiyor değilim. İhtiyacım olmadığından istemiyorum. Kesin istemiyorum. Ben ne yapayım evi? Üstelik kendim ev sahibi olabilirim gelecekte. Evler Vakfın.»

Şöyle düşünün; geriye dönüp baktığımızda, hayatımızın dökümünü yaptığımızda eğer bizi sırf biz olduğumuz için sevmiş, en kötü halimizle kabullenebilmiş, sıkıldığımız an başvurabileceğimiz ve koşulsuz desteğini bulabileceğimiz bir insanımız varsa, hayatımızda mutluluğu büyük ölçüde yakalayabilmişiz demektir. Başarı, kişinin istediğini elde etmesi; mutluluksa bu başarının tadını çıkarabilmesidir. Ve eğer sevincimizi paylaşacak kimsemiz yoksa bu başarının tam olarak tadına varamayacağız demektir. Mutlu kişilerin onları koşulsuz seven, başarılarını paylaşan, zor günlerinde onları bir sığınak gibi kucaklayan aile bireyleri ve bir iki tane de olsa dostları vardır.

Bir de aksini düşünelim. Başarılıyız, zenginiz ama buna sevinecek biri yok, paylaşacak kimse yok. Üzüntülüyüz, «Boşver, geçer bunlar,» diyecek biri yok. Omzuna dayanıp ağlayabileceğimiz bir insan yok. Tüm mutluluk arayışlarında ortaya çıkan bir gerçek bu. Bize koşulsuz sevgi verecek birisi yoksa tüm başarılar yarım kalıyor, bir yerde bir eksiklik oluyor. İşte bu nedenle bizim hayattayken evladımıza verebileceğimiz en büyük armağan koşulsuz sevgimiz; göçüp gittikten sonra da ona bırakacağımız en değerli miras yine o koşulsuz sevgiden aldığı güç ve biz olmadan da hayat yolunda sağlam adımlarla yürüyebilmesi için gerekli olan özgüvendir.

Koşulsuz sevgi konusunda çok güzel bir örnek olarak gördüğüm bir çocuk kitabından söz etmek istiyorum. Kitaptaki olaylar bir okulda geçmektedir. Öykünün kahramanı iyi ve akıllı bir kız öğrencidir. Ve sınıfının temsilcisidir. Bir akşam yatakhanedeki öğrenciler yasak olduğu halde, gece ışıklar söndükten sonra bahçede toplanıp eğlenmeye karar verirler. Sınıf temsilcisi önce karşı çıkar ama arkadaşlarının ısrarlarına dayanamayarak onlara katılır. Sonuçta yakalanırlar ve cezalandırılırlar; öykümüzün kahramanı da sınıf temsilciliğinden alınır. Çok üzgündür, çünkü temsilci olmayı çok istemiş ve bu olaya kadar görevlerini severek yapmıştır. Olanları başka bir kentte yaşamakta olan anne ve babasına, başkalarından değil, benden duymanızın daha uygun olacağını düşündüm, diyerek bir mektupla bildirir; bu arada ne kadar üzüldüğünü de anlatır.

Okulun geleneksel şenlik günleri gelip çatmıştır. Tüm anne babalar davetlidir. Kahramanımızın annesiyle babası da gelirler, gösteri boyunca kızlarını alkışlarlar. Üzücü olaydan hiç söz edilmez ama babası onu daha sıkıca kucaklamasıyla, annesi de koluna girerek okul içinde yaptıkları gezinti boyu yanından ayrılmayarak üzüntüsünü anladıklarını, onu sevdiklerini ve arkasında olduklarını hissetirirler. Gün sona ermiştir. Vedalaşırken genç kızın gözleri sevgi, tazelenmiş güven ve şükran hisleriyle dolar, onlara bir kez daha sarılır. Yepyeni bir hevesle okul yaşamına ve çalışmalarına dönebilecektir artık. Sonuçta bir çocuk romanı ama alınacak öyle çok ders var ki... Hele de biz anne babalar için.

Her şeyden önce bir hata yapıldığını ve bunun bedelinin ödenmesinin gerekliliğini hem genç kız, hem de anne baba kabulleniyor ve kimse okul idaresini suçlamaya kalkmıyor. Burada kurallara saygının, topluma ve insana da saygılı olmayı öğrettiğini görüyoruz.

Genç kız olayı okul idaresi bildirmeden, kendisi dürüstçe anne babasına yazıyor ve üzüntüsünü belirtiyor.

Anne babasıysa okulda karşılaştıklarında olaydan yeterince ders aldığı belli olan kızlarının ne üstüne giderek onu utanca boğuyor, ne de okul idaresini kızlarına «garez» olmakla suçluyorlar. Ve sessiz sevgi mesajlarıyla, «Üzüntünü anlıyoruz ama bundan böyle davranışlarında daha dikkatli ol, okulunun kurallarına saygılı ol. Ve seni her zamanki gibi çok sevdiğimizi unutma,» diyorlar.

İşte güzel bir koşulsuz sevgi örneği.

Koşulsuz sevginin sözlü mesajlarına ve onların karşıtlarına gelince, bazen hiç farkında olmadan, yorgun ya da öfkeli olduğumuz zaman ağzımızdan kaçanlarla, doğru olanı karşılaştıralım ki, şu sakin anımızda aradaki dağlar kadar farkı görebilelim. Kötü örnekler çocuğun zihnine yerleşiyor ve tüm yaşamı boyu kendine olumsuz bakmasına yol açıyor. Anne babası tarafından sevildiğine inanmıyor, onlara güvenmiyor, böylece özgüveni gelişemiyor. Oysa iyi örnekler çocuğun sevildiği, istendiği, ona güvenildiği mesajlarını veriyor ve özgüveni gelişmeye başlıyor. Mutlu bir insan olma yolunda hızla ilerliyor. İşte bir dergiden alıntılar.

Kötü Örnekler

1- Ne kadar aptalsın.
2- Hiçbir şeyi beceremezsin zaten.
3- Bak Ayşe Hanımın oğluna, ne kadar uslu. Onun yarısı kadar olsan...
4- Nerden doğurdum seni.
5- Yine neden suratın asık? Hiçbir şey seni memnun etmez zaten.
6- Karnendeki «iyi»ler bana yetmez. Neden hepsi pekiyi değil?
7- Baban gelince görürsün.
8- Yeni icatlar çıkarma.

İyi Örnekler

1- Ne kadar akıllısın.
2- Hepimiz hata yaparız.
3- Seni olduğun gibi seviyorum.
4- Seni seviyorum.
5- Derdini bana söyleyebilirsin.
6- Başarınla gurur duyuyorum.
7- Hayır, dedim yavrum.
8- Bu çok ilginç bir fikir.

İşte burada da sözlü olarak koşulsuz sevgi ve karşıtının örneklerini görüyoruz. Altı üstü birkaç sözcük ama uzun vadede ne kadar önemliymiş meğer, değil mi?

Ezeli ebedi soru: Beni seviyor musun?

Koşulsuz sevginin ne tür bir sevgi olduğunu anladıktan sonra sıra geliyor bu sevgimizi çocuklarımıza «nasıl» ileteceğimize. Ve işte bu bizleri en çok zorlayan soru. Az önce belirtildiği gibi, çocuklarımız için canımızı verebiliyor da, gerekli sevgiyi göstermesini bilmiyoruz. Onları her şeyden çok seviyoruz ve bunu biz biliyoruz ama onlar nereden bilecekler? Sevgimizi göstermezsek, anlatmazsak nasıl bilebilirler? Ancak iyice büyüyüp koca koca adamlar, kadınlar olduklarında, «Annem bizi asla kucağına alıp öpmezdi. Bir gün bile başımı göğsüne dayadığımı bilmem. Bir kez olsun, 'Güzel kızım benim,' diye saçlarımı okşamamıştır. Hele babamla böyle konular sözkonusu bile değildi. Akşamdan akşama görür, çok çekinirdik ondan. Bu tür bir sevgi görmedik ama bizi severlerdi. Nereden mi biliyorum? Bizler için her türlü özveride bulunmuşlardı. Kendilerinin ne gezmesi, ne tozması vardı ama bizim hiçbir şeyimizi eksik etmezlerdi. Onların hayatları bizdik,» diyeceklerdir. Tıpkı pek çoğumuzun anne ve babalarımız için bugün söylediği gibi.

Sevgisini göstermekten kaçınanların bazıları bunu çocuk şımarmasın diye yapıyor ve böylece çocuğuyla birlikte mutlu olmanın tadını çıkaram.yor. Çocuklara gelince, onlar da sevildikeri kanısına ancak yetişkin olduktan sonra ve mantık işleterek varabiliyorlar. Tabii bu arada da nice coşkulu sevgi mutlulukları yaşanmadan geçip gidiyor.

İşte bu bir daha geri gelmeyecek, asla geri gelmeyecek sevgi mutluluklarını hem çocuklarımıza, hem kendimize doyasıya yaşatabilmemiz için bakın nelere dikkat etmemiz gerek.

Çocuklar doğdukları andan başlayarak bize hep aynı soruyu sorarlarmış.

«Beni seviyor musun?»

Tabii önce konuşma bilmediklerinden, sonraki yıllarda da duygularını kendileri bile kavrayamadıklarından konuşma ve anlatma yoluyla değil, kendilerine özgü bir dille bu soruyu sorar dururlarmış. Bebekken ağlayarak, mızmızlanarak; çocukken birtakım huysuzluklar yaparak, suratını asarak, eteklerimize asılarak, kendilerince,

«Beni seviyor musun?» diye sorarlarmış.

Bu sorular çocukluk çağının bitimiyle de sona ermiyor benim görebildiğim kadar. Ve bu kez dile getiriliyor artık. Mektuplarda, sohbetlerde açık açık soruyorlar.

«Beni seviyor musun?»

«Elbette,» diyoruz.

«Öyleyse göster,» diyorlar.

Çocuklarımıza sevgimizi doğdukları andan başlayarak gözle iletişim, bedensel iletişim ve odaklaşmış ilgi biçiminde göstermeliymişiz.

Çocuklarımıza gözlerimizle sevgi mesajları gönderelim

Bir bebeğin daha iki aylıkken gözlerinin bir başka çift göz aradığını biliyor muydunuz? Bebeğin gözleri sürekli aranır gibi bir o yana bir bu yana gider ve sizin ona bakan gözlerinizi yakaladığı an sanki onların üzerine kilitlenir. Bence bu müthiş bir şey. Ve işte o andan itibaren bebeğin duygusal beslenmesi başlarmış.

Çocuğumuza sevgimizi anlatmanın en güçlü aracı, gözlerimiz. Bu aracın önemini ve onu doğru kullanmasını bilirsek çocuklarımıza büyük bir iyilik etmiş olacağız. Konunun can alıcı noktası, gözlerimizi kullanırken asıl amacımızın koşulsuz sevgimizi onlara gözlerimiz aracılığıyla aktarmak olduğunun bilincine varmamızdır.

Gözlerimizi sevgi mesajları için kullanalım.

Çünkü bir de gözlerini cezalandırmak için kullananlar var. Bazı anne babalar azarladıkları ya da cezalandırdıkları zaman çocuklarının gözlerinin içine delercesine bakar ve ona ürkütücü tehditler yağdırırlar; geri kalan zamandaysa göz göze iletişimi pek kurmazlar. İşte çocuk yetiştirirken yapılan en büyük hatalardan biri gözlerimizi sevgi için değil, cezalandırmak için kullanmamızmış. Sadece cezalandırılırken gözlerinin içine bakılan çocuk kısa sürede sevilmediği, kendisinin iyi bir insan olmadığı kanısını edinip utanca boğulacak; çekingen ve insanlardan kaçan bir kişiliğe bürünecektir.

Bu tür çocuklarda en belirgin özellik konuşurken karşısındakinin gözlerinin içine bakamaması. Ve ne hazindir ki, bu tür çekingen çocuklarla bizler de pek iletişim kuramıyoruz.

Onlara bir soru soruyorsunuz. Uzun bir sessizlik. Baş eğik, gözler yerde... Nihayet mırıl mırıl, zar zor duyulan bir yanıt kırıntısı... Haydi bir kez daha deniyorsunuz, yine gözlerini kaçırıyor, yine binbir sıkıntı içinde iskemlesinde kıvranıyor. Ve artık bu noktada siz de yorgun düşüyor ve herhalde bu çocuk benden sıkıldı ya da çocuk tabii, büyüklerle konuşmak onu sıktı, diye düşünüyor, ilginizi geri çekiyorsunuz.

Ve ilginin ondan her esirgenişi onun için yeni bir yenilgi oluyor.

Öte yandan, kendisiyle gözle sevgi iletişimi kurulmuş bir çocuk dışa dönük ve sevecen oluyor. Konuşurken karşısındakinin gözlerinin içine bakabiliyor. Böyle bir çocuk her gittiği yerde ilgi odağı oluyor. Gözle sevgi mesajları alarak beslenmiş olan bu çocuk sevildiğini bilmenin güvencesi içinde başkalarıyla en başta da gözle iletişim olmak üzere, her türlü iletişimi kurabiliyor.

Ve her yeni ilişki, ona gösterilen ilgi, onun için yeni bir başarı oluyor.

Bakın Gaziantep'ten gelen bir mektupta neler yazılmış bu konuda.

> «Derslerimizde oldukça başarılı bir sınıfız. Ama şiir okuma, metin okuma, okul tiyatrosunda rol almaya gelince başarı oranımız düşüyor. Öğretmenlerimizle konuştuğumda, sorunun genellikle ya aileden ya da toplum baskısından kaynaklanabileceğini söylüyorlar. İşte bu nedenle, ben ve arkadaşlarım sizden kitabınızda bu konu üzerinde biraz daha ayrıntılı biçimde durmanızı rica ediyoruz.»

Gözle iletişim konusunda yapılan bir diğer büyük hata gözlerini, bakışlarını esirgeyerek onu cezalandırmak... yani küsmek. Bu tutum çocuğu derinden etkiliyor. Diyelim bir hata yaptı; bunun üzerine gerekli uyarı yapıldı, belki de cezalandırıldı. Çocuk bunu kabullendi ve her biri kocaman birer soru işaretine dönüşmüş gözleriyle sizden özür diliyor. Gözlerdeki soruysa yine hep o aynı soru.

«Beni seviyor musun?»

Ya biz ne yapıyoruz? Bir hışım başımızı çevirip yürüyoruz. O gözlere cevap vermiyor, onu öylece havada, yanıtsız ve sevgisiz bırakıyoruz.

Oysa yapılması gereken, kararlı bir ses tonuyla ona hatasını anlatmak, bunu kavramasını sağlamak; bu arada bakışlarımıza da aynı kararlılığı yerleştirmek. Kötü kötü bakmak değil, dehşete düşürmek, ruhuna korku salmak değil. Konunun ciddiyetini belirtecek oranda kararlı bakışlar ve sözlerle durumu çocuğa açıklamak ve onu aydınlatmak gerek.

O davranışı neden iyi bir davranış değil.

Neden o böyle yapınca bizi üzüyor.

Ve, bir daha bunu yapmayacağına inanıyoruz.

Bu tür bir konuşmadan sonra hele hele çocuk hatasını kabullenmiş; sözle ya da bakışlarıyla özür diliyorsa, onu derhal ama derhal sıcak sevgimizle sarıp sarmalamalı ve gözlerdeki o meşhur,

«Beni hâlâ seviyor musun?» sorusunu yanıtlamalı,

Evet, seni hata yapsan da seviyorum ve şimdi bu hatayı seninle el ele verip düzelteceğiz, dercesine gözlerimiz ve davranışımızla, eğer anlayacak yaştaysa bunlara sözlerimizi de ekleyerek sevgimiz konusunda ona güvence vermeliyiz.

Ve bakın bu konuda gençlerimiz neler söylüyorlar.

> «Örneğin, bir tartışmadan sonra usul usul yanlarına gelip özür dileyen zavallı çocukcağızlara saatlerce vıdı vıdı edip, nasihatler çekerek, sonra da büyük bir düşüncesizlikle çocuğu affetmeyip, iki gün küs küs surat etmemeliler. (İşte bu benim sorunum.) Fikrimi savunsam hemen kavga çıkıyor; bir süre sonra resmen gururumu ayaklar altına alarak gidiyorum, özür diliyorum ve suratıma dikilen aşağılayıcı bakışlar ve sinir bozucu bir kayıtsızlıkla karşılaşıyorum. Adil mi bu? Üstelik ben neredeyse her tartışmadan sonra gider özür dilerim. Ama annem de babam da, hayatlarında daha bir kerecik olsun benden ya da kardeşimden özür dilememişlerdir. Arada sırada bizim de haklı olabileceğimizi hiç düşünmezler.»

«Öğretmenimiz kızıyor ama küsmüyor, ne güzel değil mi?»

Küsmek deyince aklıma yaşamımda tanıdığım çok değerli öğretmenlerden biri geldi. Küçük kızım, on bir, on iki yaşlarındayken ABD' nin New York kentinde bir yıl eğitim görmüştü. Sınıf öğretmenleri Bay Eggars, sakallı, gözlüklü, iriyarı bir adamdı. Sınıfa koca bir termos dolusu kahveyle gelir, gün boyu kahvesini içerdi.

Bu yeni ortamda her şey değişikti kızım için. Beğendiği olayları da yaşıyor, gözlemliyor, eleştiriyordu; beğenmediklerini de. Ama onu asıl şaşkına çeviren ve daha ilk günlerinde eve gelir gelmez bana anlattığı yeni öğretmeni Bay Eggars'ın öğrencileriyle olan ilişkisiydi.

«Teneffüste öğretmenin boynuna sarılıp onu öpüyorlar, sakallarını çekiştiriyor, onunla şakalaşıyorlar!!!»

Hayretler içindeydi kızım. Böyle şeyler birinci sınıfta olabilirdi ama beşinci sınıfı bitirmiş, altıncı sınıfı okumakta olan öğrencilerin bu kadar rahat davranmaları, öğretmenleri sanki arkadaşlarıymış gibi şakalaşmaları akıl alır gibi değildi. Oysa ilkokulu sevecen, aydın ve kendisinin de gerçekten sevdiği bir öğretmenin denetiminde bitirmişti ama öğretmenle öğrencinin arasında bir mesafe olurdu. Böyle de boynuna sarılıp, sakalları çekiştirilir miydi hiç?

Gelelim beni şaşırtan olaya. Yine bir gün okula gitmiştim ve aklımca kimseye belli etmeden çevreyi inceliyordum. Merak bu ya!

Ne kadar neşeli bir ortam yaratmışlardı Tanrım! Oysa bu sıradan bir devlet okuluydu; ne vakıf, ne de paralı bir özel okuldu. Kapıdan içeri adımınızı attığınız an, bir renk cümbüşünün içine düşüyordunuz sanki. Canlı renklere boyanmış duvarlar, duyurular, öğrencilerin çizdiği afişler ve posterlerle boydan boya donatılmıştı. Duyurular bile öğrencilerin yaşlarına uygun neşeli bir anlatımla kaleme alınmıştı. Okul koridorlarında yürürken sağa sola şöyle bir göz atmak, insanın içini açmaya yetiyordu. (Bizim gri ve kahverengine boyanmış devlet okullarımızı düşünerek, aah, ah, diye sessizce iç çektiğimi gayet iyi anımsıyorum.)

Kızımın sınıfı dersteydi ama Bay Eggars beni görünce içeri buyur etti. Güneş ışığına kucak açmış kocaman pencereleri ve öğrencilerin yarattığı sanat harikalarıyla (!) donatılmış neşeli bir sınıftı bu. Beni oturttuktan sonra Bay Eggars yapmakta olduğu işe döndü, çünkü tam o sırada yaramaz bir öğrenciyi ceza olarak sınıftan kovmakla meşguldü. Öğrencinin suçu sınıfta gürültü yapmaktı. Anladığım kadar daha önce uyarıldığı halde yine gürültü yapmış, dersin akışını bozmuştu.

Bay Eggars oturduğu yerden, «Çık dışarı Danny ve ders boyu dışarıda kal,» diyordu. Danny adındaki çocuksa oturduğu yerde ayaklarını yere vurarak, «Gitmek istemiyorum, gitmek istemiyorum,» diye tepiniyordu.

Kızımla göz göze geldik. İkimiz de hayretler içindeydik. Bir öğretmen bir öğrenciyi sınıftan kovacak ve öğrenci yine de sınıftan ayrılmamak için tepinecek?!

Bu arada öğretmen ne yapıyordu dersiniz? Ne bir hışım çocuğun üstüne yürüyor, ne de bir Osmanlı tokatı yapıştırıyordu hanyayı konyayı anlasın diye. Sakin sakin oturduğu yerden, «Güle güle Danny,» diyordu.

Danny yine direnince, bu kez sesi bir ton daha ciddileşerek, «Sana güle güle demiştim Danny,» dedi ve bunun üzerine Danny oturduğu yerden gönülsüzce kalkıp, ayaklarını sürüye sürüye ders sonuna dek kapının önünde bekleme cezasını çekmeye gitti. Doğrusu hiç böyle bir cezalandırma biçimine tanık olmamıştım.

Ve gelelim asıl sözünü etmek istediğim, kızımın anlattığı bir gözleme...

«Anne,» dedi yine bir okul dönüşü, «Bay Eggars kızıyor ama insana küsmüyor.»

«Nasıl yani?» diye sordum. Ne demek istediğini pek anlayamamıştım.

«Ödevini yapmamışsan kızıyor, hatta azarlıyor ve sınıfın arkasına yolluyor. Ama sen orada ödevini güzelce yapıp ders sonunda gösterirsen, hemen yüzü gülüyor. Seni eski yerine oturtuyor ve ikinci derste seninle de hiçbir şey olmamışcasına, ödevini yapmış olanlarla şakalaştığı gibi şakalaşıyor. Yani kızıyor ama küsmüyor, ne güzel değil mi?»

Kızımın o günki yorumu beni ne denli etkilemiş olmalı ki, bugüne dek unutmamışım.

Çocuk bir hata yapınca uyarılır, gerekirse ceza verilir. Çocuk hatasını anlayıp pişman olmuşsa, o hatayı düzeltmeye yönelmişse ya da özür dilemişse artık gün boyu, hatta günler boyu surat etmenin ne anlamı var? Ve işte on bir yaşında bir çocuk durumu özetleyivermişti.

«Kızıyor ama küsmüyor. Ne güzel değil mi?»

Sıcaklığımızla onlara güven verelim

Koşulsuz sevgi yolunda gözle iletişimle birlikte yürüyen diğer öğe, bedensel iletişim. Gözle ve bedensel iletişimin ne denli önemli olduğunu II. Dünya Savaşı sırasında İngiltere'de ve daha sonraki yıllarda da ABD'deki bir hastanede gözlemlenen olaylar ortaya koyuyor.

II. Dünya Savaşı sırasında Londra bombalanmaktadır. Bazı aileler çocuklarını korumak için onları kent dışındaki köylere gönderirler. Çocuklar burada evlere yerleştirilir ve iyi bakılırlar. Oysa daha sonra aynı çocukların ruhsal çöküntü içinde oldukları saptanır. Çocuklar fiziksel yönden iyi bakılmışlardır ama duygusal açıdan anne ve babalarından uzak olmak, gözle ve bedensel iletişim eksikliği onları duygusal açlığa itmiştir. Uzmanlar, bu çocuklar anne babalarının yanında kalmış olsalardı, belki de onlar için daha iyi olurdu, kanısına varırlar.

Çocuklarımız için en büyük tehlike, duygusal açlık. Duygusal yönden boşlukta kalan bir çocuk ya da genci pek çok tehlikenin beklemesinin yanısıra kendilerinin birer tehlike haline dönüşmesi olasılığı var. Örneğin, son günlerde ABD'de çocuklar tarafından işlenen cinayetler gündemde. Gazetelerden okuduğumuz kadarıyla bu çocuklar suçluluk da duymuyorlarmış. Bunun nedenini uzmanlar bu çocukların ve diğer suçlu çocukların büyük bir bölümünün sevgi ve ilgiden yoksun, insan muamelesi görmeden büyümelerine bağlıyorlar. İnsan gibi muamele görmezlerse, doğal olarak onlar da insan gibi davranmasını ve hissetmesini bilemeyeceklerdir. Sevgi ve ilgi görmeyince, bir başka insana sevgi ve acıma duyamayacaklardır. Sokaklardaki kimsesiz çocuklarımızla, kötü yönetilen yetiştirme yurtlarındaki çocukların da karşı karşıya olduğu bir tehlike bu.

Bir başka tehlike de gerekli ve sağlıklı sevgiyi evinde alamayan çocuğun, gençlik yıllarında aşırı uçlara yönelmesi şeklinde ortaya çıkıyor. Oralarda sevgi arıyor sanki. Bu tür tuzakları kuranlarsa, bu gençlerin psikolojisini çok iyi bildiklerinden parasal desteğin yanısıra gence, sen önemlisin, sen bu davanın adamısın; birimiz hepimiz, hepimiz birimiz, gibi ona sevildiğinin, bir yere, birilerine ait ve değerli olduğu mesajlarını vererek kendilerine çekiyor.

Gençlerimizin aşırılıklara kapılmalarını istemiyorsak, bunu gençlik yıllarında koyacağımız anlamsız yasaklarla değil, ilk günden başlayarak ihtiyacı olan sevgiyi tüm çocukluğu boyu vererek gerçekleştirebiliriz. Evinde yeterli ve sağlıklı sevgi almış bir genç kendine zarar verecek aşırı uçlara kaymaz, bu tür tuzaklara düşmez; hele bir de «düşünmesi» öğretilmişse ona.

İkinci ilginç ve ilginç olduğu kadar da hüzün verici olay ABD'de bir hastanede gözlemlenmiş. Bazı bebeklerin altı-on iki aylar arasında büyümelerinin durduğu görülmüş. Bu bebekler yemek yemiyorlarmış, davranışlarında uyuşukluk ve ilgisizlik gözlemleniyormuş. Ve bir süre sonra hiçbir fiziksel neden olmadan ölüyorlarmış. Araştırmalar sonucunda bu bebeklerin ortak noktaları bulunmuş. İstenmeyen bebeklermiş onlar. Anne ve babaları kendi duygularıyla bilinçli biçimde başa çıkamadıklarından, onları bilinçsiz olarak davranışlarıyla reddediyorlarmış. Bebeklerine görevleri gereği iyi bakıyor, fiziksel tüm gereksinimlerini karşılıyorlarmış ama gözle ve bedensel iletişim kurmuyorlarmış. Ve bazı bebekler bu sevgisiz ortamda su verilmeyen çiçekler gibi yavaş yavaş solup ölüyorlarmış.

Hepimize acı veren bu bulgulardan sonra biraz da gülümseyebileceğimiz ve çoğumuzun yaşadığı, «çocuğun huyu değişti,» meselesine bir bakalım.

Hafta sonu ailece bir yere gitmeye karar veririz. Ve bebeğimizle birlikte bir vagon dolusu eşyası; mamaları, biberonları, bezleri, giysileri ve oyuncaklarıyla bir motele yerleşiriz. İki gün boyu onun bakımı dışında kalan zaman kırıntılarında kendimizce dinlendiğimizi sanarak sonunda yine taşınırcasına toplanarak evimize döneriz.

Eve döndüğümüzdeyse bu «dinlenme» sonunda dağlar gibi birikmiş çamaşır ve evi yeniden gündelik düzenine sokma savaşımını veriz. Çamaşırlar yıkanır, yerli yerine konur; biberon ve şişeler kaynatılır, yeni mamalar hazırlanır. Bu arada da evin gündelik işlerine yetişmeye çalışırız. Bütün bunlar iyidir, hoştur da, hiç beklemediğimiz bir sorun çıkmıştır ortaya. O iyi huylu bebeğimizin tüm düzeni altüst olmuştur. Doğru dürüst uyumaz, hırçınlık eder, ağlar ya da mızmızlanır durur. Biz de hemen teşhisi koyarız, «çocuğun huyu değişti».

Oysa bebeğimizin zihninde, yaşanan bu değişiklik sonucu soru işaretleri belirmiştir. Bizim ona her zamanki kadar vakit ayıramamamız, pürtelaş gitmelerimiz gelmelerimiz, sonra da evin işlerine dalmamız, kısaca alışılmışın dışındaki bu hareketlilik yine o bildik soruyu gündeme getirir.

«Beni seviyor musun?»

Bunun farkına vardığımızda yapmamız gereken, işleri bir süre için bir kenara bırakarak bebeğimizi kucağımıza alıp, onunla göz göze iletişim kurmak, onu öpüp okşayarak bedensel teması gerçekleştirmek; sakin ve tatlı bir sesle onun kuşkularını yatıştırmak, onu rahatlatmak ve hâlâ çok sevildiğini ona bildirmektir. Eğer bu huysuzluklar ilk çocukluk yıllarında yaşanıyorsa, çocuğumuza zaman ayırarak onunla baş başa bir köşeye çekilip, kucağımıza oturtup, «Haydi seninle azıcık konuşalım,» demek ve onu rahatlatacak, kuşkularını dağıtacak bir sohbete girmek olmalıdır. Zaten kucağımızın sıcaklığında sevgimiz ve ilgimizle, boşalmış olan o sevgi dağarcığı yeniden dolunca, çocuğu bağlasanız durmayacak, neşeyle yere atlayıp, oynamaya başlayacaktır.

Doğduğu andan başlayarak özellikle de yedi sekiz yaşlarına kadar çocuğun bol bol öpülmeye, kucaklanmaya, okşanmaya gereksinimi var. Daha sonraki evrelerde de, ilk yıllardaki kadar olmasa da, bu ihtiyaç sürer gider. Bedensel iletişim konusunda bizlerin bir hatası, çocuğumuz büyüdükçe, artık erkek oldu ya da koca kız oldu, diyerek bedensel iletişimi kesmemiz.

Altı, yedi yaşından gençlik dönemine ulaşana dek bedensel iletişimi tıpkı gözle iletişimde olması gerektiği gibi asla kesmemeliyiz. Ama duyarlı davranıp şeklini değiştirmeliyiz. Yaşına, durumuna, duygusal ihtiyacına göre gerçekleştirmeliyiz bunu. Onun artık «bebeğimiz» olmadığının farkına varmalıyız. Arkadaşlarının yanında «Aman da aman...» gibi sözcüklerle onu utandırmamalı, sevgi gösterileriyle bunaltmamalı ama antenlerimizi hep açık tutarak, sevgimize ihtiyacını hissettiğimizde hemen sözlerimiz ve davranışlarımızla bu ihtiyacı karşılamalıyız.

Bakın bir genç kızımız ne diyor.

«Anne ve babamın yapmalarını istediğim tek şey (kitabınızda da belirtmişsiniz) sevgilerini göstermeleri. Bizleri sevdiklerini biliyoruz ama şu ana kadar bana bir kez olsun, 'Seni seviyorum,' demediler.»

Oğlumuz kucağa alınacak dönemi geçtiyse, bu kez bedensel iletişimi iyi bir şey yaptığında sırtını hafifçe sıvazlayarak, şakalaşırken saçlarını karıştırarak ya da omzuna kolumuzu atarak kurabiliriz. Bunlar bedensel iletişimi sürdüren davranışlar. Oğluyla top oynayan, boğuşan, şakalaşan bir baba bu ihtiyacı oyun ya da sporla bütünleştirerek verebilir ki, özellikle de bu yaşlarda en doyurucu yöntem olarak kabul ediliyor.

Bu yaşlarda babanın önemi hızla yükseliyor, hem erkek, hem de kız çocuk için. Oysa baba, özellikle de kızı büyüdükçe bir çekingenlik içine girerek, bedensel iletişimi kesiyor. Küçük kızların, hele de on bir yaşına kadar, o çok kritik on bir yaş da dahil olmak üzere, babalarının ilgi ve bedensel iletişimine öyle büyük ihtiyaçları varmış ki...

Yine bir genç kız sesleniyor.

«Keşke babam bana daha sık 'kızım' dese...»

Bir genç kızın ve kadının kendi cinsel kimliğini onaylayabilmesi için babasının onu onayladığını hissetmesi gerekmiş. Babası tarafından sevildiğini, beğenildiğini, onaylandığını bilen bir kız çocuğu, hayata kendine güvenen bir kadın olarak atılabiliyor. Buna çok klasik bir örnek, Fransız kadınları. Kendilerine, çekiciliklerine güvenen Fransız kadınlarının bu duyguyu küçük yaştan başlayarak babalarından beğeni görmelerine; çok özel, çok güzel, çok şık bir küçük hanım olduklarının onlara söylenmesi ve hissetirilmesine bağlanıyor.

Bir baba, kızı gençlik dönemine girmeden onunla sağlıklı bir sevgi alışverişi, gözle ve bedensel ilişki kurabilmişse, onu sevdiğini ve beğendiğini hissettirebilmişse, o küçük kız gençlik dönemine girdiğinde, bir genç kız olarak kendinden ve cinsel kimliğinden emin olacak, sorunlarla başedebilecektir. Örneğin, bir yudumcuk sevgi için her türlü özveriye katlanma gereğini duymayacak, anlamsız ilişkilere girmeyecektir. Çünkü o sevilen, saygı duyulan, değerli bir varlık olduğuna inanmaktadır. Ve bu inanç onun gereksiz ilişkiler kurarak kendini kanıtlamaya kalkışmasını önleyecektir.

Baba kız ilişkisi ve özlemler konusunda yazılmış şu satırları hep birlikte okuyalım ve kendimize soralım. Acaba bizim kızımız da böyle mi hissediyor?

> «Herkes kendince düşünceli ve duyarlıdır. Ancak kimse birbiriyle - yüzeysel konular dışında - konuşmadığından kalpler kırılır, fırsatlar kaçırılır, bağlar zayıflar, zayıflar...
>
> Baba kız arasında hep bir mesafe vardır...
>
> Saygımız sonsuz. Saygı ille de 'siz' ile başlayıp biten cümlelerle mi belirtilir? Onun ailesinde de hep o soğuk, o yüce 'siz' sözcüğü kullanılırmış. Bir yeni yıl kutlamasıydı. İçimden yetti be, deyip kocaman sarıldım babama. (Bizde pek öyle dokunma, öpme yoktur.)
>
> 'BABA SENİ ÇOK SEVİYORUM,' dedim.
>
> Ne yapacak adam, şaşırdı tabii. İlk ve son çığlığımdı bu...»

Baba kız sevgisinin yanısıra, «... kimse birbiriyle - yüzeysel konular dışında - konuşmadığından, kalpler kırılır, fırsatlar kaçırılır, bağlar zayıflar, zayıflar...» diyerek bir diğer önemli konuya daha değinmiş bu duyarlı ve düşünen genç. Beraberliğin niteliğine... Beraberliklerin niteliğinin farkında olmamak pek çoğumuzun içine düştüğü bir hata. Beraber olmak yan yana oturmak değil, her kafadan ses çıkan ortamlarda öylesine çene çalmak hiç değil. Bu, derinliği olmayan birliktelik oluyor. Oysa gençlerimiz çok daha anlamlı bir beraberlik beklentisi içindeler. Sadece onlara ayrılmış bir zaman diliminde, kafalardaki soruların dile getirildiği, yüreklerdeki duyguların tüm coşku ve kuşkusuyla paylaşıldığı gerçek bir birliktelik özlemi içindeler. Sıradan değil, anlamlı ve doyurucu beraberlikler istiyorlar.

Peki bir baba büyümekte olan kızına sevgisini nasıl göstermeli? Aynı erkek çocukta olduğu gibi kucağına alıp öpmek bazı durumlarda istenmiyor olabilir. O zaman sıkıntılı göründüğünde çenesinden hafifçe tutup gözlerinin içine bakarak derdini sormak, üzüldüğünde kolunu koruyucu biçimde omzuna atmak; başarılı ve sevinçli olduğunda sımsıkı sarılmak şeklinde bedensel iletişimi kurabilir.

İlk kez süslendiğinde, yeni bir saç şekli denediğinde, değişik bir giysiyle babasının karşısına çıktığında, o küçük kzıın egosu nasıl titremektedir bir bilseniz...

Ve babanın yüzünü ekşiterek, «Ne bu saçının hali?» demesi o küçük kızın ömür boyu kendini, saçını, giyimini bir türlü beğenmemesine yol açacaktır.

Bir de aksini düşünelim.

«Ooo, bu ne güzellik. Zaten güzele ne yakışmaz. Şöyle bir dön de, seni iyice göreyim,» diyerek gösterilen ilgi, o tir tir titreyen egoya güçlü bir payanda olacak ve bu tür yüreklendirmeler yenilendikçe, cinsel kimliği babası tarafından onaylandığı için yıllar sonra kendini onaylayan, sağlam ve güvenli bir genç kız, bir genç kadın çıkacaktır ortaya.

Bedensel iletişimle ilgili son bir nokta. Bir araştırma sonucu insan yavrusunun duyarlılığının doğumdan önce, anne karnındayken gelişmeye başladığı saptanmış. Anne adaylarının hamilelik sırasında iyi duygular içinde, huzurlu ve neşeli olmaları bebeği olumlu etkiliyormuş. Nitekim bu inanç bizde de vardır. Hamile kadınlara, «Güzele bak ki, çocuğun güzel olsun,» denir. Anlatılmak istenen, iyi duygular, güzel nesnelerden alınan olumlu titreşimlerin bebeği olumlu yönde etkilemesi olsa gerek. Annenin sinirli, gergin ya da üzüntülü olmasıysa bebeği olumsuz etkiliyormuş.

Ve ilginç bir bulgu; anne adaylarının karınlarını okşamaları öneriliyormuş. Hatta hatta bebekle konuşmaları, ona sakinleştirici müzik dinletmeleri öğütleniyormuş. Hayvanlara ve bitkilere bile müzik dinletmenin olumlu etkisi düşünülürse, bu sav akla yakın geliyor. Örneğin, bitkilerle yapılan bir deney sonucunda, bitkilerin en çok klasik müziği, özellikle de Mozart'ın eserlerini sevdikleri; bu müzikle daha bir serpilip, gelişmelerine karşın, rock müziğini hiç sevmedikleri ve olumsuz tepki verdikleri saptanmış.

Bu tür bir ilgi gören bebek güzel sanatlara, müziğe daha yatkın, zekâ düzeyi daha yüksek ve kişiliği olumlu oluyormuş. İşte tüm bu nedenlerle anne adaylarının karınlarını okşayıp, bebekleriyle konuşmaları salık veriliyormuş.

Çocuklarımızla yaşanan o çok özel anlar...

Ve gelelim odaklaşmış ilgiye. Aslında gözle ve bedensel iletişimle, odaklaşmış ilgi bir bütün ama odaklaşmış ilgi bebeklik yıllarından sonra daha bir önem kazanıyor. Çünkü odaklaşmış ilgi özel bir zaman dilimi ve yoğunlaşmış dikkat gerektiriyor. Bize ihtiyacı olan çocuğumuzu, sevgi pınarındaki suyun alçaldığını sanan evladımızı; sırf onunla ilgilenilen, onun konuştuğu, onun dinlendiği, yarım saatçik için bile olsa, onu o yarım saatin tek yıldızı yapabilirsek, odaklaşmış ilgiyi gerçekleştirebildik demektir. Böyle özel anları yaşayabilmek için her anne baba kendi yöntemini geliştirmek zorunda.

Geçenlerde kızlarımdan doğumgünümde ve anneler gününde gelen o güzelim kartları sakladığım zarfı çıkardım. Hepsini yeniden okudum, üzerindeki çizimlere baktım, içim bir kez daha sıcacık oldu. Ve birden kartların çoğunda yinelenen ortak bir tema dikkatimi çekti. Hep «ikili» figürler vardı. Örneğin, pembeler içinde çok tatlı bir çay sofrası çizilmişti kartın birinde. Şirin mi şirin pembe bir çaydanlık, kalp biçiminde kurabiyeler, çiçekli peçeteler ve içinde çayın tüttüğü «iki» çay fincanı... Altında sevginin paylaşıldığı o çok özel anlar anlamına gelen bir iki satır...

Bir başka kart... Kocaman bir kalp, yine pembeler içinde. Ve kalbin içinden bakılınca bir bahçe görünüyor. Bahçede yuvarlak bir masa, üzerinde gölge yapsın diye açılmış pembeli beyazlı bir güneş şemsiyesi. Masanın üstünde çiçeklerle dolu küçük bir vazo, yanında bir kitap. Ve masanın iki yanında «iki» iskemle... Bundan daha canayakın, sıcak ve «baş başalık» mesajı veren kart güç bulunurdu.

Ve yine bir kart... Bu kez dünya sevimlisi «iki» ayıcık. Yavru ayı annesine bir tahta kova dolusu kırmızı kalpler taşıyor.

Geriye bakıp düşündüğümde değişik koşullarda olmasına karşın her iki kızımla da sadece ve sadece «biz ikimize» özgü zamanlar yaşamış olduğumuzun farkına vardım. Ve sanki yıllar sonra bu kartları seçerken, o çocukluk ya da ilk gençlik günlerine göndermeler yapıyorlar; baş başalıklarımızı anımsatan çizimleri yeğliyorlardı.

Büyük kızım istediği okulun sınavını kazanınca İstanbul'a anneannesiyle dedesinin yanına gitmişti. O ilk ayrılık yılları hem onun, hem de bizim için gerçekten zordu. Birbirimizi özlüyorduk. Kızımı görmek için her fırsatta İstanbul'a taşınıyordum. Evde ailemizin diğer bireyleri de olduğu için doğal olarak herkes kendini ilgilendiren konulardan söz ediyor, televizyon izleniyor, telefon çalıyor, kısaca herkesin katkıda bulunduğu bildik ev yaşantısı sürüyordu. Herkes gibi bizim de bu tür bir aile birlikteliğinin sıcaklığına ihtiyacımız vardı kuşkusuz. Ama bunun yanısıra baş başa kalmak da istiyorduk.

Bu, benim şu anda düşünebildiğim gibi bilinçli bir yönelme değildi. Tamamen bilinçsizce benim kızıma, kızımın da bana ihtiyaç duymasından, birbirimizi özlememizden kaynaklanan bir yönelişti. Daha İstanbul'a varmadan planlar yapardık. Ve o kıymetli cumartesi, pazarları ayrı kaldığımız günlerin duygusal açlığını gidermek istercesine, sabahtan akşama dek süren programlarla doldururduk. Baş başa! Güzel bir yerde öğle yemeği, sonra bir film ya da bir piyesin matinesi, ardından bir başka yerde çay... Ve konuşur, konuşur, konuşurduk. Okul, sınavlar, dersler; arkadaşlar, komik olaylar, küçük dedikodular, gelecekle ilgili düşünceler... Ve benim küçük kızım, o zor yılları aşmayı başardı.

Lise yıllarına gelindiğinde yine birbirimize ihtiyacımız vardı ama bu ilk senelerdeki gibi duygusal açlık değil, bir özleyiş biçimindeydi. Kızım büyümüştü.

Küçük kızımızsa liseyi bitirene dek bizimleydi. Büyük kızımızla yaşadığımız hasret nedeniyle, böyle bir mutluluğun değerini iyi, hem de çok iyi biliyorduk. Onunla olan özel anlarımızsa mutfakta yaşanırdı. Mutfak masası ciddi-saçma, komik-hüzünlü pek çok duyguyu paylaştığımız yerdi. Derken lise bitti ve kızımız üniversite eğitimi için Ankara'ya gitti. Birlikte kaldığı sevgili ev arkadaşı başka bir üniversitede okuduğundan tatil günleri ayrıydı. Arkadaşı Mersin'e gelince, ben de hemen kızımın yanına uçardım. Ve o Ankaralı yıllarda da küçük kızımla ayrı kaldığımız zamanı karşılamak istercesine, kâh onun şirin ve azıcık delidolu öğrenci evinde sabah kahvaltılarında, kâh bütçesinin elvermediği restoranlarda bu çok özel anları yaşadık. Baş başa!

İkisi de başarılı birer genç hanım şimdi. «Baş başalık»larımızsa hâlâ sürüyor. Gerçi ayrılıklarla zorlaştırılmış büyüme yıllarında olduğu kadar yoğun bir ihtiyaç duymuyorlar artık ama yine de uzun ya da kısa ayrılıklar sonrası sorunlarımızla, güzel olaylarımızla, çeşitli duygularımızla yeniden birbirimizi bulmak, birbirimize dokunmak, birbirimizden uzaklaşmadığımızı hissetmek istercesine bir «baş başalık» yaşıyoruz şimdilerde.

Yalnız bu aşamada, kızlarımla ilişkilerimi bilinçli şekilde düzenlemiş bir anne olarak kendime kredi veremeyeceğimi belirtmem gerek. Tüm bu yaşananları, okuduklarım ve yeni öğrendiklerimin ışığında bugün böyle yorumlayabiliyorum. Ve kendimi karanlıkta el yordamıyla doğru odayı bulabilmiş biri gibi hissediyorum. Bu arada, keşke o yıllarda daha çok şey bilebilseydim, demekten de kendimi alamıyorum.

Odaklaşmış ilgi çocuğumuza onun bir tek tane olduğunun, bir ikincisi olmadığının, onun benzersiz, eşsiz bir varlık olduğunun hissettirilmesidir. Bizim çocuğumuza, sen teksin, dememiz ve onun da, ben değer verilen, demek ki gerçekten değerli olan bir varlığım, diyebilmesidir. Bunu duyumsayabilmesi için en etkin yol, gerektiğinde ilgimizi onun üzerinde odaklaştırmamız ve bir zaman dilimini bütünüyle ona ayırmaktır.

Çocuk düşmüş dizini acıtmıştır. Yanında onu kucağına alıp sakinleştiren, sonra da gözyaşlarını silip dizine bant yapıştıran bir annesi varsa; hastalandığında en sevdiği oyuncağı koynuna verip, ona masal okuyan bir babası olursa; okulda yaramazlık yapıp cezalandırıldığında, evin sessiz bir köşesine çekilip, öğretmenin neden ona kızdığını sakin bir biçimde açıklayarak, bir daha sefere nasıl davranması gerektiğini anlatan bir annesi varsa; bir yarışmada başarısızlığa uğradığında ona sonucun değil, yarışmaya katılmanın ve elinden gelenin en iyisini yapmanın önemini anlatan bir babası varsa, bu çocuk sadece mutluluk ve güven duyguları içinde bir çocukluk yaşamakla kalmayacak, gençlik günlerinin sorunlarıyla karşılaştığında da, işte hep bu küçük küçük olay ve anılardan öğrendikleriyle sorunları göğüsleyebilecektir.

Önemli olan, çocuğumuzla geçirdiğimiz zamanın süresi değil, niteliğidir

Gelelim bu konudaki bazı yanılgılarımıza... Çocuklarımıza karşı görevlerimizi yerine getirmenin yeterli olduğu, bir yanılgıdır. Görevlerimizi elbette yerine getirmeliyiz ama görevlerimiz kadar önemli olan, çocuğumuza değer verdiğimizi onun üzerinde yoğunlaştırdığımız ilgimizle kanıtlamak olmalıdır. Çocuk bir kez bu duyguyu hissedip, buna inanırsa hem okulda, hem hayattaki başarı grafiği büyük ölçüde yükselecektir. Bir insanın, başaracağıma inanıyorum, diyerek sorunlarla savaşabilmesinin ardında, çoğu kez sevgi ve ilgiyle yoğurulmuş bir çocukluk dönemi olduğunu görüyoruz.

Hep tartışılan bir başka sorun. Çocuk için evde oturan bir anne mi yoksa çalışan bir anne mi daha yararlı? Konu pek çok yönüyle inceleniyor, araştırılıyor. Ve sonuç, önemli olanın çocukla birlikte geçirilen zaman diliminin niteliği şeklinde beliriyor. Eğer bir ev kadını olan anne çocuğuna iyi bakıyor ama çocuğu bir şeyler anlatmaya çalıştığında onu dinlemiyor, ona masal okumuyor, onunla oynamıyorsa, özetlemek gerekirse ilgisini çocuğunun üzerinde olumlu biçimde yoğunlaştıramıyorsa, bu beraberliğin pek yararı olmayacaktır.

Burada biraz durup sevimli bir fıkrayı anlatmak istiyorum, azıcık gülelim diye.

Necmi okuldan yarım saat geç gelmiş. Annesi, «Nerde kaldın,» diye sorunca, «Öğretmen ceza verdi,» demiş Necmi.

«Ne cezasıymış bu?»

«Coğrafya dersinde Paris'in yerini bulamadım da...»

Anne dalgınmış, «Oh olsun!» demiş. «Bundan sonra eşyalarını koyduğun yere dikkat et.»

Evet, ne diyorduk. Evde oturan anneye karşın çalışan anne eve geldiğinde, çocuğuyla geçirdiği birkaç saati onun gün boyu yaptıklarını anlatmasını dinleyerek, uykudan önce bir iki sayfa kitap okuyarak, onunla oynayarak (zavallı kadın) geçirebilirse gerekli duygu akışını sağlamış oluyor. Ama hem ev kadını, hem de ilgili bir anne tabii ki çocuk için en harika çözüm. Hatta okuduğum bir makale, Japonya'nın bugün geldiği yeri büyük ölçüde çocuklarının yüksek eğitim almış, kültürlü anneler tarafından yetiştirilmelerine bağlıyor. Okuldaki teknik bilgilerin yanısıra evde sevgi, saygı, kültür ve temel değerler konusunda anneleri tarafından eğitilmeleri sonucu, sadece tek yönde değil, birbiriyle uyumlu biçimde her yönde ilerleyen bir toplum oluşturabildikleri vurgulanıyordu. Öte yandan, çocukların çalışan ve bir işi olan anneleriyle gurur duydukları da saptanan ayrı bir bulgu. Bir meslek sahibi olmak için yıllarca dirsek çürüttükten sonra onca zaman verdiği emeği bu acımasız rekabet ortamında, haklı olarak, yitirmek istemeyen genç kadınlarımız için bu bulgu çok önemli. Demek ki, önemli olan çocuğumuzla geçirdiğimiz zamanın niteliği. Yirmi dört saat birlikte olur, hiçbir şey vermeyebiliriz; iki saat birlikte olur çok şey verebiliriz.

Çocuğumuzun sevgisini satın alamayız, onu kazanmamız gerek

Bir başka yanılgı da çocuklarımıza istediklerini ya da pahalı armağanlar alarak onlara karşı görevimizi yaptığımız ve sevgilerini kazanacağımız inancıdır. Çocuğumuzun sevgisini satın alamayız, onun sevgisini kafa yorarak, emek vererek ve hepsinden önemlisi «ilgi göstererek» kazanmamız gerek.

Bakın bir üniversiteli insanın içine işleyen bir anlatımla neler diyor.

> «Keşke babam bir kez olsun, evet bir tek kez olsun doğum günümü hatırlasaydı!
>
> Annem pasta yapar ve bir öpücük kondurur yanağıma. İşte 'İyi ki doğduğuma' o an sevinirim ve duygularım coşkun bir pınar gibi çağlar. O an daha çok severim annemi.
>
> Çocuklarınızı mutlu etmek istiyorsanız, öyle büyük ve pahalı

hediyelere hiç gerek yok. Bir tek öpücük ve candan bir kucaklama yeter. Bir deneyin ve o anda çocuğunuzun gözündeki pırıltıyı görün ve bunun keyfini doyasıya yaşayın.»

Sevgiyi kazanmak deyince, bu kez de aklıma Türk dostu Henrietta ve Bruce Kamp çifti geldi. Onlar müzelerimizden çok sokaklarımıza ve gündelik yaşantımıza ilgi duymuşlardı. Ve İstanbul'u bir kez de onların gözünden yaşamak çok güzeldi.

Balıkpazarındaki manavlara, özenle dizilmiş rengârenk meyvelere, sebzelere, «Oynama balık,» diye bağırışan satıcılara bayılmışlardı. Mısır Çarşısıysa baharat meraklısı Bruce için bulunmaz bir hazineydi sanki.

Boğazın deniz trafiği onları dehşete düşürmüştü! O koca koca şileplerle sandalların aynı yerde gidip gelebilmelerini akılları almıyordu bir türlü. Oysa bu benim aklıma bile gelmemişti. Onlar söyleyince tehlikenin farkına vardım. Eh, ne de olsa kaderci bir milletin evladıydım ben de... Ulusal ulaşım aracımız minibüslerdeyse, şoförle dolmuş halkı arasında gidip gelen paralar onları kıkır kıkır güldürmüştü. Hele de bıçkın şoförümüzün bir yandan dirseğiyle direksiyonu yönlendirirken, bir yandan da şakır şakır paraları sayarak günün dökümünü yapışı onlara Boğazın deniz trafiği ve tehlikesini çoktan unutturmuş, ilgilerini çok daha yakın tehlikeler üstünde yoğunlaştırmıştı!

Yaz akşamlarının İstanbul'u herkesi olduğu gibi onları da büyülemişti. Durup durup, «Bu saatte bunca insan sokaklarda... ve ne rahatlar...» deyip duruyorlardı. Doğrusu tehlikeler konusunda olduğu gibi bu durumun da pek farkında değildim. Aynı yerde yaşaya yaşaya insan pek çok şeyi kanıksıyor. Onların hayranlığı, bir süre için de olsa gözlerimi açtı diyebilirim.

Taze balık ve roka salatası eşliğinde rakılarını içerken koyu bir sohbetin tadını çıkaran, arada bir de kahkahayı patlatan bu keyif ehli insanların doldurduğu denizüstü balık lokantaları; Rumelihisarı'ndaki konserlerden çıkan coşkulu gençlik seli; deniz kenarında renkli fırıldaklarla süsledikleri el arabalarında kâğıt helva, kaynamış mısır ve çiçek satanlar; birbirine sarılmış gezinen âşıklar, ailece Emirgân'ın çay bahçelerinde oturup gelip geçenleri seyredenler, tavernalardan yükselen oynak müziğin ezgisi, denizin kokusu... Hani tozlu bir fotoğrafı şöyle bir silersiniz de resim ortaya çıkınca, meğer ne güzelmiş, dersiniz ya, işte bu sevgili dostlar da kanıksamanın tozlarını silkerek İstanbul'umuzu tüm güzelliği ve çeşitliliğiyle yeniden görmemizi sağlamışlardı. Laf aramızda, yabancı dostları gezdirmenin en büyük yararı da bu olsa gerek.

Yetişkin çocuklarıyla sıcak ilişkileri vardı Henrietta ve Bruce'un. Onlarla birlikteyken gerçek bir aile dayanışması ve sevgi alışverişiyle karşı karşıya olduğunuzu hemen sezinleyebiliyordunuz. Ama beni asıl etkileyen gelinlerini de aynı sıcaklıkla bağırlarına basmış olmaları ve gelinlerinin de benzer biçimde onlara bağlanmış olmasıydı. Çok zengin bir aile değillerdi, gelinlerini takılarla donatmamışlardı ama sevgisini «kazanmışlardı». Nasıl mı? Bunu onlarla konuşurken satır aralarından yakaladığım kadarıyla anlatmaya çalışayım.

Oğluyla gelini evliliklerinin ilk yılında Noel tatilini birlikte geçirmek için onlara gidiyorlar. Henrietta tüm geleneksel Noel hazırlıklarının yanısıra bol bol da ailenin sevdiği kurabiyelerden yapmış. Gelini bunların içinden bir tanesini çok beğeniyor. Daha sonra gençler arkadaşlarıyla buluşmak için evden çıkıyorlar. Gece geç vakit eve döndüklerinde masanın üstünde yeni pişmiş, taptaze bir tabak kurabiye duruyor. Evet, bildiniz! Gelinin çok beğendiğini söylediği o kurabiyeden hemen bir tabak dolusu pişirip, eve döndüklerinde bulmasını sağlamıştı Henrietta. Aileye yeni katılan biri için bundan sıcak bir, aramıza hoşgeldin, davranışı olabilir mi?

Daha sonra bu kez bizim dostlar başka bir kentte yaşayan oğullarıyla gelinlerini görmeye gidiyorlar. Ve geldiklerinin ilk günü Henrietta mutfağa girip kavanozlar dolusu reçel yapıyor. Neden mi? Gelini çilek reçelini seviyor da ondan.

Gelini çalışmaktadır. Oğullarına soruyorlar, «Evi temizlesek karın kızar mı?» diye. Öyle ya, bazı hanımlar evlerine kendilerinden başkasının dokunmasını istemeyebilirler. Bunu da düşünüyorlar. Ve oğullarının, karısının bundan rahatsız olmayacağını, tam tersine memnun kalabileceğini söylemesi üzerine, karı koca kolları sıvayıp evi bir güzel temizliyorlar.

Eve döndüğünde bu hoş sürpriz karşısında duygulanan ve o an ne diyeceğini bilemeyen gelinine, «İş dönüşü temiz bir evin hoşuna gidebileceğini düşündük de...» diyor Henrietta, yüzünde kocaman bir gülücük.

Gereksinimler ve beğeniler konusunda geliştirilmiş bir duyarlılık, sonra da bunu uygulamak için gösterilen çaba, verilen emek... İşte bu «kazanılan» sevgi oluyor. Bu tür bir kazanılmış sevgiyi bazılarımız ailelerimizle yaşama şansını yakalamışızdır ama beni burada mutlu eden, böylesine incelmiş bir sevginin kayınvalide gelin arasında da yaşanabilirliğini görmek.

Gerçekten de sevgi satın alınamıyor ama duyarlılıkla, ilgiyle, emekle pekâlâ da kazanılabiliyor. Onun için bu sözlerin altını çizerek zihnimize yerleştirelim.

Çocuğumuzun sevgisini satın alamayız, onu kazanmamız gerek.

Biliyorum, tüm bunlar hele de binbir işe koşmak zorunda olan biz anne babalar için hiç de kolay değil. Ama unutmayalım ki, her şey bekleyebilir ama bir çocuğun sevgi gereksinimi bekleyemez ve o önemli anlar yaşanmazsa, bir daha geri getirmenin olanağı yoktur. Bir çocuğun mutlu bir insana dönüşebilmesini sağlayan koşulsuz sevgi ve yöntemleri her şeyden önce gelir. Ev işlerinden de, hatta çocuğun eğitim ve disiplininden de... Koşulsuz sevgi ve bunu ona göstermek çocuğumuzla aramızdaki en temel ilişkidir. Yükselecek olan binanın en güçlü temel taşıdır.

Antenlerimizi kullanalım, duyarlılığımızı, kendi yöntemlerimizi geliştirelim ve çocuğumuzla yaşadığımız o en önemli yıllarda bu tür olayları kaçırmayalım. Ve bunu «yapmamız gereken bir görev» olarak görmekten de vazgeçelim. Bakış açımızı değiştirelim. Dünyayı bir çocuğun gözlerinden görmek, onun gözlemlerini dinlemek, mantığına ve düşüncelerine tanık olmak aslında muhteşem bir şey. Böylesi bir bakış açısı ona temel gereksinimini kazandırırken, bize de doyumsuz bir zenginlik ve renklilik yaşatacaktır. Bir daha geri gelemeyecek o günleri birlikte «yaşıyor» olacağız. Gün gelip o büyüyüp evden ayrılırken ve biz arkasından el sallarken, en azından bu kıymetli günleri birlikte yaşamış ve ortak pek çok anımız bulunduğundan hem o, hem biz huzurlu ve doymuş olabileceğiz. Keşke... leri değil, iyi ki... leri yaşamış olacağız.

Bütün bunların ışığında, çocuğumuza ayırdığımız zaman ne büyük bir önem kazanıyor, değil mi?

Peki, biz treni kaçıranlar ne yapmalıyız?

Şimdi tüm buraya kadar söylenenler genç anne babaların ya da geleceğin anne babalarına ışık tutabilir, işlerine yarayabilir. Peki, ya biz treni kaçıranlar ne yapacağız? Çocukları gençlik çağına gelip dayanmış olanlar, «bizim zamanımızda» bu tür bilgiler içeren kitaplar pek olmadığından, yeni yeni bilgilenerek yaptığı hataların, düştüğü yanılgıların farkına varan bizler ne yapabiliriz bu saatten-sonra?

Çocuklarımızla güzel bir ilişki kurmak için, şimdi, şu noktada ne yapmamız gerek?

İki yol var önümüzde...

Biri alışılmışın çekici rahatlığını sunan çok kullanılmış otoyol; diğeriyse ulu ağaçların gölgelediği az kullanılmış engebeli patika...

Zaten hepimiz yaşamımızın her anında bu seçimi yapmaya zorlanmıyor muyuz? Ya evimizde gördüğümüz, öğrendiğimiz kuralları düşünmeden, sorgulamadan uyguluyor ve biz böyle gördük, böyle yetiştirildik, bahanesine sığınıyor ve bir parçacık rahat uğruna neler neler feda ediyoruz. Ya da, hele dur çocuğumu bir dinleyeyim, bir de onun düşüncelerini öğreneyim; işe bir de onun açısından bakayım, belki öğrenebileceğim şeyler vardır, diyerek engebeli patikayı seçip, her kıvrımında yeniliğin, değişik fikirlerin, alışılmamışın getirdiği önce ürküntü, sonra da coşku ve mutluluğu çocuklarımızla birlikte yaşamaya yöneliyoruz.

Engebeli patikayı seçenler bu yolu seçtiler de, her şey hemen güllük gülistanlık mı oldu? Elbette hayır. Ama unutmayalım ki, kolayı seçenler oldukları yerde duruyor ve hiçbir aşama yapmıyorlar, demek ki zaten sıfır noktasındalar. Oysa engebeli patikayı seçenler, en azından «deniyorlar». Yine sorunlar oluyor, yine bazı şeyler tam istendiği gibi olmuyor belki, ama en azından sıfır noktasında donulup kalınmıyor; karşılıklı alışveriş başlıyor, bir yerlere varabilmek için eller birbirine uzanıyor. Bu tür insanlar hiç olmazsa, ben denedim, diyebiliyorlar. Ve bunu diyenler de mutlaka ama mutlaka bir yerlere varabiliyorlar.

Bilgisizliğimiz nedeniyle hatalı davrandığımızı ve bu yüzden ailede gerekli iletişim düzenini kuramadığımızın farkına varan, bu arada başkalarının çocuklarının yazdığı mektuplarda da zaman zaman kendimizi bulan bizlere, bakın uzmanlar neler öneriyorlar.

Geçmişi geçmişte bırakın! Hesaplaşmaları da bir kenara bırakın. Ve hemen bugünden başlayarak çocuğunuza sevgiyle, sabırla, hoşgörüyle yaklaşın. İlk başlarda her iki taraf için zor olsa da, zaman içinde çok şey değişecektir, diyorlar.

Eğer çocuğumuz yara almışsa, iyi bir ilişki kurabilmek için bir psikoloğun yardımını istememiz gerek. Çocuğumuzu ancak bu tür bir yardımın desteğiyle, sabırla ve zaman içinde kazanabilir, onunla olumlu ilişkiler içine girebiliriz.

Yok hatalarımız bu denli ciddi değilse, iyi niyetimizi ve gayretimizi gördükleri zaman gönülleri alınacak ve kollarımıza koşacaklardır. Gençlerimiz kin tutmazlar. Bir tatlı söz, bir anlayışlı ve yumuşak davranış onların sevgiye sonuna kadar açık yüreklerinde hemen yerini alacaktır. Çocuklar ve gençler gerçekten çok bağışlayıcı ve sevecenler. Bunu laf olsun diye söylemiyorum. Annesi babası geçinemeyen ya da boşanmış gençlere bir bakın. Önlerinde kavga ediliyor diye üzülüyorlar. Sadece üzülüyorlar. Kimseyi yargılamıyorlar. Üzülüyorlar, çünkü hem annelerini, hem de babalarını çok seviyorlar. Ve onlar biraraya gelince de her şeyi unutup yeniden başlamaya hazırlar. Demek ki, sorunsuz ilişkiler için bizden biraz çaba gerek. Onların kapıları açık, hem de sonuna kadar. Yeter ki, bizler içeri girmeyi başaralım.

Ve bunun için önce sevgimizi açık açık ve coşkuyla verelim.

Hemen bugün, şu andan başlayarak onlara sevgimizi sadece yaptıklarımızla değil, davranış ve sözcüklerle de anlatalım. Her fırsatta onları ne kadar çok sevdiğimizi, sımsıkı bağrımıza basıp söyleyelim. Korkmadan, açık açık, «Seni seviyorum,» diyelim.

Hoşgörülü olalım.

Onlar bizim çocuklarımız ama malımız değiller. Ayrı, hem de apayrı birer insan onlar. Zevkleri, düşünceleri, beğenip beğenmedikleriyle birer kişilik onlar. Geleneksel baskıcı sistemi omzumuzdan silkip, hakkında bol bol konuştuğumuz demokrasiyi evimizin içinde de uygulamaya gayret edelim. İşe demokrat kafalıymışız gibi başlayalım! Şaka bir yana, zaten bunu kafamızın içinde çözüp kabullendiğimizde irili ufaklı pek çok tartışmanın da son bulduğunu göreceğiz.

Onları dinleyelim.

Önce önyargılarımızı, daha evvel öğrendiklerimizi bir kenara koyarak, kafamızın pencerelerini ardına kadar açıp onları dinleme alışkanlığını geliştirelim. Laflarını ağızlarına tıkmayalım. Susup dinleyelim bakalım neler söyleyecekler. Sonra da sakin sakin tartışmaya kendimizi hazırlayalım. Ama önce onları dinlemeyi öğrenelim. Ve biliyor musunuz, eğer gençlerimizi önyargısız dinlersek, pek çok konuda mantıklı düşündüklerini ve haklı olduklarını görebileceğiz.

Onlarla konuşalım.

Örneğin, neden bir konuda izin vermek istemediğimizi bağırışıp çağrışmadan, çünkü ben öyle diyorum da ondan, gibi mantıksız nedenlerle kestirip atmadan, kuşkularımızı, korkularımızı onlara anlatalım. Sonra da bırakalım onlar cevap versinler. Belki gençlerimiz bizi ikna edecekler, belki de biz onları. Ama önce açık fikirli olup, lütfen lütfen konuşalım çocuklarımızla.

Gündelik yaşamda çocuklarımıza saygılı olalım.

Ufak tefek zevklerini, müziklerini, giyimlerini mesele yapmayalım, anlayışlı olalım. Kendi gençlik günlerimizi anımsamaya çalışalım.

Sevgimizi bilmeye hep ihtiyaçları vardır

Ve son olarak da, şunu hiç ama hiç unutmayalım ki, çocuklarımız kaç yaşında olurlarsa olsunlar bizim sevgimize ve bu sevgiyi bilmeye ihtiyaçları vardır. Dünyanın neresinde olurlarsa olsunlar, bizim onları sevdiğimizi, gönlümüzdeki o çok özel yerlerini kimsenin alamayacağını, düşüncelerimizden ve dualarımızdan hiçbir zaman eksik olmadıklarını bilmek ihtiyacındadırlar.

Önlenemez ayrılık zamanı gelip çattığındaysa, bu kez de bir zamanlar onları çok sevmiş olduğumuzu anımsamaya ihtiyaçları vardır.

Ve işte sanki bu sözlerimi kanıtlarcasına yazılmış bir içli şiir.

ANNELER GÜNÜ

Bugün anneler günü
Annelerin günü.
Şimdi çocuklar
Ellerinde hediyeler
Annelerini mutlu etmekteler.

Bugün anneler günü
Anneciğim bak ben geldim.
Kucağımda çiçekler
Yüreğimde sevgiyle geldim.
Kalk sarıl bana anneciğim
Ne olur duy sesimi
Kalk sarıl bana anne
Gör beni ben geldim anne

Bugün anneler günüydü
Ben de annemi ziyaret ettim.
Kalkıp sarılmadı bana
Beni özlemedi mi ne?
Öpmedi beni
Duymadı sesimi
Sarılmadı, sevmedi beni.
Anneciğim ne oldu?
Yoksa bir kusur mu işledim?
Bir hata mı ettim
Küstün mü yoksa bana?
Anneciğim affet beni
Bir hata ettiysem bağışla beni.

Bugün anneler günü
Ama bu mezardan
Sana sarılmadan

Seni öpmeden gitmeyeceğim.
Bugün anneler günü
Ben yine annesiz
Hasret dolu günler geçireceğim.

Serap Şahin

«Bir tek sevenim bile olmadı» diyenler var...

Sevgili Serap, gözyaşlarımı tutamadan okuduğum bu güzel şiirinden yola çıkarak sana söylemek istediğim şeyler var. Adresin tam olarak verilmediğinden, sana yazmış olduğum teşekkür mektubu geri geldi. İşte bu nedenle sana buradan seslenmek zorunda kaldım.

Annen hayatta olduğu sürece onun sevgisini yaşamışsın. O sana sevgisini verebilmiş, senin için hayaller kurmuş. Ve sen bu sevgiyle büyümüş, bugünkü güçlü genç kız olabilmişsin. Bir de annesi babası hayatta olduğu halde hiçbirinden sevgi görmemiş, onun için hayaller kurulmamış, hatta hatta istenmemiş ve istenmeyenler var. Geriye dönüp baktığında, «Benim bir tek sevenim bile olmadı,» diyenler var.

Ne demiştik, yaşama zamanı, ölme zamanı... Ölme zamanı bazen çok erken gelebiliyor ama sonuçta kaçınılmaz bir şey bu, herkes için. Senin, benim, hepimiz için. Önemli olan böylesine güzel bir sevgiyi paylaşmış olman, anılarının olması, annenin seni çok ama çok sevmiş olduğunu bilmen, bu sevgiden aldığın güçle birlikte kurduğunuz düşlere yönelmen. Ve bunu hem kendin, hem de annen için yapman. Annenle aranızda yaşanan o sevgiyi yüreğinde hep sıcak tutan ve gün gelip senin de bir çocuğun olduğunda bu değerli mirası ona aktarman. Acını yüreğinde yoğururken, biraz da bu açıdan düşünmeni istedim.

Önünde uzanan tertemiz, dokunulmamış «kendi» yaşamında sana sağlık, mutluluk, başarı ve özellikle de bol kahkahalı günler dilerim. Eminim annen de aynı şeyleri isterdi senin için. Seni sevgiyle kucaklıyorum.

Onlara Mutlu Bir Çocukluk ve Gençlik Armağan Etmek Elimizdedir

Neden bu dünüyaya çocuk getiririz, hiç durup düşündünüz mü? Sahi neden çocuk yaparız biz? Bakın bazıları bu soruyu nasıl yanıtladılar.

«Soyum devam etsin diye.»

«Yalnız kalmamak için.»

«Yaşlanınca sonra kim bakar bana.»

«Ne bileyim, doğanın kanunu bu. Doğar, büyür, evlenirsin; sonra da çocuk yaparsın.»

Farkına vardıysanız yanıtların hiçbiri gerçek hedefe yönelik değil. Bir çocuk isterken, «vermeye» hazır bir konumda olmak, en birincil, en önemli etken olmamalı mı? Oysa yukarıda sıralananların tümü «almaya» yönelik bencil gerekçeler. Güç de olsa bunu itiraf etmek zorundayız. Kendi kendimizle ve hatalarımızla yüzleşemezsek, bundan kaçarsak ulu ağaçların gölgelendirdiği kıvrımlı patikayı değil, yine o çok kullanılmış otoyolu seçip olduğumuz yerde, bir arpa boyu yol almadan kalacağız, demektir.

Bundan birkaç yıl önce televizyonda evlat edinen ünlü film yıldızlarıyla bu konuda yapılan bir söyleşiyi izliyordum. Kimi bir çocuk, kimi beş, kimi karaderili, kimi Uzakdoğulu bebekleri evlat edinmişlerdi. Programın yöneticisi neden evlat edindiklerini sorduğunda gelen yanıtlar anımsayabildiğim kadarıyla şöyleydi:

«Çünkü çocukları çok seviyorum.»

«Önce çocuk seven biriyim, sonra da olanaklarım var. Neden birkaç çocuk daha bundan yararlanmasın?»

«Yanımda oldukları sürece yaşamıma renk ve anlam katacaklar.»

Söylenenleri özetlersek, ortaya çıkan sonuç evlat edinirken onların «almaya» değil, «vermeye» hazır olduklarıydı. Sevgi ve ilgilerini bu çocuklara vererek onları mutlu etmeyi amaçlıyorlardı. Çocukların mutluluğuysa dönüp onları mutlu edecekti. Beklenti ve elde etmeyi düşündükleri işte bu sevgi çemberinden ibaretti. Ne derecede başarılı oldular, bunu bilemeyiz ama önemli olan çıkış noktasının doğru seçilmiş olmasıydı. Bir çocuk isterken çıkış noktası çok önemli.

«Bana bakacak.»

«Yalnız kalmayacağım.»

«Yaşlılık sigortam o,»

şeklinde düşünce ve çıkış noktaları «almak» üzerine kurulu. Bu hem gerçekçi olmayan, hem de her iki tarafa da mutsuzluk getiren bir tutum. Hiç kimsenin kendi çıkarı için bir başka insanı bu dünyaya getirmeye hakkı yok. Biz doğurduk diye ona malımızmış gibi davranamayız. Belki biz doğurduk ama apayrı bir insan o. Kendinin insanı. Böyle bir yaklaşım sergilersek, haklı olarak isyan edecek ve bu tür yanlış düşünceler sonucunda karşılıklı mutsuzluklar yaşanacaktır.

Almak üzerine şartlandık mı, bunun getirdiği bir ikinci sakınca da kendimizi «bir insan yetiştirmek» kadar önemli bir konuda hazırlamaya gerek duymamamız. Oysa bu dünyaya bir insan getirmenin ömür boyu sürecek bir «verme» eylemi olduğunun farkına varırsak, o zaman bu sorumluluğu omuzlayabilmek için hazırlıklı olmamız gerektiğini düşünebileceğiz. Bilgilenmeye, bilinçlenmeye çalışacağız. Kendi kendimizi, ben bu işin üstesinden gelebilir miyim, diye sorgulayacağız.

Ayrıca, bir çocuğu dünyaya getirirken, onun onayını almıyor, ona danışmıyoruz. Bu kararı onun yerine biz veriyoruz. Böyle olunca da, onun bize değil, bizim ona karşı sorumluluk ve görevlerimiz ağırlık kazanıyor.

Bakın ünlü hümanist ve bilim adamı Albert Schweitzer, «Karşılık Beklemeden» başlığıyla sunulmuş bir denemesinde neler diyor: «Hiç kimse bir diğerine, birbirimize ait olduğumuz için senin düşüncelerini bilmeye hakkım var, diyemez. Bir annenin bile çocuğuna böyle davranmaya hakkı yoktur. Bu tür baskılı istekler, aptalca ve sağlıksızdır. Bu konuda en değerli, insanları harekete geçiren, onlara heyecan veren oluşum, verme eylemidir. Sizlerle yola çıkmış olanlara kendinizden, gönlünüz ve aklınızdan verebildiğiniz kadar verin; karşılık beklemeden verin. Ve eğer onlardan size bir tek şey geri gelirse, bunu da çok değerli bir armağan olarak kabul edin.»

İşte çocuklarımızla ilişkilerimiz böyle olmalı. Onları karşılık beklemeden sevmeli ve istemeliyiz.

Yine o söyleşiye dönerek çok çarpıcı bulduğum bir başka düşünceden söz etmek istiyorum. Programı yönetenin son sorusu, «Evlat edinmek isteyenlere neler önerirsiniz?» idi. Adını anımsayamadığım bir film yıldızı, «Sakın 'hayır olsun' diye çocuk almayın,» dedi ve ekledi. «Çünkü bu sağlıklı bir neden değil ve buradan yola çıkarak sağlıklı bir ilişki kurulamaz. Siz hep kendinizi ona yardım ediyor olarak düşünecek ve hissedeceksiniz. Çocuğa gelince, o da sizin bu tavrınızı, duygularınızı, siz ne kadar dikkat ederseniz edin sezinleyecek ve böylece gerçek bir sevgi bağı oluşamayacak.

«Oysa çocukları gerçekten seviyorsanız ya da özellikle bir çocuğa içiniz ısındıysa ve o çocuğu sadece o çocuk olduğu için evlat edinirseniz, yaptıklarınızın çetelesini tutmayacak ve yardım eli uzatmış bir insan davranışı içinde olmayacaksınız. Çocuk da bunu sezinleyecek ve beni, benim için seviyor, diye düşünerek o da size aynı duygularla yaklaşacaktır. Bunlar çok hassas duygu alışverişleridir. Sessiz dalgalar halinde insanlar arasında gidip gelirler.»

Bakın kimileri bir evlat edinirken konuyu nasıl deşiyor, düşünüyor. Bir rengin tonlarındaki farklılıklar gibi sevgi ve duygu yelpazesindeki çeşitlilikleri de teker teker ayırıyor, inceliyor. İşte bizler de bırakın evlat edinmeyi, kendi çocuğumuzu dünyaya getirmeden önce kadınımızla, erkeğimizle artık kendimizi sorgulamalıyız. Daha da güzeli, gençlerimiz evlenmeden önce şu soruları sormalı.

İkimizden birinin geçmişinde çocuk için sakıncalı olabilecek hastalıklar var mı? Kan gruplarımız uyuşuyor mu?

Akraba evliliklerinin sakıncaları nelerdir?

Evlenmeden önce asrın vebası diye anılan AIDS testi yaptırdık mı? AIDS'in sadece eşcinsellere özgü bir hastalık olmadığını biliyor muyuz? Ne olduğu ve nasıl bulaştığı hakkında bilgimiz var mı?

Ve bu sorulardan sonra gelelim çocuk konusuyla ilgili olanlara:

Ben bu dünyaya bir insan getirmek istiyor muyum?

İstiyorsam, bunu neden istiyorum?

Önce ben bunu iyice düşündüm mü; eşimle konuyu tartıştık mı?

Bir bebeğin yaşamımıza getireceği değişikleri karşılayacak olgunlukta mıyız?

Buna ruhsal ve parasal açıdan hazır mıyız?

Biz, karı koca olarak, bir insan yetiştirmenin sorumluluğunun farkında mıyız? Gerekli sevgi ve ilgiyi verecek düzeyde miyiz? Bilinçli miyiz? Bir ana baba okuluna gitmeyi düşünüyor muyuz?

Ve en önemlisi bir çocuk dünyaya getirirken onu koşulsuz sevmeye, ona zaman ayırıp hizmet vermeye, kısaca bir ömür boyu derece derece sürecek «verme» eylemine hazır mıyız?

Çocuklardan parmak ısırtan öneriler

İşte günümüz artık bu soruların sorulduğu gündür. Dünyaya bir çocuk getirmeden önce gençlerimiz bu soruları soracaklar. Yanıtlar olumluysa o bebek dünyaya gelecek, değilse gelmeyecek.

Ve bunun böyle olmasını en çok isteyenlerse yine çocuklarımız... çünkü belirsizliklerin, bilgisizliklerin acı faturası onlara çıkıyor. Annesiyle babasının yetersiz oldukları, gerekli sevgi ve ilgiyi görmediği gerekçesiyle mahkemeye başvurarak, onlardan boşanmak isteyen çocuğun öyküsü, bu tepkinin en sivri örneği. Çocuk, kendisine iyi davranacak bir ailenin yanına yerleştirilmek istediğini de eklemiş, davayı açarken.

Bizdeki örneklere gelince... Bizim çocuklarımız isteklerini 1991 yılında toplanan I. Ulusal Çocuk Kurultayındaki sonuç bildirgesinde dile getirmişler. Kurultaya bütün illerimizden biri ilk, diğeri ortaokul öğrencisi ikişer çocuk delege katılıyor. Ve sonuç bildirgesi, düşlenen dünyanın yaratılabilmesi için çeşitli komisyonların önerilerinden oluşuyor.

Bakın aile komisyonunun çocuk delegeleri neler önermişler:

1. Akraba evliliğinden kaçınılmalı.

2. Sağlık sorunlarının genetik olabileceği de düşünülerek, çocuk daha anne karnındayken kontrol altına alınmalıdır.

3. Erken yaşta evlenme önlenmelidir. (Bakın bana gelen mektuplardan birinde bu konuda ne denmiş.)

«Keşke...» diyor bir genç kız. «Babam genç yaşta evlenmiş olmasının acısını bizden çıkarmasa...»

4. Evliliğin boşanmayla sonuçlanmaması için eşler önceden birbirlerini tanıyıp anlamalılar. (Flörtü yasaklayan zihniyetin kulakları çınlasın!) Buna rağmen anlaşma mümkün değilse ana baba ayrılabilir. Bu, çocuğa anlatılmalı, ana ya da baba kötülenmemelidir.

Bana gelen mektuplarla bu istekler öylesine birbirine denk düşüyor ki, hemen bir örnekle bunu belirtmek istiyorum.

> «Yazmak istediğim konu boşanmış anne babalarla ilgili. Sanırım bu konu beni olduğu gibi pek çok genci rahatsız ediyordur. Annemle babam ayrılmış olabilirler, bu gayet normal bir durum. Ama birinin diğerini kötülemesine gerçekten dayanamıyorum. Tamam anne, ben babamla yaşıyorum ve onu çok seviyorum. Seni de en az onun kadar seviyorum ve babam hakkında kötü bir şey duymak istemiyorum, demekle pek de çözüme ulaştığım söylenemez. Oysa ikisini de o kadar çok seviyorum ki... İkisinden birini daha çok ya da daha az sevmeme imkân yok. Çünkü biri annem, öbürü babam. İki annem olsaydı, tamam o zaman şu annemi daha çok seviyorum, diyebilirdim ama bir tanecik annem ve bir tanecik babam var.
>
> Onları çok seviyorum, onların da beni çok çok sevdiklerinden eminim. Ben hastayken kuşkulu bakışları, başarılarımdaki övünçleri bu sevginin en büyük kanıtı.»

Güçlü, akılcı ve duygulu bir mektup. Ah, bir de o sevgi çekişmeleri olmasa... Ve dönelim çocuk kurultayından gelen önerilere.

5. Evlilik kararı anne babanın rızası alınmakla birlikte evlenecek kişi-

lere ait olmalıdır (Bu öneriyle çocuklar uyumsuz ana babalar ve onların olumsuz ilişkilerinden çektikleri sıkıntıyı dile getiriyorlar sanki.)

6. Ailede fikir uyuşmazlığı sevgi ve hoşgörüyle giderilmeli, birlikte yaşamanın kuralları aile bireyleri tarafından belirlenmeli. Anne baba, gelin kaynana geçimsizlikleri çocuğa yansıtılmamalı.

Ve yine bana gelen mektuplardan alıntılar...

«Anne ve babalar çocuklarının yanında kesinlikle kavga etmemeliler. Aksi halde bu, çocuğun huzurunu bozup, onu psikolojik açıdan rahatsız eder ve ailede bulamadığı sevgiyi farklı ama kötü insanlarda aramasına neden olur,» diyor bir genç okurum.

Bir başkasıysa, «Keşke annem ve babam tartışmayı, birbirleriyle konuşmayı, sorunları birlikte çözmeyi bilselerdi,» diyor.

Ve geliyoruz çocuklarımızın bence devrim yaratacak nitelikteki isteğine...

7. Aile okulları açılmalı, çocuk sahibi olmak isteyenler bu okullara devam etmelidir. Bunun için devlet destek sağlamalıdır.

Gördüğünüz gibi çocuklarımız işin özünü daha 1991 yılında yakalamışlar bile. Artık bilinçsiz, acemi ellerde olmak istemiyorlar. Eğer bizi istiyorsanız, gidin önce kendinizi eğitin, yeterli kılın ve bu işin üstesinden gelebilecekseniz bizi dünyaya getirin, diyorlar. Tüm anne babaların böyle bir eğitim aldıklarını bir düşünün. Çocuk eğitiminde devrim denmez de ne denir buna?

Ve bizim çocuklarımız bugün artık bunları düşünüyor. Sorunları deşiyor, dile getiriyor ve çözümler öneriyorlar. Ne güzel, değil mi?

Bu noktadan yine çok ilginç ve bir o kadar gerekli noktaya değiniyor çocuklarımız. Bakın eğitim komisyonu delegeleri bilinen istekleri yineledikten sonra ilk kez dile getirilen bir önerinin nasıl altını çiziyorlar.

8. «Kişilik Kazanma» amacına yönelik özel dersler verilmelidir. Düşünebiliyor musunuz, bu öneriyi getirenler eğitimden sorumlu koca koca yöneticiler, eğitimciler, müdürler, müsteşarlar değil; ilk ve ortaokul öğrencileri... Kendini tanıma, kişiliğini bulma ve geliştirme; böylelikle yaşamına gerçek kimliğiyle kendi damgasını vurmanın önemini sezinlemişler. Sezinlemekten de öte, artık bu aşamada bir arayış içine girmişler; birileri bu konuları bize anlatsın, öğretsin, diyorlar. Eğitimin ilk ve

temel amacının, bireyin kişiliğini geliştirmesi; hayatının kendisine ve başkalarına ifade ettiği anlamı kavraması olduğu düşünülürse, çocuklarımızın kendi kafalarıyla doğru yolu bulduklarını görüyoruz.

Her şeyden önce, çocuğumuzun kendini sevmesini ve «iyi hissetmesini» sağlamalıyız

Ve yine bu öneri bana yazılan öyle çok mektupla aynı özlem ve arayışları dile getiriyor ki... Aşağıda sunacağım alıntılarla ilgili küçük bir not... Gençlerimizin bana yazdıkları güzel sözleri her zaman yüreğimin derinliklerinde «ikimizin» arasında kalacak biçimde saklamayı yeğlemişimdir. Şimdi okuyacağınız alıntılarda mektubun örgüsünü bozmamak için koymak zorunda kaldığım onlar tarafından bana atfedilmiş güzellikler var. Yanlış anlamayacağınıza inanarak devam edelim.

> «Çok kötü bunalıma girmiştim. Bunun nedeni %30 gerçeklerse, %70 benim kendi karamsarlığımdı (...mış). Bir gün artık dayanamayınca, bir arkadaşıma içimi döktüm ve o, ertesi gün bir kitap ve birkaç yazıyla yanıma geldi. 'Bunları oku. Ama sindire sindire, anlayarak oku,' dedi. Kitabın adı, *Bir Pırıltıdır Yaşamak*'tı ve verdiği yazılar da bir gençlik dergisindendi. O kitabı gerçekten de sindire sindire okudum ve anladım ki, ben hayatı yaşamayı bilmiyorum, çünkü kendimi sevmiyorum. İçinde bulunduğum durumun büyük bölümünü ben yaratmışım. Arkadaşımın sayesinde o kitapla öyle bir uykudan uyandım ki, artık hayatı tanıyorum. Her şeyden önemlisi kendimi seviyorum. Son kitabınızda da dediğiniz gibi, diskoya gitmek için hâlâ izin alamıyorum ama niye diskoya gidemiyorum, diye de oturup bunalıma girmiyorum. Gerçi bu sadece ufacık bir örnek. Keşke diğer sorunlar da bu kadar basit olsa ama dediğim gibi ağlamak yerine kapıları zorluyorum, en mantıklı çözüm yolunu arıyorum ve size çok teşekkür ediyorum. Gözlerimi açtığınız, gülmemi sağladığınız ve içimdeki iyimserliği bulmama yardım ettiğiniz için...»

İşte içinde zaten varolan güzelliklere tam vaktinde uyanmış bir genç insan.

Ve başka bir mektup...

«... böylece ben hem sınıfta dışlanmamak, hem de o arkadaşım kadar sevilmek için sizin 'Herkesi memnun etmek isteyenler' bölümüne konu olacak duruma düştüm. Son bir haftadır resmen kişiliğimden uzaklaşmak üzere olduğumu farkediyordum. Derken geçen perşembe bir arkadaşımdan sizin kitabınızı aldım. Ve o anda sanki kendimi okudum o kitapta. Bütün öğütlerinizi dikkatle okudum. Verdiğiniz öğütler o kadar yararlı oldu ki... Çünkü biliyordum ki, benim yaşadıklarımı siz de yaşadınız; o öğütleri basmakalıp laflar olsun diye yazmamıştınız.

Bugün salı. Artık kişiliğimden kaygı duymayı, ödün vermeyi bıraktım. Artık ben 'ben' olduğumu biliyorum. Özgün sesimi ve düşüncelerimi yakaladım. Kimseye bir şey kanıtlamak zorunda değilim, çünkü artık ben kim olduğumu biliyorum. Her insan gibi ben de olağanüstü bir varlığım ve bu varlığa hakaret etmeye ya da aşağılamaya kimsenin hakkı yok.

Sizin yazdığınız bir öğüt var ki, ona da şiddetle katılıyorum ve uyguluyorum. O da basmakalıp olmamak. Artık tamamen kendi fikirlerimi söylüyorum. Hiç kimseden çekinmiyorum. Bunlar benim düşüncelerim. Kabul etmeyebilirler ama saygı duymak zorundalar. Artık birinin hoşuna gideyim, beni sevsin, beni dışlamasın diye kendimden taviz vermek yok.

İşte vardığım tüm bu kararlara beni ulaştıran sizsiniz. Geçen perşembeye kadar (kitabınızı alana kadar) psikoloğa veya okuldaki rehber öğretmenlere gitmeyi ve onlara bu konuda fikir sormayı düşünüyordum. Ama artık buna hiç gerek kalmadı. Sorunu kendi kendime çözdüm. Hem de sizin sayenizde...

TEŞEKKÜR EDERİM»

Bu büyük başarını benimle paylaştığın için ben de sana çok teşekkür ederim.

Sonbahar yapraklarının oluşturduğu tepecikleri andıran mektup kümesinden bir örnek daha...

«Ben sizin dört kitabınızda da kendimi buldum diyebilirim. Yaşamın bir pırıltı olduğunu, kendimi sevmeyi, koşulsuz sevmeyi, toplum içinde yaşabilmeyi ve daha aklınıza gelebilecek yazılarınızda bulunan pek çok konuyu...

Aslında bunlar belki bende varolan şeylerdi ama onları açığa çıkaracak bir güç gerekliydi ve o gücü ben sizin yazılarınızda buldum.

Öncelikle bana ve benim gibi birçok insana etkili biçimde yaptığınız 'Hayat Öğretmenliği' için teşekkür ediyor ve sizi kendime hayat öğretmeni olarak seçtiğimi bilmenizi istiyorum.»

Bu mektuplarda da görüldüğü gibi, gençlerimiz hayatın özünü ve anlamını yakalama peşindeler. O güce de sahipler, yeter ki birisi küçük de olsa bir ışık yaksın.

Ve son bir alıntı...

«Günümüzde, okullarda yalnızca öğrenim yapıldığı için kendi tabirimle hayat nehrinin içine çırılçıplak itiliyoruz. Bu yaptıklarınız, hayatın kararsızlık evrelerinden geçen bizler için çok değerli. Teşekkürler...»

Bugünün çocuklarının, bizim çocuklarımızın kurultayından çıkan öneriler işte bu düzeyde. Bu düzey gözönüne alınarak artık bu dünyaya bir çocuk getirmeden önce oturup iyice bir düşünmek ve kendini çok iyi hazırlamak gerek.

Ve gelelim tüm yaşam boyu uygulanması gereken çok genel bir kurala... Çocuğumuzun kendini iyi hissetmesi onun mutlu olması demektir. İnsan ancak kendini iyi hissettiği zaman mutludur. Öyleyse bizler onun kendini iyi hissetmesini sağlamalıyız. Bunu sevgimizle, davranış ve sözlerimizle gerçekleştirmeliyiz.

Sürekli eleştirilen, utanca boğulan; düşünmesine, konuşmasına, kendini geliştirmesine izin verilmeyerek baskı uygulanan çocuk hiçbir zaman kendini iyi hissetmeyecektir. Oysa atılımları desteklenen, yüreklendirilen, başarıları övülen, başarısızlıkları olumlu eleştirilerle karşılanan, düşünmesine, konuşmasına hak tanınan, sorumluluk verilen çocuk kendini iyi hissedecek ve mutlu olacaktır.

Günümüze dek uzanan bazı yanlışların zehirli zincirini kırarak, onların yerine değer verilen, haklarına saygı gösterilen ve koşulsuz sevilen bir çocuk yetiştirme biçiminin yeni özgür halkalarını geliştirmeliyiz. Bunu başarabilirsek, mutlu bir çocukluğa giden o engebeli patikada ilerlerken, onlara her şeyden önce mutlu ve değer verilen bir çocukluk yaşatabileceğiz. Sonra da mutlu ve değerli bir insan olarak hayatını yaşama yolunu açmış olacağız. Kısaca, onların kendilerini «iyi hisseden» bireyler olarak yetişmelerini sağlayabileceğiz.

İşte tüm bunları başarabilmek için, bundan sonraki adımımız çocuğu tanımak, çocuğun ne olup ne olmadığını bilmek, haklarına saygı göstermek ve görev bildiklerimizin yanısıra «çocuğa hizmet» kavramının da artık farkına vararak bu anlayışı geliştirmek olmalı.

Nedir çocuk?

Çocuk nedir, ne değildir, diye bir sütun açmış psikoloji danışmanı Şeyma Doğramacı. İşte sıralama.

«Çocuk yetişkin değildir.
Çocuk bizim devamımız değildir.
Çocuk büyüklerin yaşamının garantisi değildir.
Çocuk sorumsuz değildir.
Çocuk büyüklerin küçültülmüş örneği değildir.
Çocuk duygusuz değildir.
Çocuk sorunsuz değildir.
Çocuk yalancı değildir.
Çocuk ayrı bir kişiliktir.
Çocuk bilinçlidir.
Çocuk neşelidir.
Çocuk cesurdur.
Çocuk hayalperesttir.
Çocuk hep 'en iyi' olmak ister.

Çocuğun kendine göre idealleri vardır.

Çocuğun kendine göre bir mantığı vardır.»

Evet, lütfen bu gerçekleri asla unutmayalım, gözardı etmeyelim ve çocuklarımıza ona göre davranalım.

Çocukluğu çok güzel anlatan bir kitap var elimde. Adı *Henüz Çocuğum.* Yazarı, 1980 doğumlu Melis Bilgin. Bilgin'in resim, karikatür, piyes, öykü ve şiir dallarında çalışmaları var. On, on bir yaşlarındayken yazdığı şiirlerinin bir bölümünü bu kitapta toplamış ve onları kendi çizimleriyle resimlemiş. Sonra Türkçe öğretmeni Mehmet Uysal'ın yardımıyla kitabı yayınlanmış ve bunu da kitabının sunuş bölümünde teşekkürleriyle belirtmiş.

Çocukluğu tüm coşkusuyla anlatan şiirlerinden iki tanesini seçtim buraya koymak için. Bakalım siz nasıl bulacaksınız?

SİMİT

Burnumda kokusu
Simidin...
Çıtır, çıtır...
Ağzımda tadı
Simidin...
Kıtır, kıtır...
Simitçi amca
Bağırır:
– Koş simide!
– Koş simide!
İşte simitçi yanımda,
Para ise avucumda...
Simidin parası annemden,
Yemesi ise benden.

Nisan, 1990

HENÜZ ÇOCUĞUM

Henüz çocuğum
Henüz çocuk...
Aklım ermiyor
Bazı şeylere...
Ermezse ermesin.
Aman... Bana ne!
Yanımda
Oyuncak bebeğim,
Karşımda
Şekerlemelerim,
Önümde
Resim defterim
Olduktan sonra...
Nedir kederim?...

Aralık, 1991

İşte çocuk böylesine neşeli, keyifli bir varlık. İçinden geldiği gibi davranan, artniyeti olmayan, düşündüğünü söyleyiveren cıvıl cıvıl bir küçük insan. Onun bu pırıltısını aslında bizler söndürüyoruz. Gülüşünü, neşesini, hareketliliğini, içtenliğine ket vurarak resmen biz söndürüyoruz. Ve bunu eğitim adına yapıyoruz. Oysa gözlerdeki ışıltıyı söndürmeden, kahkahanın keyifli çınlamasını susturmadan, içtenliği yasaklamadan da eğitebiliriz çocuklarımızı. Azıcak çaba göstererek, azıcık da kendi çocukluk günlerimizi anımsamaya çalışarak...

Bir baba anlatıyor. Oğlu ilkokula başlayacakmış. Okul açılmadan bir hafta önce kendisi okul yolunu yavaş yavaş yürümüş ve bu küçük yürüyüşün yirmi dakika tuttuğunu saptamış. Oysa oğlu okuldan kendi başına dönmeye başladığından bu yana, süre yirmi dakikadan otuz dakikaya çıkmış. Gecikmenin nedenini merak ederek okula birlikte yürüyen baba sonucu şöyle anlatıyordu.

> «Yolu yürümesi yirmi dakika tutmasına tutuyordu da, bu arada, karınca yuvalarının incelenmesinden sonra nereye mal taşıdıklarının merak edilip bunun araştırılması, vitrinde sergilenen bir bisikletin örnek bir tüketici edasıyla uzun uzun incelenmesi, bir adamın araba lastiğini değiştirmesinin de eğitsel bir konu olduğu gözönüne alınarak, dikkatle izlenmesi, belki yarım düzine telefon direğine tutunarak, etrafında defalarca fırfır dönülmesi, yol boyu üç sokak köpeği ve bir kediyle hal hatır edilmesi gibi yapılan bazı gözlemler ve inceleme gezilerini hesaba katmamış olduğumun farkına vardım. Daha doğrusu, benim de bir zamanlar altı yaşında bir çocuk olduğumu unutmuşluğumun farkına vardım.»

Bir büyük yanılgı, her şeyin yetişkinlikte olup bittiğine inanmak, çocukluk ve gençlik yıllarını yetişkinlik dönemine bir hazırlıktan ibaret görmektir. Oysa çocukluk yılları, «çocukluk dönemi»; gençlik yıllarıysa «gençlik dönemi» olarak görülmeli, değerlendirilmeli ve «yaşanmalıdır». Özellikle de, bireyin özünün oluştuğu çocukluk dönemine ne kadar önem verilse azdır.

Çünkü mutlu ve değer verilen bir çocukluk yaşayan,

Mutlu ve değerli bir genç olarak gençlik yıllarını yaşayabilecektir.

Ve ancak bu iki dönem gerçek anlamda yaşandıktan sonra yetişkinlik döneminin «kişliği» yerli yerine oturacaktır.

Çocukluğunu ve gençliğini tam olarak «yaşamış» kişi, yetişkin olarak da kişiliği, davranışı ve hayata bakışıyla bir bütünlük sağlayabilecektir. Öte yandan, kişiliğinde bütünlük olmayan birini incelediğimizde ya çocukluğunda ya da gençliğinde yolunda gitmeyen bir şeyler bulunduğunu görürüz.

Az önce de sözünü ettiğimiz gibi insan hayatının en önemli dönemi önce çocukluk, sonra gençlik, en sonunda da yetişkinlik... Oysa bizler bunun tam tersini düşünür ve yaşarız, sonra da pek çok konuda yolunda gitmeyen hayatlarımıza şaşar şaşar kalırız.

Çocuklarımızın mutlu bir çocukluk yaşayabilmeleri için önce onların hakları ve özgürlüklerine saygılı olmak zorundayız. Çünkü bu hak ve özgürlükler sayesinde onlar kişilikli, ne istediğini bilen, düşünebilen, düşündüklerini cesaretle söyleyebilen, karar alabilen, özgüveni olan insanlar olarak büyüyüp topluma katılabileceklerdir. Bu haklara önem vermediğimizdeyse ortaya kalıplaşmış bir kişilik sergileyen, ezik, suskun; kendinden güçlüye boyun eğen ya da saldırganlaşan, kendine saygısı ve güveni olmayan, düşünce üretip, karar alamayan mutsuz bir kişilik çıkacaktır.

İşte çocuk hak ve özgürlüklerine saygılı olmak, bu nedenle önemli. Burada sözkonusu sadece haklara saygılı olma değil; en az onun kadar önemli olan, kendi çocuğumuzun mutluluğu... Mutlu ve değerli bir insan olarak hayatta başı dik ilerleyebilmesi ve kendini iyi hissedebilmesi için gerekli olan öğeler işte bu hak ve özgürlüklerin içinde yatıyor.

«Çocuğunuza ne kadar erken adam muamelesi yaparsanız, o kadar çabuk adam olur,» diyerek bu konuştuklarımızı özetliyor John Drydon.

Nedir çocuğun hakları ve özgürlükleri?

İnsana saygı çocuğa saygıyla başlar

Her şeyden önce çocuğumuza saygı duymalı ve saygılı davranmalıyız.

«Alt tarafı çocuk.» Bu sözcükleri eminim hem kendi yaşamınızda, hem çevrenizde duydunuz, duymaktasınız. Giysilerini, oyuncaklarını, okuyacağı kitapları çocuğa seçtirmeyerek; çocuktur anlamaz, düşüncesinden hareket edenleri görmüşsünüzdür. Bir şey seçerken, çocukla birlikte düşünmek, ona seçenekler sunmak başka; hiçbir seçim hakkı tanımadan, üstelik, çocuktur, o bilemez, diyerek bu yetenekten yoksunmuş mesajını vermek ne kadar başka... Önemsenmeyen bir çocuk kendine saygı duyamayacaktır. Ve bu ona yapabileceğimiz en büyük kötülüklerden biridir, çünkü saygı görmeyen saygı gösteremez.

Bir an durup, toplumumuzda bizleri rahatsız eden küçük küçük olayları düşünelim. Arabalar park edilmesin gerekçesiyle yapılan ve bir yaşlının, özürlünün çıkamayacağı yükseklikte kaldırımlar, kimi yeri alçak kimi yeri yüksek, delik deşik yollar... Yolunmuş çiçekler, kırılmış sokak lambaları, çizilmiş banklar, tahrip edilmiş telefon kulübeleri... Hoşt, hoşt, diye taşlanan köpekler, eziyet edilen kediler... Çocuk mu uyur, hasta mı var, çalışan mı var demeden, seçim türkülerinden tutun da patates soğan, tüpgaz satıcılarının çirkin gürültüsüyle dolan sokaklar... Beş karış sakalı, boru gibi pantolonu ve leş gibi kirli arabasının yanısıra tahammül etmek zorunda bırakıldığımız meyhane müziğinin en ağdalısını çalan taksi şoförleri... Direksiyonun başına geçince kendini yolların kralı sanan o ilkel sürücüler yüzünden sönen nice ocaklar, yitip giden nice insanlar ve buna seyirci kalıp, bir türlü etkin önlemler alamayan yöneticiler... Ve bu liste uzar gider.

Listeye bakınca ortak öğeyi siz de buldunuz, değil mi? Ortak öğe, saygısızlık. İnsana saygısız, çocuğa, yaşlıya, özürlüye saygısız. Çevreye, kamu mallarına saygısız. İşine, ona para kazandıran müşterisine saygısız. Ve kendine saygısız.

Bu insanlar neden bu kadar saygısızlar? Çünkü onlar da büyürken saygı görmeden, itile kakıla büyütüldüler de ondan.

İnsana değer verilmediğini, saygı duyulmadığını kent yaşamında ve düzenlemelerinde de görüyoruz. Oysa ilerlemiş ülkelerde insan hep birinci planda. Her şeyden önce bireyin güvenliği ve rahatı düşünülüyor. Özürlüler ve çocuklar için yollar, parklar, oyun alanları yapılıyor. Yaşlılar için yeşillikler içinde bakımevleri ve onlar için özel hastaneler inşa ediliyor. Gürültü yapmak yasak, göz zevkini bozmak yasak. İnsana saygı öylesine gelişmiş ki, kent yöneticileri bireylerin güvenliği ve huzurunun yanısıra duygularını da gözönüne alıyorlar.

İnsana saygı konusunda iki örnek vermek istiyorum. Birincisi Hollanda'dan. Bu ülkede evlerin balkonlarında yemek pişirmek yasak. Yasağın nedeni savaş yıllarına dayanıyor. O günlerde ülkede yiyecek sıkıntısı var ve halk zor durumda. Böyle olunca balkonunda yemek pişiren ve yiyen birinin, bu olanağı bulamayan ve belki de açlık çeken birine saygısızlık olacağı düşünülerek, sözü edilen karar alınıyor.

Bu bir saygıdır. Olanakları kısıtlı olanlara karşı zarif bir duyarlılık göstergesidir. Bizde de eski günlerde aynı saygı ve ince düşünme varmış. Çarşıdan, pazardan alınan erzak küfelere doldurulur ve eve ancak hava karadıktan sonra getirilirmiş, konu komşuya gösteriş gibi olmasın, alamayanlar üzülmesin diye. İşte bu da insana saygı.

Singapur'da taksi şoförleri traşlı, tertemiz ve ütülü pantolonlarla işe çıkıyorlar. Arabaların içi de pırıl pırıl, dışı da. O kadar ki, müşteri beklerken bile ellerine bir bez alıp hemen arabalarının şöyle bir tozunu alıveriyorlar. Dayanamayıp bir şoföre, «Ne kadar temizsiniz,» dedim. Adam güldü ve «Temiz olmak zorundayız, çünkü tozlu arabayla trafiğe çıkmanın cezası beş yüz dolardır,» dedi.

İşte insana ve çevreye saygılı yöneticilerin uygulamaları. Tabii cezalar böylesine caydırıcı olunca ve şoförler de, trafik polisine, «Beş çocuğum var abi,» diye sızıldanamadıkları için kendileri temiz, arabaları temiz, hizmet veriyorlar. Hoş, Singapur'un her tarafı tertemiz ya...

İşte bütün bunlar saygının önemini kavramış insanların sergiledikleri davranışlar. Ve o insanlardan oluşmuş toplumlar. Biz de böyle olmak istiyorsak, her şeyden önce çocuklarımıza ve gençlerimize saygılı davranarak onlara saygıyı öğretmemiz gerek.

Ve bu konuda gençlerimizden bir mektup.

«Babam bazen çok kırar beni. Eminim ki, beni kırdığının farkında değildir. Mesela geçen gece bir film izliyordum. O da her zamanki gibi gazetesini okuyordu. Ablam uyumuş, kardeşim de başka bir işle meşguldü. Annemse televizyonla ilgilenmiyordu. Filmi izleyen yalnız bendim. Tam ortasında babam geldi ve başka bir kanalı açtı. Bana hiçbir şey sormadan, filmi izlediğimi gördüğü halde. Ve o kanaldaki maçı seyretmeye başladı. Ona filmi izlediğimi söyledim. Ne dedi biliyor musunuz? 'Boşver, ne yapacaksın filmi, yat uyu.' Kayıtsız ve önemsemez bir tavırla bunları söyledi bana. Belki bu çok ufak bir olay gibi görünüyor ama kesinlikle küçük bir şey değil. O anda bana yapılan saygısızlıktı. Bu hareketi kim yaparsa yapsın, karşısındakine saygısızlık etmiş olur. Bunu bana yapan babam olsa bile. Ama o bundan hiç rahatsız olmaz. Ve ben o gece filmi izleyemedim. Babamdan bir parça daha uzaklaştığımı hissettim. Oysa konuşabilirdi, diğer kanalı açmak istediğini söyleyebilirdi bana. Bu olay bir kanal kavgası değil. Bu örnek ilk aklıma gelendi. Örnekleri çoğaltabilirim. Neyse alıştım buna ama yine de saygının eksikliğini duymuyor değilim.»

Ve bir başka örnek...

«Önce şunu söylemek istiyorum. Bu mektubu kesinlikle onları şikâyet etmek için yazmıyorum, çünkü annemle babamın benim için her şeyin en iyisini istediklerini biliyorum. Sanırım tüm anne babalar böyledir.

Annemi çok seviyorum ama bazen benim duygularımı anlamıyor ya da anlamak istemiyor. Ben evde anneme yardım etmeyi severim. Ama annem yaptığım işi beğenmiyor elimden geldiğince yapıp bitirdiğim bir iş için beni azarlıyor, hatta bağırıyor. Bir de benden iş yapmamı istediği zaman rica etmiyor. Sanki ben onun emrettiğini yapmak zorundaymışım gibi davranması da beni sinirlendiriyor ve istediğini içimden gelmeden yapıyorum. Ben o işi zorunluymuşum gibi yapmak istemiyorum.

Annem ve babam bana bazen çocuk, bazen de genç kız muamelesi yapıyorlar. Ne olduğuma ben de karar veremiyorum.»

Yine bir alıntı.

«İtiraf etmeliyim ki, müthiş bir ev kızı değilim. Ama ufak tefek işleri sevmesem de yapıyorum. Keşke annem bir iş yapınca, teşekkür ederim, dese. Hayır, demiyor, aksine her seferinde mutlaka bir kusur bulur. Durum böyle olunca, iş yapmak hiç içimden gelmiyor.»

Sanırım, çocuklarımız en önemli sözcüklerin «lütfen» ve «teşekkür ederim» olduğunu bizlere hatırlatmaya çalışıyorlar. Yaşamı kolaylaştıran bu sözcükleri duymaya yetişkinler kadar onların da hakları var.

Başkalarının değil, kendilerinin en iyileriyle yarışma hakkını tanımalıyız onlara

Gençlerimize kendileri olma özgürlüğünü tanımalıyız. Çocuklarımızı oldukları gibi kabullenip, kendilerine özgü yeteneklerini bulmalarına yardımcı olmalıyız. Onları hiç kimseyle kıyaslamamalıyız. Herkesin bu dünyada bir tek tane olduğunu anlatmalıyız. Sonra da bu benzersiz varlığın kendi kişiliğini geliştirebilmesi, kendi yolunda ilerleyebilmesi için ona destek vermeliyiz. En başta da onu «o» olduğu için sevip, sayıp, kabullendiğimizi belirterek gerçekleştirmeliyiz bunu.

Ve çeşitli alıntılar...

«Beni istediğiniz kadar yerebilir, suçlayabilirsiniz. Ama lütfen şu elalemin kızını bana örnek gösterip durmayın. Çünkü ben, benim ve kesinlikle bir başkası olmayacağım. Ben, her zaman ben olarak kalacağım.»

«Neden tüm arkadaşlarım benim karakterimi beğenirken sen ufacık ayrıntıları büyüterek beni bir kişilik bunalımına itiyorsun, anne? Ben böyle de mutluyum. Bunalımlara itme beni,»

denmiş ve «genç bir ses» diye imzalanmış bu mektup.

«Niçin başkalarının önünde bütün kusurlarımızı abartılı biçimde sayıp dökerler? Niçin daima herkese örnek gösterilen biri vardır?»

diye soruyor bu genç ve anlatıyor.

«Sürekli bana örnek gösterilen biri vardı. Anlatıldığına göre yemek yapar, bulaşık yıkar, dikiş diker. Kardeşine ablalık yapar, onunla çok iyi geçinir, her sabah kardeşini okula bırakır, her akşam gider alır. Bütün notları iyidir. Her söyleneni yapar, erken yatar, erkenden kimseyi uyandırmadan kalkar, kahvaltısını yapıp okula gider. Annesi ve babası bir yere gittiğinde o kesinlikle gitmez. Üstelik onlar dönüp gittikleri yeri anlattıklarında uslu uslu dinler... Derken bir gün ben bu olağanüstü varlığı gördüm. Kızın ağzından tek kelime alamadık. Kardeşi kucağında, boş boş bakıyor. Ne söylersek omuz silkiyor ve gerçekten de her denileni yapıyor. Annem de onu ilk defa görüyor olmalı ki, bu çekingenliğini hiç beğenmedi. Artık bana örnek gösterilen kişi olmaktan çıktı ama annem tarafından önceden saydığım huyları hâlâ çok beğenilir.

Sonuçta demek istiyorum ki, eğer birisinin bir güzel davranışı görülürse araştırmadan, soruşturmadan o kişi hemen mükemmel kişi oluyor.

Bir de niçin çocukken yaptığımız hataları bir türlü unutmaz ve hâlâ öyleymişiz gibi davranırlar? Niçin büyüdüğümüzü ve huylarımızın değiştiğini kabullenmezler?»

Sanırım burada da, mektupları aracılığıyla çocuklarımız bize, «başkalarının değil, kendinin en iyileriyle yarış,» öğüdünü hatırlatmak istiyorlar.

Onların her türlü duygularından, özellikle de gülücüklerinden «iktisat etmelerini» istemeyelim

Duygularını ifade edebilme özgürlüğü de bir haktır. Ama ne yazık ki, bizler onların duygularını olduğu gibi ve coşkuyla ifade etmelerini de engelleriz.

Emine kızımız güleryüzlü bir kız çocuğuydu. Rahmetli Musta' Efendi o aralar bir iş için evimize gelmişti. Emine kahve yaptı ve yüzünde gülücüklerle ikram etti. Musta' Efendi o her zamanki babacan tavrıyla, «Ooo, ellerine sağlık! Kahve yapanların çok olsun,» diyerek fincanı aldı.

Eşimle iş konuşuyorlardı. Bu arada Emine girip çıkıyor, kahve fincanlarını topluyor, kısaca ev sahibeliği yapıyordu. Ve bütün bunları yüzünden eksik etmediği gülücüklerle yapıyordu.

Gitme vakti gelip ayağa kalktığında, Musta' Efendi hepimizle vedalaştı ve kapının önünde kasketini giyerken Emine'ye dönerek, «Bak sana bir şey diyivereceğim,» dedi. Hepimiz ne diyecek diye beklemeye başladık. Bir an durdu ve «Şu gülüşünden biraz iktisat et,» dedi.

Son derece esprili adamdı Musta' Efendi. Ona göre bir kız çocuğu daha «ağır» olmalıydı, oysa bizim Emine kızımızın yüzünde çiçekler açar gibi gülücükler açıyordu. Ve işte o da eleştirisini kendine özgü şakacı üslubuyla böyle yapmıştı. Emine'nin gülücükleri sürdü gitti; Musta' Efendinin söyledikleri de aile arşivinin unutulmayan sözler bölümüne kaydedildi.

Yaşama sevincinin en güzel örneği neşeli bir çocuktur. Kahkahası içten, neşesi coşkuludur. İşte bu sevinci asla söndürmemeliyiz. Çocuğumuzu eğitirken mutlaka çocuksu bir yanı kalacak biçimde eğitmeliyiz. Neşeli, şakacı ve hoş sohbet kişiler herkesin birarada bulunmaktan hoşlandığı insanlardır. Onlara bir bakın. Hepsinin çocuksu bir yanı vardır. İçlerindeki çocuk küstürülmemiştir. O hâlâ yaşıyor, muziplikler yapıyor, kahkahalar atıyordur. Ve bu insanların yeri daima özel olur. Herkesi mıknatıs gibi çekerler. Diğerleriyse, belki de kendi içlerindeki çocuğun dürtüsüyle böylesine çocukluğunu unutmamış kişiye yönelirler. Çocuk çocuğu çekiyordur sanki.

İnsanların, oyunbaz bir kedi yavrusuna, şirin bir köpekciğe bakarken, yüzlerine dikkat edin. Nasıl da o sert ve kaygılı hatlar yumuşayıveriyor, nasıl da hemen çocuksu bir gülümseme tüm yüzü kaplıyor. Sanki o an kendi çocukluklarına bir dönüş yapıp kendi sevgili hayvancıklarını anımsayıveriyorlar.

İşte çocukluk ve çocukluğun keyifli anıları insanları yıllar sonra bile böylesine yumuşatıp gülümsetebiliyor. Onun için lütfen, lütfen çocuğumuzun neşesinden ve kahkahalarından «iktisat etmesini» istemeyelim.

Çocuğumuz keyifli anlarının yanısıra korku, üzüntü ve öfkeyi de yaşar. Bu duygularına da saygılı olmalı, onlarla asla alay etmemeliyiz. Bazı korkuları bize komik gelebilir, oysa olayı bir de onun gözünden görmeye çalışmalıyız.

Eminim sizler de benzer duyguları yaşamışsınızdır. Hani insan yıllar sonra çocukluğunun geçtiği eve gider de şaşırır ya... Meğer o kadar da büyük değilmiş, oysa muazzam bir yermiş gibi kalmış aklımda, diye geçirir içinden. Çocukluğunun o bitmek bilmeyen merdivenleri aslında beş altı basamaktır. Ürkütücü gölgelerin saklandığı uzun upuzun koridor, aslında yatak odalarının açıldığı holümsü bir yerdir. Bunları anımsayalım ve çocuğumuzun korkusuyla alay edeceğimize, elinden tutup, ona korkacak bir şey olmadığını, aklına, mantığına seslenerek sabırla açıklayalım. Korkularını küçümsemeyelim, onu, korkak sen de... gibi sözcüklerle aşağılayıp kırmayalım. Nasıl bizim korkularımız bize göre önemliyse, onun korkuları da ona göre önemli. Konuya böyle yaklaşmalıyız.

Çocukluk korkuları deyince, bir gencimizin korkuyla karışık anısını korkuların çeşitliliğini göstermesi açısından buraya koymak istiyorum.

> «İlkbahardı. Lisedeki ilk yılım olduğu için yoğun bir çalışma temposu içindeydim. Kardeşimse orta ikideydi. Yazılıların sıkı olduğu günlerden birinde eve geldiğimde kardeşim Mehtap'ın ilk sorusu, 'Abla yarın yazılın var mı?' oldu. Ben de böyle zamanlarda seveceğim bir yere gitme olasılığını düşünerek, 'yok,' derim. O gün de, 'Yazılım yok,' dedim. (Zaten bir gün önce teyzeme git-

meyi düşünmüştük.) Bunun üzerine Mehtap elindeki notu bana uzattı.

Notu annem yazmıştı. 'Yavrularım yemeğinizi yaptım, karnınızı doyurun. Artık ben gidiyorum. Kendinize iyi bakın. Sizleri çok seviyorum. Elveda yavrularım,' yazılıydı kâğıtta. Ne yapacağımı şaşırdım, öylece kalakaldım. Önce bize ufak bir şaka yaptığını düşündüm ama annem hiç böyle şakalar yapmazdı. Gerçek olması ihtimali hiç ama hiç yoktu. Her şey gayet normaldi. Aklıma binbir türlü kötü şey geliyordu. Düşünmek bile istemiyordum. Mehtap da şaşkınlıktan hâlâ okul formasıyla karşımda duruyordu.

Büyük bir olasılıkla teyzeme gitmiş olmalıydı. Hemen teyzemi aradık ama telefonu cevap vermiyordu. Mehtap'la hazırlanıp, teyzeme gitmek üzere evden ayrıldık. Açlığımı bastırmak için bir pastaneden açma aldım. Teyzem yeni evliydi. Evine ya bir ya iki kez gelmiştik, o yüzden evinin bulunduğu yeri tam olarak bilmiyorduk. Sadece evinin yakınlarında bir cami olduğunu biliyorduk. Belki üç saat, ayaklarımıza karasular inene kadar dolaştık. Caminin adını da bilmiyorduk üstelik. Sorduğumuz insanlar bize hep yanlış camileri tarif ediyorlardı. Geç de olsa, benim paraşütlü, köşeli jetonum düştü ve halk pazarından yukarı çıkmamız gerektiğini hatırladım. Ve... evi bulduk. Bulduk ama evde kimse yoktu. Komşulara sorduk. 'Onlar da ablasıyla bir yere gitti,' dediler. Yüreğimize biraz su serpildi ama yine de pek rahatlayamamıştık. Nereye gitmiş olabileceklerini hiç bilemiyorduk.

En sonunda eve dönüp beklemekten başka şansımız olmadığına karar verdik. Mahalleye geldiğimizde zaten canımız eve gitmek istemiyordu. Tam yola bakan evlerinden Şükran Ablayla arkadaşlarımı gördüm. Yanlarına gittim, Mehtap da kendi arkadaşlarıylaydı. Mutfakta oturduk. Bir şeyler içerken olanları anlatıyordum, bir yandan da gözüm yoldaydı.

Yarım saat kadar sonra, beklediğimi yani annemi gördüm. Annemi sağsalim görünce içim gerçekten rahatlamıştı. Hemen koşarak yanına gittim. Onu yıllardır görmemiş gibi sarılıp öptüm. Mehtap'la olanları anlattığımızda, yaptığı tek şey gülmek oldu. Biz 'Neler oluyor,' demeden, 'Şaka yaptım, sahiden çok mu merak ettiniz? Vah yavrularım...' demeye başladı bile.

Annemizi bu kadar eğlendirdiğimiz için gülelim mi, yoksa o kadar yorulduğumuza, zaman kaybettiğimize ağlayalım mı bilemedik. Şaşırdık kaldık. Sonuçta annemize kavuştuk ya, yazılıdan zayıf alsam da önemli değildi. Önemli olan bu anın belleklerden hiç silinmemesi. Şimdiden günlüklerimizde yerini aldı bile...»

Şimdi bazı kişiler, ne var bunda bu kadar korkacak, belli ki anneleri şaka yapmış, diye düşünebilir. Ama mektuptaki korku ve üzüntü o kadar belirgindi ki, bu iki genç kızın çaresizlik içinde koşuşturduklarını görür gibi oluyor insan. Korkuları bir de onların açısından görmeye çalışalım.

Öfkenin nedenlerini araştırmalıyız

Bir de öfke var. Çocuğun öfkesini de göstermeye hakkı var. Oysa onun bu duygusunu tamamen düz bir çizgide gördüğümüzden, hemen «terbiyesizlik» olarak alır ve öfkesini ezeriz. Böylece bir süre sonra çocuk öfkesini saklamaya, daha doğrusu içine gömmeye başlar. Bastırılmış öfkenin sağlıksız bir birikim oluştuğunu söylüyor uzmanlar. Tabii bu demek değil ki, çocuk evin içinde burnundan üfleyen bir boğa yavrusu gibi dolanıp, ona buna tos vuracak, bizler de boynu bükük duracağız. İster büyük olsun, ister çocuk, kimsenin kimseye haksızlık yapmaya, rahatsız etmeye, hakaret etmeye hakkı yok. Bunu en önce kendimiz saygılı davranarak yani örnek olarak öğreteceğiz.

Ve yine antenlerimizi açıp duyarlı davranacağız. Patlayan öfke düpedüz terbiyesizlik mi? Eğer böyleyse, çocuktan çocuk olup biz de çılgın gibi bağırmaya başlamadan, bir yetişkine yaraşır olgunluk ve sukûnetle, bu davranışının neden kabul edilir olmadığını o anlayana dek anlatmalıyız.

Bakın bir gencimiz bu konuda ne öneriyor.

«Her konuda çocuklarından daha deneyimli olduklarını onların başına kakarak değil, tatlı tatlı anlatmalılar.»

Evet, çok zor ve sabır isteyen bir yaklaşım bu ama bir bağırtıyla işi çözümleyebileceğimizi sanıyorsak, yanılıyoruz demektir. Olsa olsa bizim sesimiz çocuğumuzunkinden daha gür çıktığı için, onunkini bastırabilmiştir o kadar. Öte yandan çocuk bu bağırışmadan yenik çıktığı dışında pek bir şey anlamamış olduğundan, ilk fırsatta aynı «terbiyesizliği» yineleyecektir.

Oysa derin bir nefes alıp, ses tonumuzu ayarlayarak, ona tane tane bu yaptığının neden kötü ve kabul edilemez olduğunu anlatırsak ve daha da önemlisi onun bunu anlamasını sağlayabilirsek, aynı olayın yinelenme oranı büyük ölçüde azalacaktır.

Ne demiştik, antenlerimizi açıp, duyarlı olacağız. Ve sormaya devam edeceğiz. Yoksa bu öfke daha başka nedenlerden mi kaynaklanıyor? Okulda sorunları mı var? Arkadaşlıklarında onu üzen bir şeyler mi var? Yoksa sorun kendisiyle mi ilgili? Büyüme sancılarının getirdiği sıkıntılar sonucu bir öfke mi bu?

İşte anlayışlı bir anne baba olmanın sırrı, patlayan öfkenin toz ve dumanı arasında gerçek nedeni araştırmak; olayı hep aynı düz çizgide görme yangılısına düşmeyip, bazen susarak, bazen konuşarak ona öfkesini yaşama hakkını tanımakta yatar.

Gençlik dönemi sorunların, kaygıların, kuşkuların ve bazen de abartılı duyguların yaşandığı bir zaman dilimi. Bu nedenle bazen aşırı tepkiler oluyor. Yaşadıkları dönemin özelliğini gözönünde bulundurursak bunu doğal karşılamak gerek. Bu tür tepkileri âdet haline getirmek ne kadar kabul edilemezse, tüm tepkileri bastırmak da yanlış olur. Her tepki gösterdiklerinde onları azarlayarak, korkutarak sindirirsek, bu duygular onların benliğinde tıkanıp kalır, sistemlerinden atamazlar. Böylece kocaman adamlar olduklarında içlerinde kalmış korkuyla karışık öfke, zamanlı zamansız ortaya çıkar. Aile, iş ve sosyal ilişkilerini zedeler. Oysa öfkesini şimdi, bizim yanımızdayken yaşarsa ve biz de ona tepkisini dışa vurma olanağını tanırsak; içindeki öfkeyi boşaltmış olacak, bastırılmış duyguları olmayacak. Sakinleştiğinde de karşılıklı oturup öfkesinin nedenini, davranışını, varsa hatalarını konuşacağız. Çocuğumuz duygularıyla başa çıkmayı bizim yanımızda öğrenmeli. Bunu şimdi, şu yaşında öğrenmesinin bir yararı da genç olduğu için tepkilerinin hoşgörülebilmesi; oysa aynı öfkeyi koca bir adam olduğunda gösterse ne olur? Onu hoşgörmeyiz. Sinirlerine hakim olmasını bile beceremeyen, kaba bir adam, deriz onun için. İşte bu nedenle, bırakalım çocuklarımız arada sırada tepkilerini, bizim yanımızdayken, öğrenebilecek yaştayken, bizlere, onları anlayıp yol göstereceklere versinler.

Bir de haklı olma hakkı var

Ne garip bir hak, diye düşündünüz eminim. Bu da bizleri çocukluğumuzdan bu yana kovalayan başka biri yanılgıdır.

«Büyüklerin neden dokunulmazlıkları vardır?» diye gelen yerinde bir sorunun bir ucu da bu noktaya değiyor.

Hep anne babalar haklıdır ve hata yapmazlar.

Hep öğretmenler haklıdır ve hata yapmazlar.

Hep liderler haklıdır ve asla hatalarını kabul etmezler.

Çocuklar ve gençlerse hiçbir zaman haklı değillerdir ve hataları hep onlar yaparlar.

Bu nereden kaynaklanıyor, biliyor musunuz? Biz anne babalar o kadar çok konuşuruz ki, eh böyle olunca da birinden birinde haklı çıkarız ve o an... büyük bir zafer çığlığı atarak, «Gördün mü,» deriz, «Haklıymışım! Benim dediğim çıktı işte.»

«Hırkanı giy sonra üşürsün.»

«Çok dondurma yeme, karnın ağrır.»

«Vaktinde kalk yoksa okula geç kalırsın.»

Haksız mıyız? Elbette haklıyız.

Hırka giyilmezse üşünür, çok dondurma yenirse karın ağrır ve vaktinde kalkılmazsa bal gibi okula geç kalınır. Ve bu uyarıları yapmak da bizim sevimsiz görevimiz.

Ama şöyle bir ayrıntı var.

Haklıyız da... her zaman haklı değiliz.

Bazen de çocuklarımız haklı.

İşte o zaman da onların, «Gördün mü, ben haklıymışım,» deme hakkına saygı göstermeliyiz. Örneğin, «Bana hem kazağımı, hem hırkamı giymemi söylemiştin, oysa sadece hırkamı giydim ve üşümedim. Demek ki, benim dediğim gibi bir tek hırka yeterliymiş,» demelerine bozulmamalıyız.

Onların da haklı olduklarını görmeye ihtiyaçları var. Bir konuda gerçekten haklı olup, bunu dile getirebilme ve karşısındakine kabul ettirme özgüven egzersizlerinden biridir. Bunu, eğer haklılarsa, çocuklarımıza çok görmeyelim. Düz bir çizgide bakıp saygısızlık olarak da kabul etmeyelim. Hem bunun saygısızlıkla ne ilgisi var?

Biz bir fikir öne sürüyoruz, diyelim onlar tersini. Ve onlar haklı çıkıyor. Burada gocunacak, irkilecek ya da «saygısızlık» olarak alınacak bir şey yok ki... Bu kadarcık bir olgunluğumuz da olsun artık.

Bakın eleştiri konusunda bir gencimiz ne yazmış:

> «Çocuklarının onlara yönelik eleştirilerini duyunca günlerce surat etmemeliler.»

Öyle ya, bizler de onları eleştirmiyor muyuz?

Bir diğeriyse şöyle diyor:

> «Keşke anneme, 'Ama sen de öyle yaptın,' dediğimde, 'Benimle yarışmasan olmaz,' demese...»

Bir mektuptan alıntılar:

> «Niçin biz sinirlenince; oyunda, işde ya da başka bir koşulda, sinirlenmenin yeri olmadığı hakkında konuşmalar yaparlar da, kendileri sinirlenince binbir bahane bulurlar?
>
> Niçin odanın ışığını açık bırakarak çıktığımızda bizim hemen döneceğimizi kabullenmezler ama bunu kendileri yaptığında, ışık yirmi dakikadır açık olsa bile iki saniyede döneceklerini söylerler?
>
> Niçin devamlı aynı öğütleri ezberlemişçesine sıralarlar?»

diyor bu genç kızımız ve hemen ekliyor haksızlık etmemek için.

«Biraz da iyi yanlarını sayayım:

Bir işe girişeceğimde moral verici sözler söylemeleri ve bize kızdıktan sonra gelip özür dilemeleri çok güzel.

Çok heveslendiğimiz bir işi başaramayınca kızmak yerine moral vermeleri de çok güzel.

Veee... ben onları her şeye rağmen çok çok seviyorum!»

İnanın tüm mektuplar bu tür sevgi sözcükleriyle sona eriyor.

Mektuplarda dikkatimi çeken bir diğer ortak noktaysa, eleştirilerini yaptıktan sonra haksızlık etmemek istercesine kendileri için yapılanları sıralıyor, anne ve babalarını çok sevdiklerini ve sevildiklerini özellikle belirterek yazdıklarını bağlıyorlar. Bu çok güzel bir tavır.

Bu adil olmak! Haksever olmak!

Ve, aramızda şu olabilir, bu olabilir ama haklarını ve yaptıklarını da teslim etmek gerek, dercesine bir davranış içindeler. Böyle haksever gençlere bizim de aynı biçimde yaklaşmamız gerek.

Lütfen bırakalım artık şu, övgüler yağdırırsam şımarır; tarzındaki aşınmış otoyola yakışan düşünce biçimlerini ve kendi kafamızla düşünüp, hatta daha da güzeli çocuklarımız ve gençlerimizle oturup konuşup o kendine özgü engebeli ama güzelliklerle dolu dar patikamızda yol alalım.

Ve bu arada çocuklarımıza, haklı oldukları zaman haklı olduklarını teslim etmekten korkmayalım, hiç korkmayalım. Çünkü bunu onlara söyledik diye onlar şımarmazlar. Ne şımarırlar, ne de bize saygılarını yitirirler. Tam tersine, bize daha çok saygı duyarlar. Ve aslında bizim istediğimiz saygı bu tür olmalı. Önümüzde elpençe divan durup, her dediğimize boyun eğen kul misali bir saygı biçimi değil; düşünen, kendi kafasıyla karar verip bunu bizimle saygılı bir üslupla tartışabilen bir anlayış olmalıdır aramızda. Birbirinin düşüncelerine saygılı iki eşit insan, iki dost ilişkisine dayalı; şekilde değil, kafada ve gönülde oluşmuş bir saygı kavramı olmalı bizim önce öğretip sonra da onlardan bekleyeceğimiz.

Zaten çocuklarımız da bu anlayışa ulaşmaya çalışıyorlar. Bunu tüm mektuplarda buldum. Bir tane bile ters düşünen yoktu.

Karar verme özgürlüğü

Çocuklarımıza bu özgürlüğü tanıdığımızda, onun düşünen, seçen ve sonunda karar alabilen bir insan olarak yetişebileceğinin farkında mıyız acaba? Buradaki önemli ayrıntıysa pek çok hak ve özgürlükte olduğu gibi, karar verme özgürlüğünün de gelişebilmesi için bunu çocuğumuza olabildiğince erken vermemizdir. Küçük bir çocukken oyuncağını, yiyeceği dondurmanın cinsini, uçurtmasının rengini seçmeyi ona bırakırsak, bizim denetimimizde karar vermeyi öğrenecektir. Ve, bunu ne kadar sık yapmasına izin verirsek, o da giderek daha çabuk karar alabilen bir insan olacaktır. Düşünüp seçme işlemini kendi başına yaptığında deneyim de edinecektir. Hatalarından çok şey öğrenecektir, çünkü bunlar onun kendi yanlışları olacaktır. Bizler elbette yardımcı olmalıyız ama bunu ona seçenekler sunarak, neyin doğru neyin yanlış olduğunu anlatarak yapmalıyız. Diyelim kışlık giysi almaya çıktık. Çocuğumuzsa ille de çiçekli mayo istiyor. Ona yazın sona erdiğini, havalar soğuduğu için sıcak tutacak giysileri giyme zamanının geldiğini, çiçekli mayoyu gelecek yaza alabileceğimizi ama şimdi güzel ve şık bir kışlık seçmemiz gerektiğini sabırla anlatmalıyız. Sonra da kışlık giysinin seçimini ona bırakmalıyız.

Giysilerini, oyuncaklarını ve onu ilgilendiren ufak tefek pek çok şeyi «işin uzamaması» için biz seçiverirsek, çocuğumuz büyüdüğünde karar almakta zorlanan, sıradan bir alışverişte bile yardım arayan biri olup çıkacaktır. Bunlar çok küçük kararlar gibi görünebilir ama onun neyi sevip sevmediği, neyi beğenip beğenmediğini, bir başka deyişle kendi zevkini tanımasını; bu arada da kendisi hakkında bir şeyler öğrenebilmesini sağlar. Kararlarını alırken kişiliğiyle de tanışıyordur bir yerde. Her karar veriş onu özgüveni olan kişiliğe bir parça daha yaklaştıracaktır.

Ve kendi istediğini seçememe konusunda bir mektup. Örnek önemsiz gibi görünse de, unutmayalım, bizim şu yaşlarımızda önemsiz olabilir ama ya o yaşlar için?

«Keşke annem onun bir parçası olmama karşın farklı bir kişiliğim olduğu fikrini kabullenseydi.

Size sudan gelebilecek ama benim için önemli olan bir örnekle bunu açıklamak istiyorum. Annem uzun saçı sever. Eskiden beri uzun saçlı bir kızı olsun istermiş. Ve olmuş. Gerçekten de annemin sayesinde saçlarım hiç omuzlarımdan yukarı çıkmadı. Bakımını da bizzat üstlenmiş durumda. Bense kısa saça hasret yaşıyorum. Belki uzun saçı ben de seviyorum ama aradaki farkı anlamam için fırsat vermiyor ki bana... İşte bu noktada bir kişilik çatışması var. Ona göre ben onun kızıyım, o uzun saçı seviyor, öyleyse ben de sevmeliyim. (Ne mantık!)»

Şimdi belki de bu kadar kocaman kocaman ilkelerin küçük bir çocuğun narin omuzlarında ne işi var, diye düşünüyorsunuzdur. Pek çoğumuzun yanılgısı bu tür ilkelerin onlara «büyüyüp de, aklı erdiğinde» öğretileceğidir. Oysa çocuğumuzun kişiliğinin temel ilkelerle bütünleşmesini; o ilkeleri özümlemesini istiyorsak, «söyleyerek» değil, onun olayları «yaşayarak» öğrenmesini sağlamalıyız. Bu ayrıntının farkında olur ve zihnimizin gerisinde çocuğumuza öğretmemiz gereken temel ilkeleri bulundurursak, gündelik hayat içinde yaşanan minik minik olaylardan yararlanıp, temel ilkelerin özünü anlamasına yardımcı olabiliriz. Hiçbir şeyin öğretilmediği bir çocukluk döneminden sonra, kof sözlerden oluşan öğütlerle bu tür ilkeleri benimsetemeyiz onlara.

Doğada da bu böyledir. Her şeyin bir zamanı var. Sağlıklı bir ağaç yetiştirmek istiyorsak, önce körpe bir fidan bulacağız, sonra da onu mevsiminde dikeceğiz. Kartlaşmış ve mevsimsiz dikilmiş bir fidan, değil sağlıklı bir ağaç olmak, çoğu kez tutmayacaktır bile.

İşte aynı nedenlerle bu kavramları çocuklarımıza onlar küçükken, gündelik yaşamın içindeki örnekleri kullanarak anlatmalı, benimsetmeliyiz. Böylece genç birer insan olduklarında artık öğütlere ihtiyaçları kalmamış, temel ilkelerle donanmış kişilikler olarak ortaya çıkacaklardır.

Ne demiştik, kavramlar «yaşanarak öğreniliyor». Tabii ki, iki yaşındaki çocuğu karşımıza alıp, «Ne olacak bu dünyanın hali, bu çevre felaketleri...» diyecek halimiz yok. Ama yere portakal kabuklarını attığı zaman minik ve tombul eline bir tokat aşkedip, «Şimdi polis amca seni bir güzel dövsün de gör,» demek yerine, «Birisi bu kabukları senin odana atsa hoşuna gider mi? Bu sokak da tıpkı evimiz gibi, senin odan gibi, bizim. Biz burada yürüyoruz, sen oynuyorsun, baban işe gidip geliyor. Onun için sokağımızı da tıpkı evimizmiş gibi temiz tutmalıyız ve portakal kabuklarını da ait oldukları yere yani çöp sepetine atmalıyız,» şeklinde açıklarsak, sorumluluk ve çevre bilincinin ilk tohumlarını atmaya başladık demektir.

Temel ilkelerden dürüstlük ve doğru sözlülük konusunda yapabileceklerimizin başında, bizlerin onlara iyi birer örnek olmamız geliyor.

Çocuğumuza ne kadar, «Dürüst ol, sakın yalan söyleme,» dersek diyelim; eğer, «Ay Şaziyeciğim, elbisen ne kadar şık; bayıldım, bayıldım,» deyip, ertesi gün telefonda, «Şaziye'yi gördün mü? Ay o ne kılıktı öyle... Hele de koca poposunun üstüne oturttuğu o fiyonga ne demeli...» diye insanların yüzüne gülüp arkalarından konuşuyorsak; yalanlarımızın beyaz olduğu bahanesine sığınıp bol bol yalan söylüyorsak, küçük çocuğumuzun fena halde kafası karışacak, dürüstlük ve doğru sözlülük ilkesini benimseyemeyecektir.

Unutmayalım ki, çocuklar öğütleri değil, gördüklerini uygularlar.

Konuyla ilgili çarpıcı bir örneğe bir veli toplantısında tanık olmuştum. O sırada okulda bir ağabeyler sorunu yaşanıyordu. Son sınıflarda bazı ağabeyler küçük sınıflardaki öğrencileri korkutuyor ve kendilerine hizmet ettiriyorlardı.

«Git bana bir kola al.»

«Çantamı getir.»

«Koş karşıdan bana bir sandviç al,» gibi emirlerle küçükleri resmen kullanıyorlardı.

Tartışılan konu buydu. Veliler şikâyetçiydiler ve okul idaresini şiddetle eleştiriyorlardı. Bir veli kalkmış konuşuyordu.

«Biz çocuklarımızı buraya iyi bir öğrenim ve terbiye alsınlar diye yolladık. Oysa son sınıfların küçüklere davranışına bir bakın. Nerede okul yöneticileri? Neden cevap verilmiyor? Neden çocuklar bahçedeyken başlarında bir muavin yok?»

Veli yerine oturunca, okul müdürü söz aldı. Yüzü kıpkırmızı olmuştu. Yıllarını bu mesleğe vermiş, binlerce genç yetiştirmiş, deneyimli bir eğitimciydi.

«Sizler burada işin yüzeysel boyutunu konuşuyorsunuz ve diyorsunuz ki, sınıflarda öğretmenler var ve bu delikanlılar o nedenle buyurganlık yapamıyor. Onun için bahçede de gözetim altında olsunlar, muavinler onları denetlesinler, böylelikle küçüklere buyurganlık edemesinler. İşin yüzeysel boyutu böyle. Bense, işin asıl boyutunu konuşmak istiyorum. Elbette okul kurallarına karşı gelenler cezalandırılırlar, bu açıdan içiniz rahat olsun. Ama bir velimiz çocuğunu okula iyi bir öğrenim ve terbiye alması için yolladığını söyledi. Önce şunu bir açıklığa kavuşturalım. Burası bir öğrenim yeridir; iyi bir terbiyenin verildiği yerse çocuğun kendi evidir. Biz sizin çocuklarınızı sizler için terbiye edemeyiz, görevimiz bu değil.

«Burası bir lise. Biz burada bilgi ve beceri veririz, kurallara uymalarını öğretiriz, o kadar. Terbiyeyse evde verilir. Evde sizler nasıl davranıyorsanız, çocuğunuz da okulda öyle davranacaktır. Ağabeyler küçüklere buyruklar yağdırıyorlar. Lütfen bir an için durup düşünün. Neden? Çünkü evde sizler bir bardak suyu bile eşinizden istiyorsunuz. Eşinizi kendinize hizmet ettiriyorsunuz. Kalkıp kendi işinizi kendiniz yapmıyorsunuz. Karınıza buyuruyorsunuz. Çocuklarınız bu davranış biçimini görerek büyüyorlar. Ve doğal olarak, onlar da kendi işlerini kendileri yapacaklarına, daha küçüklere buyuruyorlar. Çünkü evlerinde böyle gördüler. Mesele bahçede başlarına muavin dikmek değildir, mesele evde bu saygının öğretilmesidir. Ben bugüne dek bir tek kez bile karıma, 'Kalk bana bir bardak su getir,' dememişimdir. Kalkıp kendi suyumu kendim almışımdır, çünkü böyle bir hizmeti ondan isteme hakkını kendimde görmem. Ona olan saygım nedeniyle görmem,» dedi ve yerine oturdu.

Hele de o yıllarda bizim toplumumuz için oldukça ileri sayılabilecek bir konuşma, salonun gürültüye boğulmasına neden oldu. Ama pek çoğumuzun durup bir kez daha düşünmesini ve konuya bir de bu açıdan bakmasını sağlayabilmişti müdürümüz.

Çocuklarımızın dürüst ve doğru sözlü olmalarını istiyorsak, dikkat etmemiz gereken bir diğer önemli nokta da, onları korkutmamaktır. Dayakla, azarla ya da utanca boğarak, yüreklerine korku salmamalıyız. Tam tersine onlara karşı öylesine bir tavrımız olmalı ki, yaptıkları her şeyi, çok kötü de olsa gelip bize anlatabilmeliler. Onlara bu güven ve cesareti verebilmeliyiz. İşte bu güven ve cesaret de yine küçük yaşlarda verilir, yıllar sonra değil.

Diyelim çocuk oynarken oyuncağını kırdı ve üzgün gözlerle gelip size gösterdi.

Bir, «Yine mi kırdın oyuncağını! Adam gibi oynamasını öğrenemedin gitti. Akşam baban gelince söyleyeceğim, artık sana oyuncak moyuncak almasın,» demek var.

Bir de, «Gelip bana bunu söylediğin için memnun oldum. Doğruyu söylediğin, benden saklamadığın için seninle gurur duyuyorum. Ama bir daha sefere dikkatli ol,» demek var.

İşte böyle davranan bir anne ya da baba, çocuğunu doğru sözlü olmaya yönlendirebilecektir.

İnsan sevgisi, adaletli olmak ve vicdan da bu yaşlarda öğretilmeli. Daha önce de konuştuğumuz gibi, onu koşulsuz ve bilinçli biçimde seversek, çocuğumuz da insanlara açık, insanları seven, merhamet duygusu gelişmiş bir kişilik sergileyecektir. Tıpkı saygı görenin saygılı olduğu gibi; sevgi alan da sevgi verebiliyor.

Adaletli disiplin dürüstlük ve vicdan duygusunu geliştirir

Yaptığı yaramazlıklar karşısında öfkeye kapılarak, abartılı biçimde cezalandırmaz; tam tersine sakin bir biçimde yaptıklarının neden kötü olduğunu onun anlayabileceği biçimde anlatabilirsek ve cezalarımızda dengeli olabilirsek, çocuğumuzda adalet duygusu gelişecek, hatta cezalandırılmasını bile kabullenecektir.

Ve bu iki kavram yani koşulsuz sevgiyle birleştirilmiş disiplin, adaletli bir disiplin, onda vicdan duygusunun gelişmesini sağlayacaktır. Yaptığının neden kötü olduğunu anlamadan cezalandırılan bir çocukta, vicdan duygusunun gelişmesini bekleyemeyiz.

Burada bir parantez açmak istiyorum. Yaptıklarının neden kötü olduğunu çocuğa anlatmamız gerek, dedik. Bu, sadece yaramazlıklar konusunda değil, her konuda böyle olmalı. Bir şeye izin vermediğimizde de nedenini sabırla açıklamalı, anlatmalıyız. Onlarla konuşmalıyız. Bunu yapmazsak ne aramızda bir iletişim kurabilir, ne de ona vermek istediğimiz kavramları iletebiliriz. Bakın değil çocuk, on sekiz yaşında bir gencimiz neler yazmış.

«Bir şey için izin istediğimde 'Hayır,' diyorlar ve nedenini açıklamıyorlar. Verdikleri cevap sadece, 'Hayır! İşte o kadar.' Oysa bana NEDEN yapamayacağım lazım. Mantıklı bir açıklama yapsınlar. Ama böyle bir açıklamayla hiç karşılaşmadım. En çok karşılaştığım, 'Sen şimdi anlamazsın. İlerde anne olunca anlayacaksın.' O zaman açıklasınlar bir annenin duygularını. Artık on sekiz yaşına gelmiş birine bence bu laflar söylenmemeli. Akla yatkın yanıtlar istiyoruz. Küçücük bir çocuğun ağzını kapatmak için verilen cevaplar değil.»

Bakın yanılgılar ne kadar iliklerimize işlemiş ki, bu duruma isyan eden gencimiz bile, «Akla yatkın yanıtlar istiyoruz. Küçücük bir çocuğun ağzını kapatmak için verilen cevapları değil,» diyor.

Oysa işin doğrusu, en başta küçücük çocukların, sonra da gençlerin sorularına mantıklı, aydınlatıcı ve doyurucu yanıtlar vermek olmalıdır. Çocuğumuza ve gencimize bir şeyler vermek, onları eğitmek istiyorsak, bunu onların «ağzını kapatarak» değil, onlarla «konuşarak» gerçekleştirebiliriz ancak.

Ve... parantezi kapatıp, kaldığımız yerden devam ediyoruz..

Diyelim enerjisi bol yavrumuz, çektiği şutlarla mutfak camını beşinci kez kırdı. Küçük yaramazı karşımıza alıp, şu aşamada bizim için kırılmış camlara beşinci kez ödenecek faturaların öncelik kazandığını; onun ileriye yönelik bir Tanju, bir Rıdvan olma çabalarınınsa yine bu aşamada bizi hiç mi hiç ilgilendirmediğini; ve bütün bunların yanısıra onu pataklamak için içimizden gelen o dayanılmaz arzuya her an yenik düşebileceğimizi, çılgınlar gibi bağırarak söylememiz... doğru olmaz!

Yapmamız gereken, onu karşımıza alıp, «Bahçede oynarken dikkatli olman gerektiğini seninle daha önce de konuşmuştuk. Her kırılan camın yeniden takılması yeni bir masraf. Bunları bildiğin ve uyarıldığın halde, aynı istenmeyen davranışı yinelediğin için seni cezalandırmamız gerekecek,» diyerek sakin ama kararlı bir ses tonuyla yaptığı hatayı ve verilecek cezayı onun anlayabileceği biçimde açıklamaktır. Bu arada, suçla verilen cezanın dengeli olmasına da özen gösterilmelidir.

Sıradan bir yaramazlık da olsa, ödediği bedelin nedenini bu tür bir açıklamayla yaşayarak anlayan çocuk, kurallara uymanın özünde yatan haklılık, haksızlık kavramını ve adaletin işleyişini öğrenmeye başlayacaktır. Böylesi bir eğitim gören çocuk, bir süre sonra yaramazlıklarını kendisi değerlendirmeye; bir başka deyişle vicdanıyla hesaplaşmayı da öğrenmeye başlayacaktır.

Düşünce üreten, bunları savunabilen, uygulayan insan... Bu da bir başka ilkeyi, cesareti gösteriyor. Çocuklarımızın yürekli insanlar olmalarını istiyorsak, yine o küçük yaşlarda fikirlerine saygı göstermeli, asla alay etmemeli; yapmak istediği bir şeyi uygulaması için destek olmalı, girişimciliğine ket vurmamalıyız. Gündelik yaşam içinde kendine ve fikirlerine saygı duyulan çocuk; kendine saygısı ve güveni olan, fikirlerini savunabilen cesur bir birey olarak yetişecektir. Kendini ezdirmeyecek, aklının yatmadığı durumlarda boyun eğmek yerine başkaldırma yürekliliğini kendinde bulacaktır.

Çocuklarımızı ezmemeliyiz. Terbiye ediyoruz diye baskılarla, korkutmalarla onun yeni filizlenmeye başlamış kişiliğini ezersek; hayata atıldığında kendini savunamayacak, ezik ve silik bir insan olacaktır. Üstüne üstlük bu cesaretsizlik, ruhunun ve beyninin derinliklerinde onu sürekli huzursuz edecek ve kendini bir türlü iyi hissedemediği için hayatını doyasıya yaşayamayacak, sadece gün dolduracaktır.

Bir köpeğe asla yapılmaması gerekenler

Bir köpek ansiklopedisinde okuduğum, köpek terbiyesiyle ilgili uyarı beni derinden etkilemişti.

«Köpeğinizi eğitirken sakın onun kişiliğini ezmeyin, neşesini ve cesaretini kırmayın.»

Bu satırları okurken, pek çok kişinin önemsemediği bir canlı için işin uzmanları böyle bir uyarıda bulunurlarsa, insan yavrusu için aynı uyarı tekrar tekrar ve altı çizilerek yapılmalı, diye düşündüğümü anımsıyorum. Ve bakın aynı ansiklopediden, ilgi duyacağınıza inandığım bölümlerden bazı derlemeler...

«Köpek eğitiminde en önemli öğe sabır, sabır, sabırdır. Söz dinlemeyen köpeklerin geçmişinde mutlaka bu değerli vasıftan yoksun bir eğitici vardır.

Bir köpeği başarıyla terbiye edebilmek için hafif bir dokunuş, yumuşak bir ses ve sevgi dolu bir yüreğin önemi tartışılmaz. Bunu sakın unutmayın.

Köpek sahibini mutlu etmek ister. Yeter ki siz ona, ne istediğinizi onun anlayabileceği biçimde anlatabilin. Bunu yaparken yaşını, yeteneğini ve sınırlarını gözönünde bulundurun. Onu fazla zorlarsanız, üzülecek ve yaşama sevincini yitirecektir.

Dersini başardığında onu ödüllendirin. Ve her dersin sonunda ister iyi yapmış olsun ister kötü, onu okşayıp sevin. Derslerin iyi şeyler olduğu izlenimini edinmeli.»

Ve bir köpeği eğitirken «Asla yapılmaması gerekenler» listesinden seçtiklerim:

«Vırvır etmeyin, sürekli söylenmeyin. Ciddi ve mantıklı olun.

Onunla alay etmeyin, onu kızdırmayın. Ona saygı gösterin ki, o da size saygı duysun.

Kabahatinden kesinlikle emin değilseniz, cezalandırmayın. Şüpheli durumlarda terazinin kefesi cezalandırmamadan yana ağır basmalı.»

İşte bir köpek ansiklopedisinde yazılanlar... Yorumunu sizlere bırakıyorum.

Şimdi de çocuğa verilen cesaret ve bundan fışkıran girişimcilik hakkında tanık olduğum bir olayı aktarmak istiyorum.

Bundan yirmi beş yıl kadar önceydi. Arkadaşımın oğlu Selim o sıralarda altı, yedi yaşlarında olmalıydı. Günün birinde bahçede bulduğu kocaman bir karton kutuyu sürükleyerek eve getirmiş, sonra da geçip içine oturmuş. Tepesindeki kapağı ve yan tarafı çizgi halinde keserek birer açıklık yapmış. O böyle uğraşırken odaya giren annesi sormuş.

«Ne yapıyorsun o kutunun içinde?»

«Ben bir bilgisayarım.»

O yıllarda yani bundan yirmi beş yıl önce bilgisayarlar pek de alışılmış aletler değildi.

Annesi ne, «Haydi oradan saçmalama,» demiş, ne de alay etmiş onunla. Sadece gülümsemiş. Derken karton kutunun içinden bir ses duyulmuş.

«Anne, haydi birlikte oynayalım.»

«Oynayalım,» demiş annesi.

«Bak şimdi sen küçük kâğıtlara sorular yazacaksın ve kutunun tepesinde açtığım yerden içeri atacaksın. Sonra ben onları okuyup cevaplayacağım ve şu yandaki kesikten dışarı vereceğim, tıpkı bir bilgisayar gibi.»

Oğlunun bu buluşu arkadaşımın hoşuna gitmiş ve onun yanıtlayabileceği soruları küçük kâğıtlara yazıp kutunun içine atmış. Selim de yanıtları yazıp, kendince bilgisayar sesleri çıkararak yandaki delikten dışarı uzatıyormuş. Giderek bizler de katıldık bu oyuna. Soracak sorusu kalmayınca arkadaşım, «Haydi şu bilgisayara bir de siz soru sorun,» diyerek yardım istiyordu bizlerden.

Yıllar geçti, Selim büyüdü ve Türkiye'nin önde gelen araştırma şirketlerinden birini kurdu. Şimdi onun bilgisayarlarla donatılmış şirketinde seçim öncesi anketler yapılıyor, sonuçlar yorumlanıyor. Ülkemiz için oldukça yeni sayılan bir alanda iş yapma cesareti, belki de yıllar önce o karton kutunun içine girip bilgisayarcılık oynayan çocuğun hevesini kırmayan, tersine onu yüreklendiren bir annenin desteğinde yatıyor. Ne dersiniz?

Yine bir başka ilke... sorumluluk. Çocuğumuzun sorumluluk duygusu taşıyan bir insan olmasını istiyorsak, öğütlerle, cezalarla değil, bu kavramı da diğerlerinde olduğu gibi ona anlatarak, onun anlamasını sağlayarak, yani ona yaşatarak öğretmeliyiz.

Örneğin, odasının duvarlarının ne renk olacağına o karar vermeli. Tatile çıktığımız zaman onun da fikrine başvurmalıyız. Aldığı kararın sonucunu beğenmezse, bu da onun için bir deneyim olacak, bir daha sefere eski deneyimini de gözönüne alarak daha isabetli karar verebilecektir. Bu gelişim için, her şeyden önce bizim ona karar verme ve bunun sorumluluğunu yaşama özgürlüğünü tanımamız gerek.

Evde ona da görev vermeliyiz. Ailenin kararlarına katılan, işleri paylaşan küçük bir çocuk, sorumluluğunu yaşayarak anlayacaktır. Çocuğumuza sorumluluk aşılayamamamızın bir nedeni de o küçükken yapmak istediklerini bizim,

«Bırak etini ağabeyin kessin, sen şimdi ortalığı batırırsın.»

«Bırak yatağını ablan toplasın, sen şimdi eğri büğrü yaparsın o yatağı.»

«Saksıları sulamak mı? Her taraf çamura mı bulansın istiyorsun?»

«Sofrayı sen mi kurmak istiyorsun? Olur mu hiç. Sen daha küçüksün, beceremezsin,»

diyerek önlememiz, çocuğun hevesini kırmamızdır. Bizim bu davranışımızın başka bir olumsuz uzantısı da, bir süre sonra çocuğun artık yeni bir şeyler denemekten, yeni sorumluluklar almaktan vazgeçmesidir.

Oysa evde herkes bir şeyler yaparken, çocuğumuza da becerebileceği bir iş mutlaka vermeli ve ona görevini başarmanın mutluluğunu yaşatmalıyız.

Anneler genelde mutfakta yemek yaparken, çocuğu «ayak altında» istemezler. Oysa örneğin, ayıklaması için önüne bir avuç bezelye konan çocuk, canı sıkıldığı için ayak altında dolaşmayacak, tam tersine bir yandan annesiyle konuşarak, bir yandan da ev işlerine katkıda bulunmanın keyfini yaşayacaktır. Hele de akşam, sofrada, bezelyeleri onun ayıkladığı söylenerek beğeni kazanması sağlanırsa iş yapmanın, sorumluluk almanın, zevkli bir şey olduğu izlenimini edinecektir. Ve, unutmayalım ki, ilk izlenimler çok çok önemlidir.

Çocuğumuza iş yapmayı sevdirmek bizim elimizde. Burada düşmememiz gereken bir hata, iş veriyorum diye çocuklara ve gençlere angaryalar yüklemektir. Böyle bir davranış, geri tepecek, onları iş yapmaktan soğutacaktır. Angarya değil, sevdiği işler arasından seçme hakkı vererek, evin işleyişine katılmasını sağlamalıyız.

Kimi çocuk bahçeyi, suyu, çiçekleri sever, öyleyse ona bahçeyle ilgili ya da balkondaki saksı çiçeklerini sulama, kuru yaprakları ayıklama gibi bir görev verilebilir. Kimisi mutfağı sever, yemek pişirmeye ilgi duyar. Ona da önce domatesleri yıkama, bardakları masaya taşıma sonra da sofrayı kurmanın tüm sorumluluğu verilebilir, örneğin. Hele de küçük bir çocuğun ilk kurabiyesini pişirmesi, ömür boyu unutmayacağı bir deneyimdir onun için.

«Bizimkine hiçbir iş yaptıramıyorum,» diye yakınan bizler, dönüp kendimize sormalıyız. Acaba çocuk küçükken, bir şeyler yapmaya hevesliyken, bu hevesi ona izin vermeyerek biz mi kırdık? Yoksa iş yapmasını sevdirmeyi ön plana almadan, onlara sadece angaryaları mı yükledik?

Bakın bir gencimiz bu konuda neler yazmış.

«Annem beni hâlâ 'agu' diyen bir bebek gibi görüyor. Neden böyle düşündüğünü sonunda buldum. Annem bana sokağa tek başına çıkan bir bebeğe güvenildiği kadar güveniyor da ondan. Abarttığımı düşünüyorsanız işte bir örnek. Daha demin o yemeği hazırlıyordu, ben de salata yapmayı teklif ettim. Cevap, 'HAYIR'. Çünkü yetenek yoksulu bebek beceremez.

İşin komik yanı, tanıdıklarımızla yemeğe çıktığımızda benimle yaşıt arkadaşlarıma olgun kişilermiş gibi davranılıyor ve onlar öyle dinleniyor. Benim sözümse habire kesiliyor.

Kendimi o kadar kötü hissediyorum ki, sıkıntı ve üzüntüden saçlarım dökülmeye başladı.»

Çocuğa hizmet: Her türlü güzelliği yaşamına katma

Gelelim tüm bu kavramların yanısıra bir insanın yaşamında en az onlar kadar önemli olan, güzelliklere ve yaşama sevincine giden kültür ve sanat yollarının çocuklarımıza açılmasına. Burada sözü gençlerimize bırakıyorum.

«Anne babalar çocuklarını küçük yaşlardan başlayarak belli bir spor ya da kültür faaliyetine alıştırmalılar. Bunu MUTLAKA yapmalılar. Çünkü çocukken bunu kendi bilemez, düşünemez, büyüyünce de iş işten geçmiş oluyor. Mesela babam beni ilkokul ikide piyanoya başlatmasaydı, bu yaşımda bana müthiş statü kazandıran bu ayrıcalıktan hiç yararlanamayacaktım. Başka bir örnek de, Fransızca sınıfımdaki arkadaşlarımdan biri. Babası onun Fransız anaokuluna gitmesini istiyormuş, oysa okula kabul edilmek için Fransızca bilmesi koşulu var. Böylece dört yaşındaki oğlunu bizlerle Fransızca kursuna yolladı ve bu çocuk bizimle iki yıl ders aldıktan sonra anaokuluna kabul edildi.»

Bu da okuma sevgisinin kazandırılması üzerine bir mektup.

«Annemle babam akıllı, bilgili ve yardımseverler. Annemin arkadaşlarımla sorunlarım olduğu zaman bana yol göstermesi, derslerimde bana yardımcı olması, hayatımın bir amacı olması gerektiğini bana söylemesi beni mutlu ediyor. Babamın bana kompozisyonlarımda, dönem ödevlerimde yardımcı olması onlara bağlanmamı sağlıyor.

Ve asıl belirtmek istediğim, canım anneciğimin beni kitap okumaya alıştırmak için gösterdiği çabalar... O, ben daha konuşmasını bile bilmezken, kitaba alıştırmak için resimli kitaplar alır, bunları bana okurdu. İlkokula başladıktan sonra doğumgünlerimde ve yılbaşlarında bana hep kitap armağan etti. Sonuçta ben tam bir kitap kurdu olup çıktım.»

Ne mutlu! Ne mutlu!

Çağdaş toplumlar, çocuklarına önem veren toplumlar. Bu nedenle çocuklarını *«okul öncesinde»* ve *«ilkokul yıllarında»*, derslerinin yanısıra sporla, sanatla, kültürle tanıştırıyorlar. Örneğin, çocuk yaz tatilinde hemen bir yüzme kursuna yazdırılıyor ve o yaz doğru dürüst yüzmesini öğreniyor. Yaz ayları bomboş geçirileceğine bir spor ya da kültür etkinliğiyle değerlendiriliyor. Müzik dersleri aldırılıyor, müzelere götürülüyor, tarihi yerler gezdiriliyor. Artık bizim ülkemizde de bu tür etkinlikler başladı. Ama gönül bunun çok daha yaygınlaştırılmasını, sadece büyük kentlerde, büyük paralarla değil, tüm kentlerimizdeki, maddi olanakları kısıtlı olan çocukları da kapsayacak biçimde gerçekleşmesini istiyor.

Yine bu ülkelerin çocuklarına baktığımızda, onların ev, okul, ödev üçgeni içinde sıkışıp kalmadıklarını, sosyal yaşamları olduğunu ve bunun spor, sanat ve kültürle bezendiğini görüyoruz. Lise çağına geldiklerinde, bir müzik aleti çalabiliyorlar, müzik bilgisine sahipler; yüzüyor, kayak yapıyor, tenis, voleybol, basketbol oynayabiliyorlar. Yaz okullarında, kamplarda yeni yeni arkadaşlıklar kurarak insan ilişkileri hakkında deneyim edinmiş oluyorlar. Piyesler görmüş, iyi kitaplar okumuş oluyorlar. Ve tüm bu güzelliklerin temeli, anaokulu ve ilkokul döneminde atılıyor. Genç olduklarındaysa bu birikim yaşamlarının çokten bir parçası haline gelmiş oluyor. Ve küçük yaşlardan başlayarak edindikleri yaşama kültürü ömür boyu onların hayatına anlam, renk ve ruh katıyor.

Neden bizim çocuklarımız da böyle olmasın?

Evet, belki şu anda olanaklar elvermiyor, deniyor ama bizler bir şeyler yapmayı denedik mi?

İşte bu noktada çocuğa «hizmet verme» kavramı ortaya çıkıyor. Çocuklarımıza hizmet vermeliyiz. Bu konuda kafamızı yormalı, zaman ayırmalı, zaman yaratmalı ve bir şeyler yapmalıyız.

Sıkılan çocuğun, «Haydi git oyna,» diye sokağa gönderilmesine ya da gezmeye götürüyorum, diye kendi arkadaşlarımızın evinde sıkıntıdan patlamasına razı olmamalıyız. Çocuğun kendi zevkleri ve sevdikleriyle doyurulmuş zaman dilimleri yaşamasını sağlamalıyız. Onun da kendine özgü bir sosyal yaşamı olması gerektiğinin artık farkına varmalıyız.

Neler yapabiliriz?

Yapmak istedikten sonra öyle çok şey var ki... Örneğin, birilerinin gerçekleştirmesini bekleyene kadar mahalle halkı el ele verip, gerekli yerlere başvurarak, kendi olanaklarımızı seferber ederek bir yaz okulu açabaliriz. Mahallemizdeki emekli müzik, resim, beden eğitimi öğretmenlerinden ve gönüllü çalışacak gençlerden yararlanabiliriz. Her birinin haftada birkaç saatini ayırması mahallenin çocuklarına neler neler katacaktır. Ya da aramızda para toplayıp bir tenis kortu yaptırabiliriz. Böylece hiçbir şey yapmadan geçecek bir yaz yerine çocuklarımız raket ve toplarını alarak, sadece kortun bakımına katkıda bulunacak küçük bir ücret karşılığında, ülkemizde az sayıda kort bulunması nedeniyle, pahalı bir spora dönüşen tenisi öğrenip oynayabilecekler.

Bir basket ya da voleybol sahası, yaz akşamlarında gençlerimizin duvarların üstünde tüneyip zaman öldürmeleri yerine spor yaparak eğlenmelerini sağlayacaktır.

Yabancı dil bilen ev hanımları yazın ders verebilirler. Üç ay az zaman değil. Hele de olanakları sınırlı ailelerin çocukları için...

Çocuklarımıza onların zevk alacağı gezintiler düzenleyebiliriz. Küçük arkadaşlarla birlikte yapılan bir piknik, onları aynı zamanda doğayla buluşturacaktır. Bu arada, yaprakları, çiçekleri kim tanıyor, karıncalar nereye gidiyor, ne yapıyorlar gibi ortaya çeşitli sorular atarak, onları bu tür oyunlarla eğlendirerek bilgilendirebilir, doğanın görkemli güzelliğiyle tanıştırabiliriz. Ağaçların ilginç yaşam öykülerini anlatarak, onların da birer canlı olduğunu ve her canlı gibi sevilmeleri gerektiğini vurgulayarak çevre bilincini geliştirebiliriz. Eminim çocuğumuz bu tür bir gezintiyi, annesinin arkadaşı Ayşe Teyzenin evinde duvar saymaya yeğleyecektir!

Çocuğa hizmet kavramıyla ilgili bir örnek... Rastlantı sonucu bulduğu bir yöntemle çocuklarına pek çok şey öğrettiğini anlatıyor bu baba. Bir akşam çocuklarını yatırırken, bir tanesi, «Baba, yıldızlar ve ay neden kar taneleri gibi yeryüzüne düşmüyor?» diye sorunca, baba, yaşça daha büyük olana dönüp, «Sence neden düşmüyorlar?» diye sorarak soruyu doğrudan yanıtlamak yerine onları düşünmeye itiyor. Bir soru diğerini izliyor ve o gece gökyüzü, yıldızlar, uzay üzerine epeyce konuşuyorlar.

Bu olaydan sonra aşağı yukarı her gece çocuklar yatmadan bir soru soruyorlar. Babalarıysa, «Peki siz bu konuda ne düşünüyorsunuz?» diye soruyu soruyla yanıtlıyor ve sorular diğer soruları ve bilgileri getiriyor. «Yeni oyunumuz sayesinde ölümden tutun, yaşlılık, vücudumuz, cinsellik gibi pek çok konuda çocuklar bilgi edindiler. Ama daha da önemlisi düşünmeyi öğrenmeye başladılar,» diyor babaları.

Oysa sorulan soruyu doğrudan cevaplayabilir, gerekli bilgiyi verebilirdi, ama bu baba daha önemli bir şeyi, düşünmesini öğretmeyi yeğlemişti. Çocuklarına bir hizmet vermeyi yeğlemişti.

Çocuğumuza armağan verirken de zihnimizin gerisinde onun «yetişmesine» hizmet etmek olmalı.

Bir anı defteri, onun duygularını yazarak kendini daha iyi tanımasını ve rahatlamasını sağlayacaktır.

Bir çocuk dergisine abone etmek, onun kendini daha bir büyümüş ve önemli hissetmesine yol açacaktır.

Pul, deniz kabukları gibi koleksiyonlara başlatmak da çocuğa bir konu üzerinde araştırma yapmayı, bilgi ve belge toplamayı öğretecektir.

Resim defterleri, boya kalemleri, seçkin kasetler, pinpon raketi ve topları... Bunların her biri sanatla, sporla tanışmayı sağlayacak yeni ilgi alanları.

Ve tabii ki kitaplar... Her tür kitap ama özellikle onu bilgilendirecek, genel kültürüne destek olacak güzel kitaplar, onlara pek çok şey katacak, ufuklar açacaktır.

İşte tüm bu saydıklarımız ve daha binbir ayrıntıdan oluşuyor, çocuğa hizmet kavramı.

Çocuğa hizmet fikri giderek kurumlaşıyor. Tatil köylerinin bazıları artık bünyelerine çocuk köyünü de katıyorlar. Öyle ya, tatil köylerinde her şey büyüklere göre düzenlenmiş. Çocuklarsa anne babalarına uymak zorundalar. Bu da pek çok sıkıntı, ağlama, sızlanmayı beraberinde getiriyor.

Durumu gözleyen yöneticiler, köyün içine bir de çocuk köyü yapıyorlar. Burada çocukların boylarına göre küçük evler, küçük iskemle ve masalar var. Çocuklara oyunlar öğreten, şarkılar söyleten, resim yaptıran bakıcılar var. Anne babalar gazetelerini okurken, çocuklar kendi köylerinde oyuncaklarıyla oynuyor, resim yapıyor, şarkılar söylüyorlar. İstedikleri vakit gidip anne babalarının yanında oturuyor, sıkılınca arkadaşlarına katılıyorlar. Hafta sonu geldiğinde de bir gösteri düzenleyip, öğrendikleri şarkıları söylüyor, resimlerini sergiliyorlar.

Güldüğü için mutlu olan çocuk

Aynı paralelde bir girişimi Müjdat Gezen de uyguladı. Bir dergide okuduğuma göre Capitol'de Müjdat Gezen Çocuk Merkezini hizmete sokmuş. Girişte ödenen bir ücret karşılığında anne babalar rahat rahat alışverişlerini yaparlarken, çocuklar gün boyu eğlenebilecekleri gibi, tiyatro ve müzik yarışması gibi etkinliklere de katılabiliyorlarmış. Otuz kişinin çalıştığı merkezde pedagogların denetiminde yüz yirmi çocuğa aynı anda hizmet verilebiliyormuş.

Çocuğa hizmet anlayışının güzel örnekleri bunlar.

Çocuğa hizmet, onun hayatına her türlü güzelliği katma eylemi. Temel ilkeler doğrultusunda insanca yaşarken hayatını sanat, kültür ve sporla ışıklandırmasına yardımcı olma eylemi.

Bakın bu tür güzelliklerin insan yaşamında ne kadar önemli olduğunu, «Ufak bir pırıltınız» diye imzasını atmış bir gencimizin anlatımında buluyoruz. Mutlu, ışıl ışıl bir mektup.

«Sizin ve Leo Buscaglia'nın kitaplarını okuduğumdan beri içimde ne kadar çok ışıltıya sahip olduğumu ve neler yapabileceğimi farkettim. Hayatımdaki küçük mutlulukları bir düşündüğümde ne kadar çok olduğuna şaşırıp kaldım. Biricik kuşum Uğur'un şaklabanlıkları, içimden geldiği gibi yazabilmem ve resim yapabilmem, yağmur yağdığında herkes bir telaşa düşerken ağır aksak yürüyüp, kapüşonumu çıkarıp her damlayı hissetmem; üniversite sınavlarında istediğim bölümü kazanmam, değer verdiğim insanın sıcacık bir bakışı, insanlar baleden zevk almamı anlayamadıklarını söylerken, benim Romeo ve Jülyet'te oturup ağlamam... Meğer neler yaşayabiliyormuş insan. Bütün bunları düşündükten sonra kendi kendime dedim ki, 'Eğer binlerce küçük pırıltı yaşayabildimse şu on yedi yıl içinde, demek ki önümde bir ışık seli uzanıyor. Balıklama atlamalıyım onun içine.'

Kitabınızdaki birçok şeyi tatmış olmak ve bana rehber olduğunuzu size bildirmek beni mutlu ediyor. Örneğin, klasik müzikte hangi eserden başlanıp nasıl bir sıra izlenmesiyle ilgili verdiğiniz bilgi bana rehber oldu. Zaten birkaç kaset ve CD ile başlamış olduğum bu keyifli işe kararsızlık içinde devam etmeyeceğim. Balenin ve operanın tadını aldım. Kendi kendime bir şeyler yazıp, yeri geldiğinde düşüncelerimi açığa vurabiliyorum.

Renkleri uyuşturamam veya çizgilerim güzel olmazsa, gibi endişelere kapılmadan dilediğim gibi resim yapıyorum. Okuma zevkimi hiçbir zaman kaybetmedim. Bir kitabı elime alıp sessizlik içinde başka bir dünyanın içine girmekten inanılmaz bir zevk alıyorum. Ve şimdilerde yeni hevesler: Gitar ve seramik. Bunları geliştirmek için var gücümle uğraşıyorum.

Okullar açıldığından beri ders vermeye başladım. İstediğim şeyleri kimseye yük olmadan alabiliyorum böylece. Artık kafamı kurcalayan sorunların üstüne gidip çözümler arıyorum. Hedeflerim, hayallerim, ümitlerim büyük. Edebiyat öğretmenim Nadir Bey'in söylediği şu söz hep hatırımda. 'Onu hedeflemezsen, dokuzu alamazsın'. Birçok açıdan kendimi şanslı buluyorum. Ve en önemlisi GÜLÜYORUM. İnsan kendini o kadar iyi hissediyor ki... Hem biliyor musunuz? İnsan mutluluktan gülmezmiş, güldüğü için mutlu olurmuş.»

Dilerim bu gencimizin pırıltılı mutlulukları bir ışık seline dönüşerek sürüp gitsin.

«Biz, bir acayip severiz çocukları...»

Çocuklarımızla ilgili bu bölümün sonuna yaklaşırken, hem güldüren, hem de düşündüren bir özeleştiriyi, Çetin Altan'ın yıllar önce, «Şeytanın Gör Dediği» köşesinde yazdığı, «Biz, bir acayip severiz çocukları...» başlıklı yazısını sizlerle paylaşmak istiyorum.

«Bizim çocuklara karşı, geleneklerimizden ve tarihsel yapımızdan süzülen özel bir yakınlığımız, özel bir anlayışımız ve özel bir sevgimiz vardır.

En duyarlı olduğumuz nokta da, çocukların özgür bir kişiliğe sahip olmaları ve daha önceki kuşakları sarmalayan koşullanmalara tutsak edilmemeleridir.

Daha iki yaşına basmadan hepsini, resim ve müzik rüzgârı estiren oyuncaklar dünyasına yöneltir, en ufak bir korkutmayla dahi benliklerinde herhangi bir ürküntü yaratmamaya dikkat ederiz.

Her ev bir çocuk cennetidir bizde...

Hiçbir aileden hiçbir çocuğa karşı: «Şimdi seni ayaklarımın altına alır kemiklerini kırarım,» gibi bir öfke patlaması çıkmaz...

Çocuğa her lafın başında, «Kes sesini yoksa gebertirim», «Bir tane çarparsam bir de yer çarpar», «Tez günde Allah canını alır inşallah» türünden gözdağları ve beddualarla itip kakma yoktur bizde...

Eğitim düzenimiz gayet moderndir.

Özellikle tarihsel olayları analitik bir bakışla didik didik edecek ve çağın yorumlarına en uygun gerçeği arayıp bulacak beyinsel bir cerbezeyle yetiştiririz onları...

Çocuklar en kuytu köylerde dahi ana babalarıyla arkadaş olarak büyür ve okulda öğrendiklerini, onlarla konuşa tartışa, benliklerinde iyice pekiştirirler. Akşamları da ailece toplanıp müzik yaparlar.

Bizde çocuklar daha beş yaşına basmadan, kendilerine ait küçük bir kitaplığa sahip olurlar.

Özellikle köylerdeki yaşgünü kutlamalarında herkes, yaşlarına uygun kitap hediye eder onlara...

Aç sefil perişan sokaklara terkedilmiş bir tek çocuk yoktur bizde...

Buluğ çağı bunalımlarının kolay atlatılması için, kız çocuklarıyla erkek çocuklarının arkadaşlığını çok küçük yaşta başlatırız.

İçlerinden başka şey düşünüp dışlarından başka şeyler söyleyen, kişiliği ikiye çatlamış şizofrenik tiplere bizde rastlanmaz hiç.

Hepsi çok sağlıklı beslenir ve minerali, vitaminiyle üç bin beş yüz kalorinin üstünde kalori alır.

Spor, dünyayı gezip tanıma, sağlık ve bakımlı giyinme, çocuğu üst düzey bir yaşama hazırladığı için, aileler de, okullar da, büyük önem verirler bu konulara...

Anadillerini çok zengin konuşur ve daha ilkokulda yabancı dil öğrenmeye başlarlar.

Kırk yılda bir, ufak tefek suç işleyen çıkarsa; o, özel bir eğitim merkezine alınır ve çocuklar için özel bir mahkemede, özel yöntemlerle kişiliği hırpalanmadan yargılanır.

Suç işlediği iddia edilen çocuklar, büyüklerin bulunduğu cezaevlerine asla gönderilmez ve cezaevinden yargıç önüne iki karış boylarıyla dağ canavarları gibi asla zincirlere vurularak getirilmez...

Çocuk sevgisi çok derin ve çok köklüdür bizde...

Biz, bir acayip severiz çocukları...

Buruk bir gülümsemeyle okunan bir yazı... Ama insanı düşünmeye ittiği de bir gerçek.

Kendi çocukluğumuzda yaşadığımız olumsuzlukları çocuklarımıza yaşatmayalım artık.

Dayak yediysek, dayak atmayalım.

Saygı görmediysek, saygı gösterelim.

Bize güvenmedilerse, biz çocuklarımıza güvenelim.

Bizi öpmedilerse, biz onları bol bol öpelim.

Bizi yetiştirmedilerse, biz çocuklarımızı hem de en iyi biçimde yetiştirelim.

Genelde insanlar olumsuz da olsa yaşadıklarını yinelerlermiş, gelin biz kıralım bu olumsuzluklar zincirini. Alışılmışı değil, insanın aklına ve gücüne saygıyı gösteren engebeli patikayı seçelim. Düşüne tartışa bulabileceğimiz çıkış yollarına yönelelim. Bu konuda yazılan kitapları okuyup, bilgilenip, çağdaşlığı yakalayalım.

Çocuk konusunda sonuç olarak «bir insan yetiştirmekte» olduğumuzun farkına varalım.

Ona temel ilkeleri gerçek anlamda öğretelim, «anlamasını sağlayalım», yaşayarak, yaşatarak özümletelim.

Sosyal yaşamını kültürle, sanatla, sporla, bilgiyle yoğurarak ona «hizmet verelim».

Ve bütün bunları sadece kendi çocuğumuzu değil, tüm çocukları düşünerek yapalım. Ufkumuz kendi çocuğumuzla sınırlanrnamalı. Mahallemizin, ülkemizin hatta dünya çocuklarını da düşünecek kadar geniş tutmalıyız ufkumuzu. Tüm çocukları düşünür, ona göre davranır, katkıda bulunmaya çalışırsak, bu yine dönüp dolaşıp bizi bulacaktır. Çünkü bizim çocuğumuz diğer çocuklarla birlikte yaşayacaktır. Çünkü gelinimiz, damadımız bu çocukların arasından çıkacaktır.

Zamanımızı sadece kendi çocuğumuza değil, mahallemizin çocuklarına hizmet vermek için veya okulda görev almak, gönüllü olarak çalışmak için de ayırmalıyız. Tüm çocuklar için verdiğimiz her hizmet, gösterdiğimiz çaba, çok daha güzel bir dünyanın yolunu aşacak ve çocuğumuz diğer çocuklarla birlikte, işte bu dünyada bizim ve bizim gibi düşünenler sayesinde daha mutlu yaşayacaktır.

Çocuklarımız her şeyin en iyisine, en güzeline layıklar.

Yükselen Yıldızlar - Babalar

Yıllar önce «Küçük Ev» adında herkesin beğenisini kazanmış bir televizyon dizisi vardı. İşin ilginç yanı gençlerin asla kaçırmak istemedikleri bu diziyi, okullarda da öğretmenler salık veriyor, öğrencilerinin ve ailelerinin izlemesini istiyorlardı. Çocukları, gençleri, aile ve eğitimcileri televizyon başında buluşturmayı başaran o çok ender programlardand «Küçük Ev». Benim bu diziden haberdar olmamsa ilginç bir biçimde gerçekleşmişti.

O zamanlar, yani bundan on yedi, on sekiz yıl önce herkesler evlerine harıl harıl televizyonlar alırken, biz azıcık da ukala bir tavır içine girerek, o aptal kutusunu evimize asla sokmama kararını vermiştik. Derken bir gün, ilkokulda olan büyük kızım, öğretmeninin beni görmek istediğini söyledi. Kalkıp gittim. Sabahat Kiper öğrencilerini dikkatle eğiten titiz bir öğretmendi. Biraz hoşbeş ettikten sonra, konuya girdi.

«Biliyorsunuz televizyonda yeni bir dizi var. 'Küçük Ev,'» dedi.

(Hiç bilmiyordum.)

«Çocuklar için çok yararlı.»

(Olabilir.)

«Her programdan sonra, yani ertesi gün sınıfta dizide olanları konuşuyoruz.»

(İyi de, bunları bana neden anlatıyorsunuz?)

«Sorun şu ki, kızınız bu tartışmalara katılamıyor. Ona niçin bu kadar suskun kaldığını sorduğumda, evinizde televizyon olmadığını, bu nedenle de dizi hakkında hiçbir şey bilmediğini anlattı.»

(Hay Allah, nihayet jetonum düşmüştü!)

Sabahat Hanım sert sert bakıyordu bana.

Sonunda konuştum.

«Sormak istediğiniz buysa, kızım doğru söylemiş. Bizim evde televizyonumuz yok,» dedim.

Sabahat Hanım bu kez şaşkın şaşkın bakıyordu.

«Neden?» dedi alçak bir sesle. Neredeyse maaşıyla bir televizyon alıp bize armağan edecek gibi bir hali vardı.

«Zaman öldürdüğü gerekçesiyle almadık,» dedim.

Sorunun parasal olmadığını anlayınca, bu kez yine kızgın bakmaya başlamıştı.

«İyi ama düğmesine basmak sizin elinizde değil mi? Yararlı olanı izler, zaman öldüren cinstense kapatırsınız olur biter. Sınıfta herkes bir konudan söz ederken Nilgün gibi parlak bir öğrencinin konu dışı kalması onun ruh sağlığı açısından hiç de iyi bir şey değil.»

Eve döndüğümde eşime durumu anlattım. Ve böylece ertesi gün çocuğumuzun ruh sağlığını korumak için, aptal kutusu sözlerini bir kenara bırakıp, evimize bir televizyon alarak, biz de izleyiciler kervanına katıldık.

«Küçük Ev»i ilk izlediğimde gerçekten etkilendiğimi itiraf etmeliyim. Laura Ingalls'ın kendi çocukluğunu anlattığı romandan yararlanarak hazırlanmış olan programda, Amerika'nın ilk yıllarında açık topraklarda çiftçilik yaparak geçimini sağlamaya çalışan bir ailenin öyküsü anlatılıyordu.

Aile bireylerinin dayanışması, zor koşullarda herkesin üstüne düşeni yapması, anneyle babanın çocuklarını eğitmeleri eğlenceli olaylarla anlatılıyor, bu arada çok güzel mesajlar veriliyordu. Programın yıldızı, çalışkan ve dürüst bir çiftçi olan babaydı. Anneyle kızlarının özenle kurdukları mütevazı sofrada hep birlikte yemeklerini yedikten sonra baba eline kemanını alıp onlara çalıyor, çocuklar da şarkı söyleyerek babalarına katılıyorlardı. Yatma vakti gelince, anneleri başuçlarında onlara kitap okuyordu.

Okulda karşılaştıkları sorunlarda babaları onlara yardımcı olurken, bir yandan da ömür boyu yararlanacakları öğütler veriyordu. Kızı ilk kez âşık olduğunda, bunu babasına açıyor; babası kızının duygularını anlamasına yardımcı oluyor, ona erkekler hakkında bilgi veriyordu. Sınıfın zengin ve şımarık kızının övünmelerine sinirlendiğinde, hatta kıskandığında yine babası kişinin üstündekilerle değil, kişiliğindeki güzelliklerle gurur duyması gerektiğini, ılık bir gecenin sessizliğinde anlatıyordu. İşte böyle bir diziydi «Küçük Ev».

Gençlerimize en sevdikleri program sorulduğunda hemen «Küçük Ev» yanıtı geliyordu. Dizide de en çok babayı beğeniyorlardı. Sanki hepsinin hayalindeki sıcak, hoşgörülü, anlayışlı, yardımcı, yol gösteren babayı simgeliyordu «Küçük Ev»in babası.

Yıllar sonra başka bir dizi yıldızlaştı. Bill Cosby'nin başrolü oynadığı yine bir aile dizisiydi. Bu kez günümüz ailesi ele alınmıştı. Anne avukattı ve çalışıyordu, baba doktordu ve beş çocukları vardı. Çocukların kimi ilkokulda, kimi lisede, kimi de üniversitedeydi ve her birinin ayrı ayrı sorunları vardı. Her bölümde çocuklardan birinin sorunu eğlenceli biçimde ele alınıyor ve genelde babanın desteğiyle bu sorun çözümlenirken yine alttan alta olumlu mesajlar veriliyordu. Güldürerek eğiten o az bulunur programlardandı. Ve o günlerde yapılan anketlerde gençlerin ve çocukların en sevdikleri program olarak liste başıydı. Dizinin yıldızıysa... ailenin babasıydı.

Gençlerimiz Bill Cosby'nin çizdiği baba modeline hayrandılar. Çocuklarıyla şakalaşan, engin bir hoşgörüyle onları yönlendiren bu baba tiplemesi de tıpkı «Küçük Ev»deki baba gibi onların gönüllerinde taht kurmuştu. Bunca yıl araya karşın iki baba tipinin bu kadar beğeni kazanması dikkatimi çekmişti. «Küçük Ev» bundan on sekiz yıl önce izlenmişti, o dönemin çocukları büyüyüp kendileri anne babalar olmuşlardı. Cosby dizisinin babasıysa çok daha yakın bir zamanda gösterime girmişti. Ve o da aynı ilgiyi gününün çocuklarından ve gençlerinden görüyordu. Demek ki, geçen zamana karşın ikisinin birleştiği bir nokta vardı.

Bu, dizilerin eğlenceli olmasının yanısıra, gençlerimizin babalarına daha yakın olmak, onlarla her şeyi konuşabilmek, dertleşebilmek; onlarla birlikte gülmek, onların deneyimlerinden yararlanabilmek arzusuydu. Babalarıyla sıcak ve sevginin açık açık gösterildiği dostça bir ilişkinin özlemi içindeydiler.

Bakın bir gencimiz bu arzusunu nasıl dile getirmiş.

«Benim annem ve babamdan pek bir sıkıntım yok ama babamın biraz daha açıksözlü, ileri görüşlü ve anlayışlı olmasını isterdim. Yani bir sıkıntım olduğu zaman babamın kucağına oturup her şeyi ona anlatabilmeliyim. Babamla çeşitli tartışmalara girebilmeli ve her zaman onun haklı olmadığını anlatabilmeliyim. Babamla kol kola alışverişe gidebilmeliyim. Onun en iyi olduğu anların her zaman devam etmesini çok isterdim.»

«Çağdaş baba modeli»

Hürriyet gazetesinde, Meltem Pusat'ın hazırladığı «Tıp Dünyası» bölümündeki «Gelişen toplumumuzun çağdaş baba modeli» başlıklı yazıdan alıntılar yaparak, uzmanların bu konudaki görüşlerini aktarmak istiyorum.

«Sert ve otoriter baba tipi çocuklarda ruhsal bozukluklara yol açıyor. Yurt içi ve yurt dışında yapılan araştırmalarda, yıllardır alışagelinmiş sert ve otoriter baba tipi yerine, sevgisini belli eden, gerektiğinde çocuğunun yaşına inebilen baba tipi ortaya çıktı,» diyerek giriş yaptıktan sonra yazı şöyle devam ediyor.

«Gelişen toplumumuzun çağdaş baba modeli belirlendi.

Araştırmalar, aile yapısı içinde yıllardır alışagelmiş sert ve otoriter baba tipi yerine anlayışlı, sevgisini belli eden ve gerektiğinde onun yaşına inen baba tipinin ortaya çıktığını açıkladılar.

Kültür Lisesi tarafından hazırlanan 'Yaşadıkça Eğitim' adlı yayında İsveçli çocuk pedagogu Schalva Amonasschwill, toplumumuzda baba kavramının artık değiştiğini belirterek, sert ve otoriter baba tiplerinin, çocuklarda sevgi eksikliğinden kaynaklanan kişilik bozuklukları ve bazı psikolojik sorunların ortaya çıkmasına yol açtığını söyledi.

Çocukta ortaya çıkan bazı psikolojik sorunların kaynağında, anne baba davranışının aranması gerektiği kaydedilen yazıda, şu görüşlere yer verildi:

Bazı veliler, çocukları için her şeyi yaptıklarını sanıyorlar. Örneğin, çocuklarını giydirdiklerini, onlara baktıklarını, oyuncak aldıklarını ve öğütler verdiklerini söylüyorlar. Ancak bunların pek azı, çocukları dövmek ve azarlamak yerine onları anlamak, onların yaşına inme gayreti içinde bulunuyorlar.

Özellikle, ailelerin büyük çoğunluğunda, babanın vermesi gereken eğitimin, ilginin eksikliği görülmektedir. Baba çok çalışmakta, eve geç gelmekte ve eğitsel incelikler için zaman ayıramamaktadır.

Bir ailede eğitimle baba değil de, sadece anne, büyükanne, teyze, abla ilgileniyorsa, eğitim yarım kalmış demektir. Bu durum, yıllar sonra da olsa, çocuğun duygusal gelişiminde kendisini gösterecek ve tehlikeli olacaktır.

Uzmanlar, ideal baba tipinin korku saçmaması gerektiğini belirterek, şu görüşlere ağırlık verdiler:

Çocuğun, kelimenin tam anlamıyla babaya ihtiyacı vardır. O, kendisiyle birlikte yaşamını geliştirecek, ona yürekli, dürüst ve çalışkan olmayı öğretecek bir babaya ihtiyaç duyar. Ancak, bunlar öğrenilirken, sevgi ve arkadaşça bir ilişki kurmak, çok önemli olmaktadır.»

İşte o yazıda böyle anlatılıyordu çağdaş baba modeli.
Ve yine dönelim mektuplarımıza...

«Ailem içinde en olumsuz davranan genelde babamdır. Babam her zaman sinirlidir ve hep kendini düşünür. Ona göre herkes kötü sadece kendi iyidir. (Bunları benim yazdığımı bilse kıyamet kopar herhalde.) Babam telefonda bağıra bağıra konuşmasa daha iyi olurdu. En sinir olduğum huylarından biri de çok telaşlı olmasıdır. Örneğin, bir yolculuğa çıkacağımızda diyelim biletlerimiz saat ikide biz haydiiii saat on ikide terminaldeyiz. İki saat direk gibi dikiliriz orada.

Bu arada bir anımı anlatmadan geçemeyeceğim. Bir yaz günü vapurdan iniyorduk. Benim elimde üç dört tane dolu kavanoz bulunan bir naylon torba vardı. O kadar kavanoza karşın torba hayli inceydi. Merdivenlerden inerken torba koptu, kavanozlar da yere düşüp kırıldı. Çok korkmuştum. Aslında bunda benim bir suçum yoktu. Torba o kadar ağırlığı taşıyamamış, incelip kopmuştu. Tabii gel sen bunu bir de annemle babama anlat. Herkesin içinde bana, 'Sakar şey n'olucak! Zaten bir şeyi düşürmeden getiremez,' diye çıkıştılar. Bu sözler beni çok kırmıştı. Herkesin içinde resmen rezil olmuştum. Ağlamamak için kendimi zor tutmuştum. İşte bu, annemle babamın bence olumsuz olan davranışlarından bir örnekti.

Ama yine de annemi ve babamı (küçük kardeşimi de unutmamak gerek) çok, çok, çok....... SEVİYORUM.»

Daha önce de sözünü ettiğimiz gibi gençlerimiz eleştirilerinde çok ölçülü ve dengeliler. Kendilerini kıran, üzen davranışları, aile içinde varolduğunu bildikleri sevgiden ayırarak ortaya koymayı şu gencecik yaşlarında ne de güzel beceriyorlar. Her iki mektupta da olmamasını istedikleri davranışları anlatmış, bunun yanısıra sevildiklerini bilircesine sevgilerini açık açık haykırmışlar.

«Bana bunu yaptılar, beni sevmiyorlar. Ben de onları sevmiyorum işte,» demiyorlar, tam tersine büyük bir olgunlukla, «Beni seviyorlar, bunu biliyorum. Ben de onları seviyorum ve onlardan vazgeçemem ama ne olur şöyle şöyle davranmasalar, böyle konuşmasalar,» şeklinde konuyu ortaya koyuyorlar. Böyle gençler için bizler de elimizden geleni yapmalı, çaba göstermeli, davranışlarımızda daha dikkatli olmalıyız.

Gençler ayrıca babalarının bakımlı, şık, görgü kurallarına uyan zarif beyler olmalarını da istiyorlar. Özellikle de genç kızlarımız bu bakımlı, hoş beylerin koluna girip gezmeye gitmek istiyorlar.

Aslında bu babalar için çok büyük bir iltifat! Aman ne yaparsa yapsın, yüzünü bile görmek istemiyorum, diye düşünseler daha mı iyi olurdu? Onun için babalar bu tür isteklerin değerini bilip, onlara cevap vermeliler.

Bu, babayı süsleyip püslemek arzusu bir zamanlar bizim evde de yaşanmıştı. Şu an hatırlayabildiğim en çarpıcı örnek... kıpkırmızı bir hırkayla ilgili olanı.

Şimdi, babalarının lacivert-kahverengi ekseninden çıkmayan, son derece muhafazakâr giyim tarzı izleyen biri olduğu gözönüne alınırsa, bu domates rengi hırkanın tüm iyi niyetlere karşın, büyük bir fiyasko olması kaçınılmazdı. Oysa amaç babayı süslemekti ve onlar kırmızı hırkaları çok beğeniyorlardı.

Küçük kızlarının büyük bir mutlulukla sundukları armağan paketini açtığında, babalarının yüzü görülecek haldeydi. Olduğu yerden fırlayıp da onu ısıracakmış gibi bakıyordu domates renkli hırkaya. Neyse, kendini çabuk toparladı; armağanını evirip çevirip baktı ve «İlk kez bir kırmızı hırkam oldu,» diyerek teşekkürlerle ikisini de öptü.

O gece babanın şerefine akşam yemeğine çıkıldığında, iki kardeş birbirlerine bakıp gülümsediler. Mutluydular, çünkü babaları yemeğe çıkarken özenle seçtikleri armağanı, kırmızı hırkayı giymişti.

Gerçi o hırkayı bir daha gören olmadı ama o gece Babalar Günü için yenen akşam yemeğinde, sonunda babalarını şöyle gönüllerince süslemiş(!) olmanın mutluluğunu yaşamışlardı ya, önemli olan da buydu.

Babalarının zarif davranışlar içinde olmalarını da istiyorlar demiştik ya, babam kahvesini içerken tam anlamıyla tadını çıkarırdı. Önce kahvesini onun deyişiyle «usulünce» ve de minik bir tahta kaşıkla karıştıra karıştıra pişirir, sonra da mevsimine göre ya balkonda ya da salonda manzara gören koltuğuna gömülür ve büyük bir keyifle höpürdete höpürdete içerdi. Her höpürdetişten sonra da derin bir «Ohhhh,» çekerdi.

Bu sazlı sözlü kahve içiş küçük kızımın hiç de hoşuna gitmezmiş meğer. O sıralarda dört yaşlarında olmalıydı. Bir gün dayanamayıp, «Dedeciğim, fincanı yutacaksın,» deyiverdi.

«Böyle höpürdeterek içmemi beğenmedin mi?» diye sordu babam.

«Hayır,» diyerek kızım başını iki yana salladı.

Babam bir an düşündü sonra kahvesinden kocaman bir yudum daha alıp, «Hüp diye de içerim, lüp diye de içerim. Burası benim evim,» dedi, gözlerinde yanıp sönen muzip ışıltılarla.

Baba neyse neydi ama sözkonusu olan dedeydi ve konuyu kapatmak en akıllıca davranış olacaktı!

Ve yine mektuplardan alıntılar.

«Her zaman, evde baş başa olduğumuz zamanlarda bile özensiz kıyafetlerle dolaşmamalı, görgü kurallarını görmezlikten gelmemeliler. Babam yemeğini doğru dürüst yemeli ve çatalıyla salatanın içinden almamalı. Koltukta yayılır gibi oturmamalı.»

«Annemle babamın kendilerine özen göstermedikleri, kendilerini sevmedikleri kanısındayım. Her zaman canından bezmiş bir durumda, yirmi senelik yırtık pırtık eşofmanları, karışık saçları, sapsarı yüzleriyle karşımdalar. Oysa annem biraz makyaj yapsa, babam İngiltere'den alıp da giymeye kıyamadığı eşofmanını giyse ve biraz daha kendilerine özen gösterseler, onlara bakmaya doyamayacağımı biliyorum.»

«Babamın rakı içmesi hiç mi hiç hoşuma gitmiyor.»

Ve «Keşke...»lerden bir demet...

«Annemle babamın arabada sigara içmeleri hiç hoşuma gitmiyor. Keşke arabada sigara içerlerken biraz da bizi düşünseler...»

«Keşke babam,
yemekleri şapırtılı, şupurtulu yemese,
çorbayı höpürdeterek içmese,
bu kadar sinirli olmasa,
lokmasını çiğnerken dişlerini birbirine vurmasa,
dakikada bir televizyon kanallarını değiştirmese,
etrafına gösterdiği sabrı ailesine de gösterse...»

«Keşke babam,
zamanın değiştiğini anlasa,
benim artık on sekiz yaşında olduğumu kabullense,
bana kızdığı zaman annemi sorumlu tutmasa,
kendinin de bir zamanlar genç olduğunu anımsasa,
bir yere gitmek, arkadaşlarımla dolaşmak için yalvarmak zorunda bırakmasa beni,
sadece kendinin doğruyu bildiğini iddia etmese,
on sekiz yaşında olmama rağmen benim de her konuda fikrim olabileceğini kabul etse.»

«Babam benim giyimimi çok eleştiriyor. Mesela güzelce giyinsem (giydiklerim kot, kazak ve kot ceket) babam bana «berduş» diyor. Çok komik değil mi?»

Babamın hastalanmama inanmaması; bu kızı hep sen şımartıyorsun diye annemin babamı, babamın annemi suçlaması; ev işi yapmayınca babamın, sen bu evin kraliçesi misin, diye bana kızması beni çok üzüyor.»

«Babalarla ilgili yazılabilecek tek şey var: DAHA YUMUŞAK, BİZLERE DAHA YAKIN VE DAHA AZ SİNİRLİ OLUN LÜTFEN»

Şimdi de gençlerden babalara gelen övgülere bir bakalım.

«Babamın her gittiği yere bizi götürme çabası çok hoşuma gidiyor çünkü çevremde ailesini evde bırakıp bir yerlere gitmeye meraklı o kadar çok insan var ki, babamın bu çabasını gördükçe onunla gurur duyuyorum.»

«Babam bilgisini bize aktarmaya bayılır, yenilikçidir... Olanakları ölçüsünde tarihi güzelliklerle bizleri biraraya getirmeye çalışıp, bilgilenmemizi sağlar. Marmara kıyısından başlayıp Ege üzerinden Akdeniz'in bir ucuna, Mersin'e kadar tüm kıyı kentlerini ve İç Anadolu vadilerini, tarihi, turistik güzelliklerini kucakladık. Doğduğu şehrin sınırlarını aşmayanlar var. Çok yaşa baba!»

«Özellikle de kötü not aldığımda babamın, 'Boşver n'apalım, bir daha sefere nasıl olsa düzeltirsin. Hadi ye bakalım yemeğini,' demesi bana o kadar büyük bir çalışma hevesi veriyor ki...»

Babaların bir çocuğun ve gencin yaşamındaki önemli rolünü, tüm bu mektuplar nasıl da doğruluyor... Fazla söze ne hacet diyerek (çünkü onlar duygularını o kadar güzel anlatıyorlar ki...) sözü babaya yazılmış bir açık mektuba bırakalım.

«Canım babama

Geçtiğimiz yeni yılı annem yanımızda olmadığı için birlikte karşılayacaktık. Öğlene kadar bir programımız yoktu ama gelen bir telefon bütün programımızı değiştirdi. Yeni yılı dışarıda babamla aynı meslekte olan arkadaşlarıyla kutlayacaktık. Doğrusu bu fikri oldukça sevmiştim. Çünkü ilk kez baba kız anlamlı bir günde birlikte olacaktık.

Akşamı heyecanla bekledim. Gitme vakti geldiğinde hazırdık. Bu arada babamın gömleğini ütülerken sapsarı yaptığımı da söylemeden geçemeyeceğim. Her neyse sonunda oraya vardık. Bir lokantanın çatı katında oldukça ufak bir yerdi. Yirmi kişiye yakın insan vardı. Her yer süslenmiş, ışık yerine masaların üzerine mumlar yerleştirilmişti. Hep birlikte yemek yiyerek sohbet etmeye başladık. Saatler ilerledikçe sohbet daha da koyulaşıyordu. İlk defa babamla kadehlerimizi tokuşturuyorduk. Bir ara orada bulunanlardan biri gitar çalmaya başladı. Tabii biz de ona eşlik ederek şarkı söylüyorduk. İçimden babama beni böyle bir yere getirdiği için teşekkür ediyordum. O kadar mutluydum ki... Tam babamla birbirimize sarılmış şarkı söylüyorduk ki, birisi fotoğrafımızı çekti ve o günü unutulmaz yapan bir anı oldu bu bize. Bütün geceyi böyle mutlu bir şekilde geçirdik. Yeni yılı coşkuyla karşılamak ikimize de iyi gelmişti. Ben o günü her zaman 'yaşanmış bir gün' olarak anımsayacağım. Ve şimdi babam için, o çok özel insan için söylemek istediğim bazı şeyler var.

Babacığım, seninle geçen her günüm benim için ayrı bir mutluluk. Benim için her zaman çok ayrısın. Verdiğin emek ve olanaklar senin çok özel olmana yetiyor. Sana iyi bir evlat olmak için elimden gelen bütün çabayı göstereceğim. Sen bunu çoktan hak ettin zaten. Her zaman böyle güzel günler geçirmek dileğiyle...

Seni çok ama çok seviyorum

Civcivin»

Ne kadar güzel bir mektup değil mi? Böyle güzel anıları olduğu için ne mutlu o baba kıza...

Ve bu bölümü bağlayacak olan hüzünlü ama çok güzel bir şiir ve bir mektup.

BABALARIN KRALI

Bir baba düşünün
Sevgi dolu bakıyor
Kolları şevkat dolu
Yüzü huzur veriyor
İşte o benim babam
Ben onun prensesi.

Bir baba düşünün.
En yakın dert ortağı
Gözyaşımı silerken
Sıcak bir sevgi yumağı
İşte o benim babam
Ben onun prensesi.

Bir baba düşünün.
Doğayı, insanı seviyor
Dostuna canı feda
İşte o benim babam
Ben onun prensesi.

Bir baba düşünün.
Karşılık beklemeden veren
Beni üzmemek için
Acı çekerken gülen
İşte o benim babam
Ben onun prensesi.

Biliyorum çok şanslıyım
Teşekkürler güzel Tanrım
Babaların bir tanesi
Benim altın kalpli KRALIM.

Aylin Yıldırım»

Ve bu şiirle birlikte gelen mektuptan bir bölüm:

«Benim babam üç yıl önce kalbinden rahatsızlandı. Ve tedavi için annemle birlikte Almanya'ya gitti. Babam oradayken ben bu şiiri onun için yazdım. Türkiye'ye döndüğünde şiirimi okuyup çok beğendiğini söylemişti. Sonra, Almanya'dan geldikten iki hafta sonra bizlere veda etti ve öldü,»

diyerek büyük acısını anlatıyor ve daha sonraki satırlarda hayran olduğu babasının kızı olduğunu kanıtlarcasına cesaretle hayatını yaşamaya devam ettiğini, geride kalan aile bireylerine değerlerini çok iyi bilircesine onlara sımsıkı sarıldığını görüyoruz.

«Annem, ağabeyim, ben ve köpeğim mutlu olmaya çalışıyoruz. Annem diş hekimi, bize çok iyi bakıyor. Bir dediğimizi iki etmiyor. Ağabeyimi de çok severim. Kendisi ODTÜ'de endüstri mühendisliğinde okuyor. Ben günlük tutuyor, kompozisyonlar ve şiirler yazıyorum. Yeni kitaplarınızı umutla bekliyorum. Tabii bunun yanında bana gelecek olan bir mektubunuzu da. Sizi çok seviyorum.»

Ben de seni çok seviyorum Aylin'ciğim, umarım mektubumu aldın. Sana yazdıklarıma eklemek istediğim bir şey daha var. İyi ki babana o güzel şiiri yazmış ve iyi ki bunu ona okutmuşsun. Kimbilir ne kadar mutlu oldu ve seninle gurur duydu.

Anneler İçin Tek Bir Sözcük: «Teşekkürler»

Babalar hakkında gençlerin yazdıkları eminim annelerin de, acaba bizler için neler yazdılar, diye merak etmelerine yol açmıştır. Onun için sıcağı sıcağına bizler hakkında yazdıklarına da bir göz atalım da meraktan kurtulalım.

«Çocuklarını gerektiğinde ya bir 'aferin'le ya da küçük bir hediyeyle ödüllendirmeliler. Bu öyle şevklendirici bir şey oluyor ki anlatamam. Örneğin, ben orta ikideyken ve matematiğimin gidişatı epey kötüyken, dokuz aldığım o yazılıdan sonra annemin getirdiği piyano şeklindeki notluk, iki yıldır masamın üstünü süslüyor.»

«Keşke annem...
daha az titiz olsa,
daha az duygusal olsa,
ne zaman biriyle çıksam hemen onunla evleneceğimi düşünmese,
kafasını bu kadar üniversiteyle bozmuş olmasa,
etraf ne der, düşüncesini aklından çıkarsa.»

«Keşke annem...
bir şey kırdığımda bana o kadar kızmasa,
bana ne kadar kızarsa kızsın, bütün emeklerim boşa, demese.
Bu beni o kadar çok etkiliyor ki...
Dikiş diktikten sonra odayı bana süpürtmese,
istediği bir işin hemen o anda yapılması için ısrar etmese...»

«Benim hiçbir zaman, ya sınavdan kötü bir not alırsam, diye bir derdim olmadı. Annem ve babam notlara o kadar da önem vermeyen insanlardır. Bu da çok hoşuma gidiyor.

Bir keresinde benim için çok önemli olan bir sınava çalışırken annem biraz dinlenip rahatlamam için odama yiyecek bir şeyler getirmişti ve bu çok hoşuma gitmişti.

Anneme her zaman erkek arkadaşlarımı söylerim ama ona erkek arkadaşım olduğunu söyledikten sonra annemin davranışlarının değiştiğini ve biraz geciksem, 'Neredeydin?' gibi sorular sorduğunu farkediyorum. Ve bu gerçekten hoşuma gitmiyor.

Ve keşke annem ve babam beni istemediğim yerlere götürme girişimlerinde bulunmasalar. O zaman beni daha mutlu edecekler.»

«Annemle izin konusunda hiç anlaşamıyoruz. Artık, 'Sana değil, çevreye güvenmiyoruz,' ya da 'Biz de bir zamanlar senin yaşındaydık, bizim niye böyle isteklerimiz yoktu,' gibi sözleri duymak istemiyorum. Ailelerimizin amaçlarının bizleri korumak olduğunu hepimiz biliyoruz ama biraz anlayış istiyoruz. Bütün bunların yanısıra aileme bana her zaman destek oldukları için minnettarım.»

«Okuma zevkini anneme borçluyum»

«On altı yıldır bu dünyayla beraber dönüp duran bir genç kızım.

Sayıları bir elin parmaklarıyla sayılabilecek kadar az olan asi gençler yüzünden bütün gençlere işe yaramaz gözüyle bakılmasından bıktım. Yetişkinler kulağına küpe takmış ya da saçını uzatmış bir delikanlı gördüler mi, hemen onu yargılamaya başlarlar. 'Dünyanın sonu geldi. Erkekler de küpe takmaya başlarsa sonumuzu hiç de iyi görmüyorum. Hem erkekler saç uzatır mı?' gibi. Tamam, belki böyle bir görünüm hoş olmayabilir ama unutulmaması gereken bir şey daha var. Özgür bir ülkede yaşıyoruz.

Bazen büyükleri hiç anlamıyorum. Bizleri ileri geri çekiştirenler gün geliyor, 'Şu yeni yetişen kuşağa hayranım doğrusu. Hem gezip eğlenmeyi, hem de okuyup adam olmayı başarabiliyorlar. Bravo yani,' gibi sözler söylüyorlar. Bence büyükler anlaşılması zor insanlar.

Annem ve babam iyi görüştüğüm arkadaşlarıma çok karışıyorlar. Onlarla samimi olmamı istemiyorlar. Arkadaşlarımla geçirdiğim günlerin sayısı biraz olsun fazla oldu mu hemen kısıtlamalar başlıyor. Özellikle de annem bir arkadaşımı görmesin, hemen yargılamaya başlar. 'Bu kız fazla havalı. Bu çocuk biraz deli bozuk galiba,' gibi. Annemin arkadaşlarım hakkında daha ılımlı düşünmesini isterdim. Eminim hiçbir genç kendisi hakkında böyle önyargılı düşünülmesini istemez.

Arkadaşlarımla bir pastaneye ya da kafeteryaya gidebilmek için izin alana kadar akla karayı seçiyorum. İzin alıyorum ama sonradan bu izin burnumdan geliyor. Tam kapıdan çıkarken, 'Yine o arkadaşların, değil mi? Baban duymasın, çok kızar,' gibi sözlerle moralimi bozar da gönderir annem. Devamlı aynı arkadaş grubuyla dolaştığımı ve bu grupta kimler olduğunu bildiği halde hep tedirgin, hep katı anne rolünü oynamasını da istemiyorum artık.

Öğrenci olduğum için beni devamlı ders çalışırken görmek istiyorlar. Sanki her gün ders çalışmaya programlanmış ve biraz olsun dinlenmeye hakkım olmayan bir robot gibi hissediyorum bazı zamanlar kendimi.

Her zaman bizi kendi dönemleriyle kıyaslamaları da bir garip. 'Ben sizin yaşınızdayken hem çalışır, hem de okurdum. Sizin yediğiniz önünüzde, yemediğiniz arkanızda. Bunların kıymetini iyi bilin de iyi değerlendirin.' Tamam, bizim için yapılan her şeyin kıymetini biliyor ve iyi bir şekilde değerlendirmeye gayret ediyoruz ama her lafın arasında da bunlar söylenmez ki...

Annemle babam aslında iyi insanlar. Onlarınki ufak tefek hatalar. Sahip olduğum pek çok değerleri onlara borçluyum. Birinci sınıftayken herkes nerdeyse okumayı sökmeye başlamıştı oysa ben en tembel öğrenciydim diyebilirim. Her gün okuldan gelince annem bana minik hikâyeler okuturdu. Birinci akşam bir sayfalık, ikinci akşam iki sayfalık öykü derken okumayı söktüm ve diğerlerine yetiştim. Okumak öyle zevkli bir hal almıştı ki, her gece uyumadan önce en az bir sayfayı okumayı alışkanlık haline getirdim. Ne kadar güzel, değil mi? Kitapları ve okumayı çok seviyorum, bunu da anneme borçluyum. Teşekkürler anne...»

«Önemli sınavlara girerken annemin 'Şimdiye kadar her şeyi başardın, bunu da başaracaksın. Senin için gayet basit bir sınav,' demesi çok büyük destek oluyor benim için.»

«Ben sadece annemle ilgili yazmak istiyorum, çünkü annemle babam ayrılar,» diyor bir gencimiz ve annesinin beğendiği davranışlarını sıralıyor:

«1- Doğumgünümde yastığımın yanına bir hediye paketi koyması.

2- Beni dostlarımızla birlikte tek başıma Şarköy'e göndermesi.

3- Tiyatro çalışmalarına izin vermesi.

4- Kendi odasını bana vermesi.

5- Yılbaşlarında bir değil, üç dört hediye alması.

6- İş dönüşü kırtasiyeden aldığı okul eşyalarını vermesi.

7- Her istediğimi almaya çalışması.

8- Çalıştığı bankadan bana araç gereç getirmesi.

9- Arkadaşlarıma kendi çocukları gibi davranması sonucu onlar da annemi çok severler. Hatta bir seferinde annem hastalanmıştı. Arkadaşlarımın onu bir demet kır çiçeğiyle ziyaret etmeleri beni çok mutlu etmişti.

10- Aslında sayamadığım daha pek çok şey var ama birkaç sözcüğe sığdırmak gerekirse, en önemlisi beni bu yaşıma kadar sevgi ve şefkatle, bütün zorluklara katlanarak büyütmesi. TEŞEKKÜRLER ANNE!»

«Annemin en sevdiğim yanları:

İlk sözü son sözüdür. Evet, dedi mi bir daha asla hayır; hayır, dedi mi bir daha asla evet, demez.

Eksiklerimi hemen görür ve giderir.

Çok zevklidir. Herkes kına ve nişan kıyafeti seçerken yanında annemi de götürür.

Benimle bir arkadaş gibi konuşur. Bu yüzden arkadaşa ihtiyacım yoktur. (Annemin anlattıklarının aynısını romanlarınızda okudum.)

Çok anlayışlı, çağdaş, ileri görüşlüdür.

Herkes onu ablam zanneder. Ee, tabii ben de gurur duyarım.

Annemin en sevmediğim huyu, ille de ev işlerinde ona yardım etmemi istemesi. Ama Allah bana öyle bir kabiliyet vermiş ki, bir iş yaparken başka iş açıyorum. Zaten yaptığım işten hayır gelmezmiş. Bunlar annemin ve kardeşimin sözleri. Buna rağmen ille de odamı toplamamı, temizlememi ister, sonra o iş yaparken örneğin evi süpürürken orada öyle kazık gibi durmamalıymışım. Ama sonra yap dediğine pişman olur, çünkü yaptığım iş bir şeye benzemez ve tabii o da sinirlenir.

Bir kötü huyu da çöpleri dökmemi istemesi. İşte buna hiç tahammülüm yok. Ama başkalarının anne babalarına bakıyorum da, onlarla kıyaslanınca benim annem ve babam da birer melek. Onlarsız bir hayat düşünemiyorum ve onları çok seviyorum.»

Eminim sizler de farketmişsinizdir, gençlerimizi duygulandıran ve bize bağlayan, sevgi ve ilgimizi yansıtan küçük duyarlılıklar, düşünceli davranışlar... Okutuldukları ve onlar için yapılan her şeyin farkındalar ve minnet duyuyorlar. Bunu açık açık söylüyorlar ama... yüreklerine dokunabildiğimiz anlar küçük duyarlılıklarda odaklaşıyor.

Bir tatlı söz, çalışırken içmesi için getirilen bir fincan çay, «Boşver, bir daha sefere daha iyi yaparsın,» gibi teselli sözcükleri, zor başarılmış bir sınavın anısı için verilmiş küçük bir armağan... İşte onların genç yüreklerini aydınlatan minik minik pırıltılar...

Bu mektubu annesiyle babası altı yıldır ayrı olan bir gencimiz yazmış. Annesinden yakınıyor ama bakın neden.

«Annemle pek iyi anlaşamayız, çünkü o çok fedakâr bir insan ve ben böyle olmasını istemiyorum. Onun biraz kendine bakmasını, kendi hayatının olmasını arzuluyor, devamlı beni düşünmesini istemiyorum. Bu yüzden çok tartışıyoruz.

Annem beni hiç sıkmaz, bir annenin bırakabileceği ölçüde serbest bırakır. Ama dediğim gibi kendisiyle pek ilgilenmiyor. Ben onun giyinip süslenip, biraz hayatını yaşamasını istiyorum. Annem çevresinde gerçekten çok saygı duyulan ve sevilen bir insandır. Benim istediklerimi yapamamasına maddi durumumuzun neden olduğunu söylüyor. Hak veriyorum aslında. Babam hiç yardım etmiyor. Bense sırtına markasız bir şey geçirmeyen bir insanım. Zengin arkadaşlarımdan eksiğim yok, fazlam var. Bu da annemin özverisiyle oluyor. Onu çok takdir ediyorum ama yine de kendine de özen göstermesini ve bunca fedakâr olmamasını istiyorum.»

Sanki o annenin kızı değil de, dostu, arkadaşıymış gibi yazılmış bir mektup. Belki markaları fazlaca seviyor ama bunu itiraf edecek kadar da dürüst ve açık sözlü.

En yakın arkadaş, güvenilir sırdaş

Bir başka gençse annesiyle ilişkisini anlattıktan sonra yaşdaşlarına çok güzel bir öneri getiriyor.

«Annemle çok iyi anlaşırız (deterjanlarımız dışında!). Aynı kuşaktan değiliz ama müzikte bile zevklerimiz uyar. Tabii o metal dinlemez ama (metalci grupların yumuşak parçalarını seviyor gerçi...) bunu da ondan bekleyemem zaten. Sonra çoğu arkadaşım hoşlandığı ya da çıktığı çocuğu annesinden gizler ya da zorla söyler. Bense azıcık beğendiğimi bile söyleyebiliyorum. Bununla da kalmıyor, olan olayları ona anlatabiliyorum. Birlikte gülüyoruz, birlikte ağlıyoruz, yani ben ağlıyorum o teselli ediyor. En yakın arkadaşıma verdiğim sırları veriyorum ona.

Artık herkese anneleriyle konuşmalarını tavsiye eder oldum. Anneme güveniyorum, o da bana güveniyor ve bu o kadar güzel ki... Hem böylece ondan izin almak için bahanelere, yalanlara başvurmamış oluyorum, benim de içim rahat oluyor. O da nerede, ne yaptığımı bildiğinden izin veriyor zaten. İzin vermiyorsa da (ki buna saygı duyuyorum) bunun bir nedeni var ve çoğunlukla da haklı oluyor. Bazen izin alamayınca o günlüğüne ona çok kızıyorum ama sonra ben de, iyi ki yapmamışım, diyorum.

Onunla alışverişe çıkmayı çok seviyorum, o da benim gibi para harcamaya bayılıyor. Öyküler yazıyorum ve ilk okuttuğum kişi o oluyor. Onun fikrine herkesinkinden çok değer veriyorum. Aynı filmleri beğeniyor, aynı kitapları seviyoruz. Müzikte bile zevklerimiz uyuyor. Ve bundan çok memnunum. Onu çok seviyorum, bu dünyada herkesten daha çok. Ve bunları sizinle paylaşmak istedim.

Bence çocuklarla anne babalar arasındaki iletişimsizliğin nedeni bizleriz. Çünkü biz onlarla konuşmuyoruz. Belki onlar bize böyle samimi bir ortam yaratmıyorlar da ondan. Ama her şeye rağmen tüm gençlere tavsiyem, onlarla konuşun. Onları arkadaş gibi görür ve onlara doğruyu söylerseniz sizi anlarlar ve sorunlar çözülür. Bence bunu denemekte yarar var.»

Ne güzel bir anne kız ilişkisi ve ne kadar doğru, ne kadar yerinde bir öneri. Anlaşmazlıkların pek çoğu konuşmamaktan kaynaklanıyor. Bu sadece aile içinde değil, arkadaşlar arasında da böyle. Hem gençlerimiz, hem biz içimizdekileri bastırmak yerine konuşmalı, anlatmalıyız. Kuşkularımızı varsa kıvranıp duracağımıza, açık açık sormalıyız. Çocuklarımızı da bizlerle her konuda konuşabilmeleri için yüreklendirmeliyiz. Arkadaşıyla bir sorunu varsa gidip onunla konuşarak bir çözüm getirmesi için onu teşvik etmeliyiz. Açık olmak ve konuşmak pek çok sorunu çözebilmesinin yanısıra içimizdekileri söylemenin ferahlığını da yaşatır bizlere. Ama bunun için önce biz el uzatmalıyız sevgili çocuklarımıza ve gençlerimize. Onları yüreklendirmeli, asla korkutmamalı, konuşmalarının hoşgörüyle dinleneceğine inandırmalıyız. Bunu başarabilirsek, çocuğumuzun daima yakınında olacak, onu arkadaşça koruyabilecek ve en önemlisi onunla dost olabileceğiz.

«Sevinçleriniz dalgalar gibi coşkulu üzüntüleriniz köpükler kadar geçici olsun»

Ve «bizimkiler» diye sevgi dolu bir tanımlamayla «kalabalık» ailesini anlatan bir başka güzel mektupla bu bölümü bağlayalım isterseniz.

«Lafı fazla uzatmadan 'bizimkiler' hakkında bir şeyler yazmak istiyorum. Epey kalabalık bir ailem var. Yok öyle çok kardeş falan değiliz. Sadece iki annem ve iki babam var. Ben sekiz yaşındayken boşanmışlar. İyi ki de boşanmışlar. Şimdi yeni, tatlı ve genç bir annem ve çok iyi bir babam var. Aslında en önemlisi annem ve babamın kendi hayatlarını özgürce yaşayıp mutlu olması...

Daha çok anne baba, daha çok gözlem, bilgi ve deneyim demek. Hepsini teker teker ele almam zor olacağı için biraz toptan yazacağım. Ailemin en sinir olduğum davranışlarını şöyle bir listeyle toparlayabiliriz.

Beni başkalarıyla kıyaslamaları. (Gördün mü filancanın kızı onu giymiş, bunu kazanmış, oraya gitmiş!)

Sürekli derslerden konuşmaları. Tabii ki bu onların en doğal hakkı ama eve okuldan yorgun dönünce, 'Dersler nasıldı?' yerine, 'Arkadaşların, okul nasıldı?' diye bir soru duymak isterim.

Bir konuda fikirleri olmadığı halde fikir yürütmeleri... Diyelim yorgunum, hemen tahminler başlar. Kötü bir şey oldu, biriyle kavga ettin, dersler kötü geçti... Oysa ben nedensiz yorgunum.

Tekrar, tekrar, tekrar kapıyı kimseye açma (hep açardım da); televizyonu yüksek sesle dinleme, gözlerini bozma... sürer, sürer, sürer.

Yine mi MTV? Eee, Kürdihicazkar (yanlış yazmış olabilirim) makamı dinlememi beklemiyordunuz herhalde.

Onlarla alışverişe çıkmak mı? Allah korusun! Benim on dakikada dolaşacağım süpermarkete onlar bir günlerini veriyorlar.

Biliyorum çok meşguller ama beni okulda ziyaret edemeyecek kadar çok mu?

'Bu şarkıcının adı neydi?'

'Ama baba bu benim en sevdiğim şarkıcı. Adını nasıl unutursun?'

'Ben böyle ayrıntılarla ilgilenmiyorum.'

(Gel de sinir olma!)

Ve bu liste uzar, gider.

Değişmeyen tek şey var. Benim onlara ve onların bana duyduğu sonsuz sevgi...

Yazacaklarım bitti ama duygularım asla bitmeyecek. Ben ailemi asil insanların basit sevgisi gibi değil, basit insanların asil sevgisi gibi seviyorum.

Sevgili İpek Hanım, sözlerimi burada noktalamak istiyorum.

Sevinçlerinizin deniz dalgaları gibi coşkulu, üzüntülerinizin de dalgaların köpükleri kadar geçici olması dileğiyle.»

Ne kadar değişik ve tatlı bir mektup değil mi? Hele de mektubun sonundaki o güzel sözlere ve dileklere bayıldım. Diyorum ya, gençlerimizin mektupları birbirinden harika...

Gençlerin İstekleriyle Uzmanların Önerilerinin Birleştiği Noktalar

Einstein, «Sadece başarılı biri değil, değerli insan olmaya çalışın,» diyor.

Değerli insan olmayı kim istemez ki... Oysa «değerler» konusunda gençlerimizin kafası karışık. İşin kötüsü bizlerin de kafası karışık.

Neden?

Çünkü yaşadığımız dönem her şeyin hızla değiştiği, alıştığımız kalıplaşmış düşüncelerin, davranış biçimlerinin ciddi biçimde sarsıntı geçirmekte olduğu bir dönem. Değer yargılarının ve davranış kalıplarının günümüze ve günümüz insanına yaraşır, onun kabul edeceği biçimde yeniden uyarlanması gereğinin artık kapıya dayandığı da başka bir gerçek...

Aslında bu tür sıkıntılar ve değişim arzuları, yaşanacak aşamaların ilk habercileri. Tıpkı doğum sancıları gibi. Onun için biz anne babalar durumdan yakınmak yerine, ilerlemek ve aydınlanmak isteğinden doğan sıkıntıları bu açıdan değerlendirmeli, heyecan ve kıvanç duymalıyız. Ve... hem gençlerimize, hem de kendimize yardımcı olabilmek için çaba göstermeliyiz.

Bu konuda bizleri aydınlatabilecek yerli ve yabancı eserleri okumalıyız. Eminim daha pek çok değerli kitap ve yazarı var ama benim şu anda hemen aklıma geliverenler kendimin okuyup yararlandığı Aysel Ekşi, Atalay Yörükoğlu, Haluk Yavuzer, Özcan Köknel, Doğan Cüceloğlu, Acar ve Zühal Baltaş, Erdal Atabek tarafından yazılmış olanlar.

Önce «insanı» tanıyoruz bu kitaplarda... Sonra da çocuklarımız ve kendimiz hakkında bilgi ediniyoruz. Kendimizi ve çocuklarımızı tanıdığımızı, bildiğimizi zannederken, aslında ne kadar az tanıdığımızı bu kitaplar aracılığıyla farkediyoruz. Çeşitli davranış nedenlerini öğreniyoruz. Ne yapmamız, nasıl bir tutum içine girmemiz konusunda bilgileniyoruz. İşte tüm bu nedenlerle uzmanlar tarafından yazılmış kitapları alıp okumalıyız.

Özetlemek gerekirse, gencimizi mutlu ve değerli bir insan olarak yetiştirmek istiyorsak her şeyden önce kendimizi yetiştirmeliyiz. Bunun başka yolu yok.

Sadece bilgilenmek de yetmiyor. Bilgiyi etkin hale getirmek, yani uygulamamız gerek. Bunun birinci adımıysa tavrımızı değiştirmekten geçiyor.

«Söylemek»le iş bitmiyor.

«Dürüst ol, doğru sözlü ol.»

«Saygılı ol, terbiyeli ol.»

«Çalışkan ol,» şeklinde «söylemek» bugünün gencine yetmiyor artık. Onlar her şeyi daha derinlemesine bilmek istiyorlar. İşin mantığının da beraberinde açıklanmasını bekliyorlar.

Eminim şu anda pek çok anne baba, doğru bildiğim her şeyi ona söylüyorum; iyi öğütler veriyorum, daha ne yapayım yani, diye düşünüyordur. Bir yerde haklılar, çünkü bizler de böyle yetiştirildik ve bu bize o zamanlar yetiyordu ya da yettiğini sanıyorduk. Oysa bugün artık yetmiyor.

Hem, elimizi vicdanımıza koyup bir düşünelim. Evet, çocuğumuzu giydiriyor, besliyor, olanaklarımızın elverdiği ölçüde okutuyor, bu arada da öğütler veriyoruz ama acaba kaçımız gencimizi karşımıza alıp bu kavramların onun yaşamına, mutluluğuna etkisini açıklayarak anlatıyor? Hangimiz onun bir birey olarak kendi önem ve gücünün farkına varmasını sağlıyor; bir tek insanın pek çok şeyler yapabileceği gerçeğini ona anlatarak onu yüreklendiriyor?

Hangimiz yaşamının bir anlamı olması gerektiğini alışagelinmiş kalıp sözlerle değil de, bugünün düşünce yapısını gözönüne alıp yine bugünün diliyle ona açıklıyor?

Aslında temel ilkeler değişmiyor, devirlerine göre yorumlanışları, açıklama biçimleri değişiyor. Geçen gün aklıma takılan bir örnekten söz etmek istiyorum. Yaşadığım mahallede bir ilkokul var. Her pazartesi sabahı çocukların and içen sesleri pencereme kadar gelir.

Türküm
Doğruyum
Çalışkanım

Biz bu andı yıllarca içtik, sonra da çocuklarımız aynı andı yinelediler. Bu sözleri robot gibi söyledik, geçti gitti.

Oysa bugünün koşullarında bu sözcüklere durup bir daha baktığımızda onlarda ne çok şey buluyoruz. Ne çok ve ne kadar önemli. İşte bugünün koşullarında ve yılların birikimiyle benim kendi yorumum.

Türküm, yani

Kültürel bir birikimim, geçmişim, bir saygınlığım var.

Ve, bedeli kanla ödenmiş bir vatanım var.

Bunların toplamı olarak da özgüvenim var.

Kendime güveniyor, geçmişim ve kültürel birikimimle gurur duyuyorum.

Kendimi ve Türklüğümü seviyorum.

Doğruyum, yani

Önce kendime, sonra herkese karşı dürüstüm. Bu her şeyden önce özsaygıdır. Sözünün eri olmak bana saygınlık, iç huzuru ve mutluluk getirecektir.

Kendimi «iyi» hissetmemi sağlayacaktır.

Önünde sonunda kendimle barışık olmam gerektiğini asla aklımdan çıkarmamalıyım.

Çalışkanım, yani

Üretken bir insanım.

Sadece üretken değil, yaptıklarımın yararlı olmasını gözeterek etkin bir insan olma çabası içindeyim.

Topluma, ülkeme ve dünyama katkıda bulunmanın getirdiği doyumu yaşamanın ne büyük bir mutluluk olduğunun bilincindeyim.

Yaşamın çalışmak, bir şeyler üretmek ve bunları paylaşmakla anlam kazandığını biliyorum.

İşte bugünkü kafam ve birikimimle bana bu düşünceleri çağrıştırıyor andımızın sözcükleri.

Bir, «Türküm, doğruyum, çalışkanım,» diye ezberletip «söyletmek» var; bir de o sözcüklerin gerçek anlamını çocuklarımızın, gençlerimizin anlayacağı biçimde, bugünün diliyle onlara anlatıp «benimsetmek» var. Hangisi daha yararlı ve etkili sizce?

«Kökler ve Kanatlar»

Geçenlerde bir programda Can Dündar yeni bir çalışma içinde olduğunu anlattı. 23 Nisan Ulusal Egemenlik Bayramı'yla ilgili bir projeydi bu.

«Her 23 Nisan Bayramı'nda çocuklar halk dansları yaparlar, çocuk baloları düzenlenir. Valilerin, bakanların koltuklarına oturtulurlar. Tabii bunlar da güzel ama bir de işin özü var. İşte biz bu özün üzerinde odaklaşarak 23 Nisan'ı yeni bir boyutta ele almak istiyoruz,» dedi.

Gerçekten de alışagelinmiş kutlamalarla bu bayramın anlamı da tıpkı andımız gibi üzerimizden akıp gidiyor. Oysa Atatürk'ün çocuklara armağan ettiği... yepyeni bir yaşam biçimi.

İnsanların kendi kafalarıyla düşünüp, kendi kararlarını kendilerinin aldıkları, kendi kendilerini yönettikleri, sorumluluk yüklendikleri, yepyeni bir yaşam biçimidir kutlanan. Kutlamalarsa kalıplar halinde öylesine öne çıkmış durumda ki, işin özü, Can Dündar'ın dediği gibi, çok gerilerde kalıyor.

Bu noktada bizim görevimiz, gençlerimize, bu bayramın özde kendi kendini yönetme hakkı verilerek, insana saygıyı amaçladığını anlatmaktır.

Gençlerimize öğütlememiz gerekense, bu değerli armağanı, özünü zedelemeden, günün değişen koşullarına göre yeniden uyarlayıp canlı tutarak gelecek kuşaklara aktarmalarıdır.

Ve bu bağlamda, Hodding Carter'den bir gözlem: «Çocuklarımıza sadece iki kalıcı miras bırakabiliriz. Kökler ve Kanatlar.»

Bu güzel gelişmeyi 29 Ekim Cumhuriyet Bayramı'nda yaşadık. 29 Ekim kutlamaları giderek tekdüze, sıradan ve oldukça da sıkıcı törenlere dönüşmüştü. Bunun yanısıra bayramlarımıza ve bu bayramların özüne de sahip çıkılması gereken bir dönem yaşıyorduk. Her şeyin bir zamanı var, denir ya, işte geçtiğimiz Cumhuriyet Bayramı da, bayramlarımızın sahiplenilmesi zamanıydı. Gençlerle sanatçılar başı çektiler, halk da büyük bir coşkuyla katıldı ve 29 Ekim yıllardır kutlanmadığı biçimde kutlandı. Bu kutlama biçimi altmış yetmiş yıl öncesinin kopyası değildi. Gençliğin bugünkü zevkine, anlayışına göre kutlandı Cumhuriyet Bayramı. Şölen havasında, tüm sevilen sanatçılarla, havai fişeklerle, lazer gösterileriyle, bayraklarla, çakmakların minicik binbir ışıltısının altında edilen yeminlerle... Öz, yetmiş yıl öncenin özüydü ama kutlama biçimi bugünün insanını yansıtıyordu. Coşkuysa yeni bir kaynağa kavuşmuşçasına gürleşip taşıyordu. Kökler de oradaydı, kanatlar da...

Ve bakın yılların ötesinden nasıl sesleniyor Atatürk:

«Ben, manevi miras olarak hiçbir ayet, hiçbir dogma, hiçbir donmuş ve kalıplaşmış kural bırakmıyorum.

Benim manevi mirasım ilim ve akıldır. Benden sonrakiler, bizim aşmak zorunda olduğumuz çetin ve köklü zorluklar karşısında belki gayelere tamamen eremediğimizi onaylayacaklardır.

Zaman süratle ilerliyor, milletlerin, toplumların, kişilerin mutluluk ve mutsuzluk anlayışları bile değişiyor. Böyle bir dünyada, asla değişmeyecek hükümler getirdiğini iddia etmek, aklın ve ilmin gelişimini inkâr etmek olur.

Benim Türk milleti için yapmak istediklerim ve başarmaya çalıştıklarım ortadadır.

Benden sonra beni benimsemek isteyenler, bu temel eksen üzerinde, akıl ve ilmin rehberliğini kabul ederlerse manevi mirascılarım olurlar.»

Atatürk'ün bu sözlerini sütununa koyan Hıncal Uluç, altına da şöyle bir not düşmüş.

«Gençler, bu satırları kesin ve cüzdanınızın içine yerleştirin. Hep yanınızda olsun.»

Ve sanki bu satırlara cevap veren mektuptan bir alıntı.

«Biz gençlerin sadece gezen tozan, yiyip içip, eğlenen insanlar olmadığımızı anlatmak istiyorum. Bizler bu toprakların evlatları olduğumuzdan ülkemizi sarsan olaylara karşı duyarsız kalabileceğimizi sanmasınlar. Çünkü biz Atatürk çocuklarıyız, Atatürk gençleriyiz. Çünkü biz Atatürk'ün bize açmış olduğu aydınlık ufkun gençleriyiz. Çünkü biz Türküz, çünkü biz geleceğiz.

Bu sözleri yazarken Türk olmaktan ne denli mutlu ve gururlu olduğumu, coşkuyla çarpan kalbimde hissediyorum.

Bizler duyarlı *Atatürk* gençleriyiz.»

Laf lafı açtı, bakın nerelerden nerelere geldik.

Evet, ne diyorduk?

«Söylemekle» iş bitmiyor, bunu artık hayata geçirmek gerek.

Gündelik hayatımızda yaşanan küçük küçük pek çok örnekten yola çıkarak vermek istediklerimizi gençlere söylemekle kalmayıp, onların «yaşayarak», «görerek», «anlayarak» öğrenmelerini sağlamalıyız.

Yaşayarak öğrenmek deyince aklıma, *Bu Hayat Sizin* adlı kitabımda kullandığım ama gençlerden çok biz anne babalara yol göstereceğine inandığım bir öyküyü, okumuş olanlar varsa onlardan özür dileyerek, buraya koymak istiyorum.

«Öyküyü bir zamanların ünlü modacısı Elsa Schiaparelli anlatıyor. Bir gün babası onu alıp Roma kentinin dışındaki küçük bir köy kilisesinin çan kulesine çıkarmış. Küçük kız neden buraya getirildiğini merak ederken, 'Aşağı bak yavrum' demiş, babası. Elsa korkarak eğilip aşağıya bakmış. Gördüğü, köyün kare biçimindeki meydanı ve bu meydana çıkan pek çok irili ufaklı sokaklarmış. Soran gözlerini küçük kız babasına çevirmiş.

'İşte yavrum,' demiş babası. 'Gördüğün gibi, bir yere pek çok yönden varılabilir. İstediğin yere bir yoldan ulaşamazsan, mutlaka başka bir yolu vardır.'

Babasının neyi anlatmak istediğini hemen anlamış küçük kız. ,O sabah annesine okuldaki yemeklerin kötülüğünden söz etmişmiş ama annesi bu yakınmayı dinlememiş bile.

Küçük kız babasından aldığı ve ömür boyu unutamayacağı bu öğüt doğrultusunda oturup düşünmüş ve bir başka yol denemeye karar vermiş.

Ertesi gün okulda verilen çorbayı bir şişeye boşaltıp eve getirmiş ve aşçıyı ikna ederek çorbayı annesinin tabağına koymasını sağlamış. Annesi çorbadan bir kaşık alır almaz, 'Bu ne berbat şey! Aşçı çıldırmış olmalı,' deyince, Elsa yaptıklarını anlatmış. Bunun üzerine annesi ertesi gün okula gidip durumu görüşeceğine söz vermiş.

Elsa Schiaparelli bundan sonra iş hayatına atılışını, Paris'e gidip orada kendini moda dünyasına kabul ettirişini ve karşısına çıkan her zorlukta babasının öğüdünü tutarak bu güçlükleri nasıl aştığını anlatıyor.»

Küçücük bir olaydan çıkarak, bununla bir hayat dersi veren ve kızının o dersi «yaşayarak» öğrenmesini sağlayan bir baba...

Biz de böyle yapmalıyız. Küçük küçük olayları ıskalayıp, çocuğumuza yalnızca ne yapacağını söyleyip kestirmeden gitmek yerine, onu düşündürerek, ona yaptırarak, denetleyerek ona yol göstermeliyiz.

Medya diliyle toparlamak gerekirse:

Nasihat vermek, buyurmak, nutuk çekmek, yıkıcı eleştiri yapmak, «söylemek» - OUT.

Yol göstermek, eşit biçimde tartışmak, yapıcı eleştiri getirmek, ona da danışmak, her konuda fikrini almak ve fikirleri çok garip gelse de peygamber sabrı(!) ve engin bir hoşgörüyle dinlemek - IN.

İşte bizim tavrımız böyle olmalı.

Tavrımız böyle olunca gençlermiz bizimle neler konuşacaklardır neler...

İşte bizimle konuşmak istedikleri konulardan bazıları... Hayat, mutluluk ve gelecek; eğitimin amacı, kişisel gelişim; arkadaşlıklar ve insan ilişkileri; aşk, sevgi, cinsellik ve evlilik hakkında konuşmak istiyor gençler. Bizlerin deneyimlerinden yararlanmak istiyorlar. Ama tavrımız doğru tavır olmayınca, geri çekiliyorlar. Ve bizler bu yüzden fırsatları kaçırıyoruz.

Nerede, «Terbiyeli ol yoksa...» gibi sözler ve tavır, nerede gençlerimizin konuşmak istedikleri konular... Şöyle geriye çekilip bu çizgiye uzaktan bakınca, dakika kaybetmeden toparlanmamız gereği ortaya çıkmıyor mu?

Tavrımızı belirledikten sonra onlara vermek istediğimiz değerler konusunda bir karara varmalı ve sözlerimizi davranışlarımızla desteklemeliyiz.

«Azizim, bizim evde özgürlük var, eşitlik var. Tüm kararlar demokratik biçimde alınır bizde. Ben buna inanmış bir insanım,» deyip, sonra da örneğin tatil programını tamamen kendi arzumuza göre düzenleyip, «oybirliğiyle benim istediğim yere gidilecek» havasına girersek, vermek istediğimiz demokrasi kavramını paramparça etmekten başka bir şey yapıyor olmayacağız.

«Demokrat kafalı ol, oğlum,» diye öğüt vermekle demokrat kafalı bir insan olunmuyor ne yazık ki. Kavramlar gündelik yaşamda gözlenerek, yaşanarak öğrenebiliniyor ancak. Onun için çocuklarımıza, gençlerimize öğretmek istediklerimizi davranışlarımızla desteklemedikçe, sözlerimizin pek bir etkisi olmayacaktır.

Kimsenin elinden alamayacağı içgücü çocuğumuza nasıl kazandırabiliriz?

Anne babalar olarak bizlerin ilk düşüncesi çocuklarımızı ve gençlerimizi korumak. Zaten davranışlarımızla da buna yöneliyoruz. İçgüdüsel bir davranış bu. Çok da doğru ve yerinde. Tüm canlılarda görüyoruz bunu. Minicik bir kuş bile yavrusu sözkonusu olduğu zaman aslan kesiliyor. Kimseleri yuvasına yaklaştırmıyor, yaklaşana saldırıyor.

Gencimizi hayata hazırlarken de düşüncemiz başarısız olmasın, kimse ona kötülük etmesin, onu ezmesin. Bunu yaparken çoğu kez kestirmeden gidip onu yasaklarla kuşatıyoruz. Ve yine çoğu kez bu baskıyla onu koruyayım derken, kişiliğini eziyoruz. Bu da yanlış yöntem oluyor tabii ki.

Bir örnek vermek gerekirse diyelim çocuğumuzun denize düşüp

boğulmasından korkuyoruz. Ve bunu önlemek istiyoruz. Bunun iki yolu var. Ya sürekli denizden uzak tutar, deniz kenarına gitmesini yasaklarız; ya da denizin tehlikelerini anlattıktan sonra elinden tutup yüzme öğretiriz. Gün gelip de biz yanında olmadığımızda denize düşerse, o yasaklar mı işe yarayacak, yüzme bilmesi mi?

Hayat denizi için de aynı kurallar geçerli. Biz her zaman çocuğumuzun yanında olamayız ki... Marifet onu öyle bir yetiştirmek ki, biz yanında olmadığımızda da o kendini koruyabilsin.

İşte bizim amacımız bu olmalı.

«Ana babaların çocuklarına öğretebileceği en önemli şey, onlarsız ayakta durabilmeleridir,» diyor Frank Clark.

Yaşamın dalgalarıyla boğuşabilmesi içinse en önce içgüce sahip olmalı. Dışgücü sağlayacak eğitim, iş, para ve mevkiden önce onu içten güçlendirmeliyiz.

Nedir içgüç?

İçgüç öyle bir şeydir ki, kimse bunu onun elinden alamaz. Her şeyini alabilirler, her şeyini yitirebilir ama içindeki güç onundur. Sadece onun. En zor zamanlarda insanı ayakta tutan içgüçtür. Ayrıca bu öylesine sessiz ama etkili bir güçtür ki, karşısındakilere hemen kendini hissettirir.

Gencimizin içgüce sahip olması için neler yapmalıyız?

Onu yetiştirirken zihnimizin gerisinde onu içten güçlü kılacak öğeleri bulundurmalıyız her şeyden önce.

Daha önceki bölümlerde de belirtildiği gibi gencimizin önce kendini sevmesi, kendine saygı duymasını küçük yaşlardan başlayarak sağlamalıyız. Sonra da kendini tanımasını, kişiliğini bulmasına yardımcı olmalıyız. Kendi kafasıyla düşünüp kararlar alma ve uygulamasına, hatalar yapıp deneyim kazanmasına izin vermeliyiz.

Kendini seven bir insan olarak yetişirse diğer insanlara da sevgi verebilecek, böylece merhamet ve vicdan duygusu gelişecektir.

Kendine saygısı varsa dürüst olacaktır. Hiçbir çıkar hesabı onun kendine duyduğu saygıdan önemli olamayacaktır. Böylece iç disiplin, irade ve adalet duyguları gelişecektir.

Kendi kafasıyla düşünüp karar alarak uygulamayı başarabildiğinde kendine güvenmeyi öğrenecek ve bu güven onda inandığını savunabilecek yürekliliği geliştirecektir.

Böylece bizler çocuğumuzu yetiştirirken zihnimizin gerisinde, kalıplaşmış terbiye sözcükleri ve yöntemleri yerine; içgücü oluşturacak öğeleri bulundurduğumuz ve bunu yaşına göre derece derece, ona anlatıp verdiğimiz takdirde, akılcı düşünebilen, kendini koruyabilen, düşündüğünü uygulayabilen, vicdanlı, iradeli, yürekli ve çalışkan bir insan olma yolunda ona destek veriyoruz demektir.

Çocuğumuz gücünü kendi içinden alan değerli bir genç olarak ortaya çıkmalı. Gencimizin yaşamın zorlukları karşısında ayakta kalmasını istiyorsak, kimsenin elinden alamayacağı bu gücü ona vermek zorundayız.

Peki ona bu gücü vermezsek ne olur?

İçgücü olmayan kişi, başarısızlıktan yılar, başarıdan şımarır, aklı kolay köşe dönmededir

İçgücü olmayan kişi başarısızlıklar ve hayatın fırtınaları karşısında çabuk çözülen biridir. Kendini koruyarak fırtınanın geçmesini bekleyecek sabır, sebat ve dirençten yoksundur. Hemen kendine zarar vermeye başlar. Olumsuz yollara sapar, alkol ve uyuşturucuya sığınır. Davranışlarında dağınıklık başlar, ya saldırgan olur ve kendine yardım edebilecekleri bile küstürür ya da hiçbir mücadele vermeden teslim olur, kabuğuna çekilir. Bunalıma girer.

Başarı karşısındaysa şaşırıverir ve, meğer ben neymişim de haberim yokmuş, dercesine bir şımarıklık içine girer, övüngenlik yapar, hiç gereği yokken küstahça davranışlar sergiler. Piyangodan büyük ikramiye kazananlardan bazılarının yaşam öykülerini gazetelerde okuyoruz. Büyük para karşısında öyle bir şaşırıyor ve kontrollerini kaybediyorlar ki, ilk işleri pavyonlarda bu parayı çarçur etmek oluyor.

Gösteri dünyasının birden parlayan yıldızcıklarıysa eğer içten güçlü değillerse saçma sapan davranışlar ve kaprisleriyle yükseldikleri hızla düşüyorlar. Oysa içgüç sahibi olanlar yıldızcıklığı aşıp gerçek bir sanatçı olarak kalıcı olabiliyorlar. Benzer örnekleri iş dünyasında, siyasette ve daha pek çok alanda gözlüyoruz.

Tanıdığım bir köy delikanlısı vardı. İyi çocuktu ama azıcık aklı havadaydı. Bütün düşündüğü kısa yoldan para kazanmaktı. Ona gerçek bir aile sevecenliği ve desteğiyle yaklaşan patronunun verdiği iş ve aldığı maaşın gözünde hiç mi hiç değeri yoktu.

«Boşversene! Bunlar da para mı ya...» diye elini havaya havaya sallardı.

Sürekli toto, loto, kazı kazan, kısaca şans oyunu olarak piyasada ne varsa oynar, maaşının hatırı sayılır bir bölümünü bu kumarımsı hızlı para kazanma hayallerine yatırırdı. Doğal olarak da bir iki küçük istisna dışında hiçbir şey kazanamazdı. O zaman da göğüs cebinde duran «Malbora» paketinden bir efkârlı cigara tellendirir, «Ahh ah,» derdi, «Falancanın yerine filancayı işaretleseydim, şimdi köşeyi dönmüştük.»

Bu, «köşeyi dönmek» fena halde aklına takılmıştı. Sürekli kısa yoldan bol para kazanma konusunda birbirinden garip planlar yapar, bu arada da futbolcuların yeteneklerinden, çok çalışmalarından hiç söz etmeden sadece aldıkları ikramiyeleri görür, onları ağzının suları akarak yakından izlerdi.

İyi bir işi ve oldukça dolgun maaşı olduğu hatırlatılınca, «Boşversene, adamını bulan ne işler çeviriyor. Bizim gibi üç beş kuruşa talim etmiyor. Adamını bulacan adamını...» diye elini havaya havaya sallayarak zihninde yarattığı, o parmağını bile oynatmadan milyonlar kazanılan dünyanın özlem ve hayaline dalar giderdi.

Derken bir gün bu delikanlıya miras kaldı. Kıymetli bir tarlanın sahibiydi artık. Mülk sahibi olmuştu. İlk yaptığı... işini bırakmak oldu. Hem de yıllarca sevgi ve saygıyla yürüyen patron işçi ilişkisine hiç de yakışmayacak bir biçimde, önceden haber bile vermeden... Öyle ya, artık ağaydı o. Ve bol vakti vardı. Kahveye daha fazla gider, içkiyi daha fazla içer olmuştu. Çok zaman geçmeden parasız kaldı. Toprağını işlemiyordu. Eh, bu durumda da tarlanın kendi kendine para basacak hali yoktu, doğal olarak. Sağdan soldan borç almaya başladı. Borçlar kabardıkça kabarıyordu, patronuna gitmeyeyse yüzü yoktu. Sonunda tarlayı satıp borçlarını ödedi, geri kalan paraysa bir yatırım yapmaya yetmiyordu.

Böylece tekrar ilk başladığı noktaya, rençberliğe döndü. Köşe dönücülüğe imrenirken, beğenmediği rahat işinden, dolgun maaşından ve mülkünden olmuştu.

Kişiliği sağlam temeller üzerine oturmamış, içgücü gelişmemiş kişiye gelen fırsatlar, ne hazindir ki onu yüceltmiyor. Tam tersine onu daha da aşağılara yuvarlıyor. Bu nimetler ödül olacağına ceza oluyor sanki bu tür insanlar için. Kimbilir, belki de bu miras ona kalmasaydı, bugün en azından işini ve maaşını yitirmemiş olurdu, diye düşünmekten kendini alamıyor insan.

Ve tam tersi bir örnek...

Onu tanıdığımda İstanbul'a geleli henüz iki yıl olmuştu. Daha önce bir devlet hastanesinde hademelik yapıyormuş. İşini öylesine canla başla ve savsaklamadan yapıyormuş ki doktorların dikkatini çekmiş. Ve özel bir hastanede çalışması için teklif almış. Tabii maaşı da artmış. Orada da çalışkanlığı ve güleryüzüyle kendini sevdirmiş. Hastanedeki işlerinin yanısıra yatalak hastaların evlerine giderek onlara bakıyor, geceleri onları bekliyormuş. Böylece kendine bir de ek gelir sağlıyormuş.

Gece gündüz çalışıp para biriktirmiş ve bu iki yılda hem bir arsa, hem de evinin tüm eşyalarını almış. Bizlerin onu tanıdığı sıralarda arsasının üstüne ev yapmak için para biriktiriyordu.

«Kahveye hiç gitmem abla,» diye anlatıyordu. «O sigara kokulu yerde zaman öldürmek niye. Sigaram, içkim, kumarım yoktur benim. Bunlar sezdirmeden insanın cebini deler. O parayı ya bir kenara koyarım ya da gider kendime güzel bir tişört alırım.»

Bu arada kendisinin hep traşlı ve temiz giyimli olduğunu da eklemeliyim. Oysa hızlı para kazanma meraklı delikanlımızsa hep boru gibi olmuş pantolonu, her zaman ama her zaman sakalı gelmiş yüzü, taranmamış saçları ve buruşuk giysileriyle dolanır dururdu ortalarda. Sanki yatağından fırlayıp da gelivermiş gibi bir hali vardı.

Çoğunlukla, düzgün hayatı olanın üstübaşı da özenli ve temiz, dağınık bir yaşam rotası tutturmuş olanınsa tıpkı kafasının içi gibi giyiminin de pejmürde olması ne ilginç değil mi?

Genç adam anlatmaya devam ediyordu. «Hanımla İstanbul'a geldiğimizde elimizde bavulumuzdan başka hiçbir şeyimiz yoktu. Ama, şükürler olsun, çalıştık, didindik, para kazandık ve biriktirdik. Buraya gelmeden önce hanıma dedim ki, 'Şöyle kendimizi iyice bir toparlamadan çocuk yapmayalım.' Allah razı olsun, o da akıllı kadındır, bana uydu. İki yıl çocuk yapmadık. Şimdi bir bebemiz var, yirmi günlük; elini öper,» dedi ve mahçup mahçup gülümsedi.

Köşe dönücülüğe hiç inanmadığını söylerken, «Çalışana iş var abla. Hem de nasıl. Ama onu bunu bahane eder, kahvede oturursan o başka. Benim işimi kaç kişi yapar? Bütün gün hastanede koşturuyorum, geceleri de hasta bekliyorum. Yorucu, hem de çok yorucu ama iyi de para kazanıyorum, şükürler olsun,» dedi ve gururla ekledi, «Bak şu şehre geleli iki yıl oldu; hem bir arsam var, hem de bütün ev eşyamı aldım, hiç eksiğim yok. Allah izin verirse güzde evin temelini atacağım.»

«Malbora»lar, havalı otomobiller, kolay kazanılan milyonlar, futbolcuların ikramiyeleri, şans oyunları onu hiç mi hiç ilgilendirmiyordu. Karısı, yeni doğmuş bebesi, küçük arsası ve o arsanın üzerine inşa edeceği evini düşünüyordu o.

İçgücü olmayan delikanlının başlangıçta her şeyi vardı. İşi, maaşı, mülkü ama... hepsini yitirmişti.

İçgücü olan genç adamınsa bavulundan başka hiçbir şeyi yoktu ama kısa sürede istediği her şeye ulaşmasını ve elde ettiklerini korumasını bilmişti.

İşte içgücün yarattığı fark.

Ayrıca, eğer çocuğumuza içgüç veremezsek, çok zeki olsa da, zekâsını iyi biçimde kullanamayabilir.

Çok güzel olabilir ama o güzelliğin arkasına daha anlamlı bir şeyler koyma gereğini hissetmeyebilir.

Zengin olabilir ama parayı olumlu kullanıp, üretken olmak varken, sadece tüketmeye yönelebilir.

İçgücü olan kişinin bir diğer üstünlüğü, başkalarının ondan daha başarılı, zengin, daha güzel ya da zeki olmasının onu mutsuz etmeyeceğidir. Çünkü o kendi kişiliği içinde rahat, huzurlu ve güvenlidir. Güçlü insanlara dikkat edin, küçük kıskançlıkları yoktur onların.

Uzmanların ana baba karnelerindeki notları kırma nedenlerini anımsayarak, gençlerimizin isteklerini okuyunca şaşırmamak elde değil. Çünkü içten, güçlü, mutlu ve değerli bir insan olabilmek için gerekli diğer öğeler konusunda gençlerin görüşleriyle uzmanların önerileri ilginç bir biçimde bütünleşiyor.

«Bize güvenin ki, biz de kendimize güvenmeyi öğrenelim»

İşte bir gencin görüşleriyle uzmanların önerileri ve birleştikleri nokta.

«Ben edebiyatı çok seven bir insanım. Kitaplar, şiirler okumaya, yazılar yazmaya (özellikle günlük tutmaya, anılarımı yazmaya) âşığım. İdealim de iyi bir edebiyat öğretmeni olmak. Bunun için üniversiteye hazırlanıyorum.

Elimden geldiğince arkadaşlarımın, öğretmenlerimin, bazı büyüklerimin bana tavsiye ettikleri kitapları ve kendi seçtiğim kitapların hepsini okumaya çalışıyorum. Zaten odamın duvarında okumak istediğim kitapların bir listesi asılıdır. Sırayla bunları okur ve listeden işaretlerim. Listedeki kitaplar bittiğinde yeni bir liste yaparım ve duvardaki eski listeyi indirip yerine yenisini asarım. Şimdi siz sorun bunun neresinde, diyeceksiniz.

Sorun, ailemin buna karşı olması. Üstelik hem annem, hem de babam. Onlara göre kitap okumak veya anı yazmak, günlük tutmak boşa vakit harcamak. Ne yaptıysam, ne söylediysem onları ikna edemedim. Öğretmenlerimle, çeşitli kişilerle konuşmalarını sağladım ama sonuç hep aynı. Beni yanlış anlamayın, ailem cahil insanlar değil. İkisi de okumuş, kültürlü insanlar. İşte üzüldüğüm nokta da bu.

Benim üniversiteye hazırlanmamı, ders çalışmamı istiyorlar. Ben bunları zaten yapıyorum. Okulumda başarılı bir öğrenciyim. Onlar benim bu programı kendi başıma yapabileceğime inanmıyorlar. Artık on yedi yaşına geldiğimi ve ne zaman okumam, ne zaman ders çalışmam gerektiğini bilebileceğimi bir türlü kabullenmiyorlar. 'Sen derslerine çalış, okulunu bitir, üniversiteyi kazan, sonra nasıl olsa bol vaktin olacak okumaya,' diyorlar. Onların bu tutumu beni, bu işleri onlardan gizli yapmaya yöneltiyor. Akşamları yatıyorum diye odama çekilerek gece lambasının ışığında kitap okuyorum.

Hem onları üzmek istemiyorum, hem okumak istiyorum, hem de bu davranışımdan dolayı suçluluk duyuyorum. Ama beni bu davranışa iten onlar. Sizden istediğim büyüklerin artık, 'Gençler okumuyor, gençler kültürsüz...' gibi eleştirilerden vazgeçip suçu biraz da kendilerinde aramalarını sağlamanız. Sanıyorum bu sadece benim sorunum değil, en azından benim çevremde bu durumda olan pek çok arkadaşım var.

Büyüklerimizle ilgili bir başka sorun da *güven* meselesi. BİZE GÜVENMİYORLAR. (Neyse ki benim bu sorunum yok.) Bize karşı hep korumacı bir tutum içindeler. Neredeyse biblo gibi vitrinin baş köşesine koyacaklar. Ama bunun bizim kişiliğimizin üzerindeki olumsuz etkisinin farkındalar mı acaba? Böyle korumacı ailenin *pasif, utangaç, çekingen bir kişiliği* ortaya çıkaracağını bilmiyorlar mı? Her konuda bizim adımıza karar vermek istiyorlar. Hata yapacağımızdan korkuyorlar.

Oysa biz istiyoruz ki bize *güvensinler,* bize *inansınlar.* Hata yaptığımızda üzülmesinler. Bu hatanın bize deneyim olacağını ve bir daha aynı hataya düşmeyeceğimizi bilsinler, bunu *anlasınlar istiyoruz.»*

Gençler, «Bize güvenin ki biz de kendimize güvenmeyi öğrenelim. Pasif, utangaç ve çekingen olmayalım,» diyorlar.

Uzmanlarsa, biz anne babaların çocuklarımıza yeterli güven duygusu veremediğimizi böylece özgüveni olmayan insanlar yetiştirdiğimizi söylüyorlar.

Böylece, uzmanlarla gençlerimiz bu noktada birleşiyorlar.

Ne kadar çarpıcı, değil mi?

Gençlerimizi içten güçlendirmek istiyorsak, kendilerine güvenmelerini sağlamalıyız. Ve bunu da ancak onlara güvenerek ve güvendiğimizi sözlerimiz ve davranışlarımızla kanıtlayarak gerçekleştirebiliriz.

Tabii ki, ona güveniyoruz diye onu başıboş bırakacak, ne yaparsa yapsın havasına girecek değiliz. Zaten gençlerimiz de bizden böyle bir davranış biçimi istemiyorlar. Tam tersine, bizimle konuşarak deneyimlerimizden yararlanmak istiyorlar. Onlara neyin doğru, neyin yanlış; neyin iyi, neyin kötü olduğunu, kendilerini nelerden ve nasıl korumaları gerektiğini açık açık anlatmalıyız.

Bu arada onları tatsız sürprizlere karşı da uyarmalıyız. İnsanlar her zaman göründükleri gibi olmuyorlar.

Çok uç bir örnek olacak ama ABD'nde iki küçük çocuğunu öldüren anne günlerce gazetelerin manşetlerinden inmedi. Çevrede yaşayanlar onu, «Çok iyi bir komşu» olarak tanımlıyor ve olaya hâlâ inanamadıklarını söylüyorlardı. Oysa, psikolojik geçmişi deşildiğinde onun her an cinayet suçu işleyebilecek kapasitede bir insan olduğu ortaya çıkıyordu. «İyi komşuyla,» bir «cani» arasında uçurumlar var, öyle değil mi? Ama bakın bazen ne kadar yakın, hatta iç içe de olabiliyorlar.

Bir arkadaşımın kızının çalıştığı yerde kasa açılmış ve büyük bir soygun olmuştu. Kasanın anahtarları arkadaşımın kızıyla üç yardımcısında vardı. Günlerce süren üzücü soruşturma genç kızı perişan etmişti. Sonunda hırsız bulundu. Herkes derin bir oh çekmişti. Genç kız annesine haberi verirken şöyle diyordu: «Tüm bu olaylar çok üzücüydü ama en çok üzüldüğüm neydi biliyor musun anne? Hırsız, en güvendiğim yardımcım çıktı. Demek ki, ben onu hiç tanıyamamışım. Nasıl bu kadar yanılabilmişim!»

Sadece böyle gencecik bir insan değil, bizler bile şu yaşımızda bazı insanlar hakkında yanılabiliyoruz. Onun için gençlerimize hayatta böyle sürprizlerle karşılaşabileceklerini, uyanık olmalarını da öğütlemeliyiz. Çok güvendiği birinde bile onu rahatsız eden bir şeyler duyumsarsa, bunu yabana atmaması ve araştırmasını söylemeliyiz. Belki bu şüpheler çoğu kez boşa çıkacaktır ama uyanık olmanın da hiçbir zararı yok.

Kitabın başındaki «Yanlış Anlama Anne» adlı şiirinin bir bölümünde Selin Tümer şöyle diyor:

«Sen hiç tanımadığın insanlara güvendin mi anne?

Ben güvendim.

Hiç de anlattığın gibi

Korkunç değilmiş anne.»

Bu dizeleri okurken yüreğimin hop ettiğini ve «Şansın varmış» demekten kendimi alamadığımı itiraf etmeliyim. Elbette felaket tellallığı yapmak istemiyoruz. Selin haklı ama annesi ve bizler de haklıyız. Çocuklarımız ve gençlerimiz çok ama çok kıymetli, onun için bunca özen gösteriyoruz onlara. Bütün istediğimiz uyanık olmaları ve zihinlerinin gerisinde küçücük de olsa bir soru işaretini canlı tutmaları.

Bütün bunları öğrettikten sonra da uzaktan gözleyerek onlara küçük özgürlükler vermeliyiz. Sendelediklerinde destek olmalı ve yollarına devam edebilmeleri için yüreklendirmeliyiz. Hatalarını yüzlerine vurmak ve dünyanın sonu gelmiş gibi davranmak yerine, anlayışlı davranıp, herkesin hatalar yaparak öğrendiğini, asıl önemli olanın hatalardan ders alıp aynı yanlışı yinelememek olduğunu anlatmalıyız.

Bir de asıl bizim düştüğümüz bir hata var ki, ona da dikkat çekmeden geçemeyeceğim. Çocuğumuz ya da gencimiz bir hata yaptığında bazen ona kendi bencilliğimiz nedeniyle kızıyoruz.

Örneğin, bizi komşu Fatma Hanımın önünde mahçup ettiği için kızıyoruz. Burada önemli olan hatanın kendisi ve çocuğumuzun o hatadan ders alması. Başkalarının önünde mahçup olmayalım diye öyle bir baskı uyguluyoruz ki, çocuk rahat davranışlarla bazı şeyleri deneyerek öğrenme fırsatını yakalayamıyor. Oysa hangisi daha önemli? Fatma Hanımın beğenisi mi, çocuğumuzun deneyerek, bazen de hata yaparak öğrenecekleri mi?

Olayın özüne inmeli, şekilde kalmamalıyız.

Tüm bu küçük duyarlılıklar onun içten güçlenmesine yardımcı olacak, yarattığımız hoşgörü ortamıysa her şeyi bize anlatmasını, aramızda güzel bir diyalog kurulmasını sağlayacaktır. Hayatında neler olup bittiğini bilip, onu uyarıp koruyabileceğiz. Bu hoşgörü ortamını yaratmaz, kişiliğinin gelişimi için önemli olan küçük özgürlükleri kısıtlarsak, bizimle konuşmayacak, düşüncelerini, hatalarını bizden saklayacak, böylece bizim de ona yardım etme şansımız ortadan kalkacaktır.

Gençlere yazılanları ana babalar da okumalı

Bu noktada duyarlı ve çağdaş bir anneden aldığım mektubu sizinle birlikte okuyalım istiyorum.

«... Ben otuz yedi yaşında, üniversite mezunu bir anneyim. Biri on yedi yaşında kız, diğeri on dört yaşında erkek olmak üzere iki çocuğum var. Çocuklarımla iyi diyalog kurabilmek için elimden geldiğince gayret ediyorum. Bunda da başarılı olduğuma inanıyorum. Onlarla anne evlat ilişkisinden çok arkadaş gibiyiz.

Sayın Ongun, kitaplarınızla gençlere o kadar güzel hitap ediyor, yol gösteriyorsunuz ki, okuduğum her satırda size hayranlığım daha da artıyor. Gerçi kitaplarınızda gençlere sesleniyorsunuz ama bizler de büyük bir zevkle okuyoruz. Hatta *Bir Pırıltıdır Yaşamak* adlı kitabınızı okurken, çocuklarıma yaptığım telkin ve öğütler konusunda kendimi sınama imkânını bulmuş oldum.

Bizim gençliğimizde bu tür kitaplar okuyamamış olduğumuz için de üzülüyorum.

Bu mektubu size niçin yazdığıma gelince: *Bu Hayat Sizin* adlı kitabınızın son bölümünde gençlere size yazmaları için çağrıda bulunmuştunuz. Ben de o gençlerden birinin annesi olarak sizden bir ricada bulunacağım. Mümkünse kitabınızın bir bölümünde anne babalara seslenin. Onları çocuklarıyla daha yakından ilgilenmeye, evlatlarına daha çok ilgi ve sevgi göstermeye davet edin. Çocukların ve gençlerin sorunlarını anlayabilmeleri için daha duyarlı olmaya çalışırlarsa diğer sorunlar kendiliğinden çözülecektir. Ne yazık ki, birçok ebeveyn bir zamanlar kendilerinin de aynı dönemleri yaşadıklarını unutuyorlar. Hayatın çarkları içinde öyle eziliyorlar ki, onlara da hak vermek gerek ama yine de unutmasınlar ki, en büyük zenginliğimiz mükemmel biçimde yetiştirebildiğimiz evlatlarımız. Bu da her şeyden önce ilgi ve sevgiyle oluyor.»

Gaziantep'ten gelen bu güzel mektubu okurken gözümün önünde, gençlerimizin hayran oldukları, televizyondaki bir margarin reklamında kızının sınava hazırlanmasına yardım eden, sonra da onu sürpriz bir kekle karşılayan anne beliriverdi. Mektubu yazan annenin de işte böyle bir anne olduğunu hemen duyumsuyor insan. Ne güzel!

Ve çok, pek çok gencin isteklerini, beklentilerini dile getiren bu gencin mektubuysa Karabük'ten geliyor:

«Bundan iki hafta önceydi. Hafta sonu Arkadaş Kitabevine gittim. Onlara yardımcı olmayı seviyorum. Tam raflara kitapları yerleştiriyordum ki hoş giyimli, güleryüzlü, zarif bir hanım içeri girdi. Bir yandan kitaplara bakıyor, istediklerini ayırtıyor, bir yandan da benimle sohbet ediyordu. Daha önceki yıllarda çok okuduğunu, şimdiyse iş temposunun okumasını yavaşlattığını anlatıyordu. İstediği kitapları paketliyordum ki birden, 'Bir kitap okumuştum ve hayran olmuştum. Ondan da bir tane almak istiyorum. Adı, *Bu Hayat Sizin*,' deyince öyle şaşırmışım, öyle şaşırmışım ki, 'Yaaa,' diye olduğum yerde kalakaldığımı farkettim.

Belki bunca şaşırmam anlamsız ama ben şu ana kadar sizin kitaplarınızı sadece gençlere satmıştım. Bir büyüğün alıp okuduğuna tanık olmamıştım. Onun için de buna çok sevindim. Çünkü sizin gençlerle ilgili görüşlerinizi gençler okuyor ve biliyor. Siz yazılarınızda gençlere yol gösteriyorsunuz. Bu, gençlere yardımcı oluyor ama aynı yazılar anne babalar tarafından da okunmalı ki, onlar da bizlere nasıl davranmaları gerektiğini öğrensinler.

Sizin fikirlerinizi biz biliyoruz ama büyüklerimiz bilmiyor. Böylece sonuçta aynı şeyler devam edip gidiyor. Özellikle gençlere yönelik bu çalışmaları büyüklerimiz bilmiş olsalar, onlar bizleri mutlaka daha iyi anlayacaklar. Kuşaklar arasında bunca uçurum olmayacak.

Siz söyleşiler yapıyorsunuz, yazıyorsunuz, vb. vb. ve bu etkinliklere biz gençler katılıyoruz. Burada sorunlar görüşülüyor, konuşuluyor, konuşuluyor. Söyleşi bitiyor, herkes dağılıyor ve dışarıda aynı şeyler devam ediyor. Oysa bu gibi konuşmalara ailelerimiz, büyüklerimiz, öğretmenlerimiz de katılmış olsalar... işte o zaman bir şeyleri aşarız.»

İşte bizim gençlerimiz! Gel de onları beğenme! Sorunlara ne kadar gerçekçi yaklaşıp, ardından da ne kadar akılcı çözümler getiriyorlar. Diyorum ya, ben son üç kitabımı onları dinleyerek, onların yönlendirmeleri doğrultusunda yazdım. Ve bakın yeni bir öneri: «Biz bize konuşmayalım. Ailelerimiz, büyüklerimiz, öğretemenlerimiz de katılsın ve sorunlarımızı hep birlikte tartışalım,» diyorlar. Kimbilir, belki de bu öneri doğrultusunda bundan sonraki okul söyleşilerine anne babalar da davet edilir. Neden olmasın?

Yavaş yavaş da olsa artık bazı şeylerin değişmeye başladığı bir gerçek. Az önceki annenin düşünceleri ve tutumu, ardından genç kızımızın önerisi ve bu kitabın oluşmasını sağlayan birbirinden güzel mektuplar...

Bu ne demektir biliyor musunuz? Bu, el ele verip ulu ağaçların gölgelediği kendimize özgü kıvrımlı patikada yürümeye başladık, demektir. Bu, bir ışık yakmak demektir. Her mektup bir pırlıtılı ışık. Ve gençlerimizden birinin sözlerine göndreme yapıp, kimi orada kimi burada yanmış olan pırıltıların birleşip bir ışık seline dönüşmesini dileyerek, konumuza devam edelim isterseniz.

Ev-okul-ödev üçgeninde sıkışıp kalmamak

Geçen yaz, deniz kıyısında ıslak kumların üzerinde günlük yürüyüşümüzü yaparken, kızıma sordum.

«Sence, biz anne babalar 'bir insan yetiştirmek' için bildiklerimizin dışında, daha neler yapmalıyız?» Zihnimin gerisindeyse, bu kitap için yazılan mektuplar ve mektuplardaki düşünceler uçuşuyordu.

Kızım bir an düşündükten sonra, «Bizde sosyal yaşam yok,» dedi. «Gençler ev-okul-ödevler üçgeni içinde dönüp duruyorlar. Sanatla, sporla ilgilenmeleri özendirilmiyor, eğlenmelerine izin verilmiyor. Örneğin, Viyana'daki dil okulunda bize Almanca ders veren öğretmenlerimiz, aynı zamanda kendi eğitimlerini sürdürmekte olan üniversite öğrencileriydi. Yani hem çalışıp, hem okuyabiliyorlardı. Ayrıca sporla, sanatla, müzikle çok küçük yaşta tanışıyorlar ve bunlar onların yaşamının bir parçası haline geliyor. Arkadaşlarıyla müzelere, klasik müzik konserlerine, tiyatroya gitmek ve bunlardan zevk almak, onlar için bir partide dans etmek kadar doğal. Ayrıca çok seyahat ediyorlar. Çalışıp kazandıkları parayla geziyor, dünyayı tanıyorlar. Tabii bütün bunlar da onlara deneyim kazandırıyor. Bir rahatlık, bir özgüven veriyor. Bence bizde eksik olan bu sosyal boyut.»

Bunları dinlerken, mektuplarda yazılanlar ve zihnimin gerisinde uçuşan fikirlerle öneriler yerli yerine oturuvermişti. Evet, gençlerimizin pek çok mektupta yinelenen belli bir konudaki isteklerine bir başlık bulmuştum artık:

Yaşamlarına katmak istedikleri sosyal boyut

Kızıma teşekkür ettim ve, «Ne dersin, bunu hani o bilimsel çalışmalar sonunda ortaya çıkan bazı yeni buluşlar gibi 'Defne'nin Kanunu' diye adlandıralım mı?» dedim.

Gülüştük ve ıslak kumlarda yürümeye devam ettik.

Gerçekten pek çok mektupta güven isteğinin yanısıra dikkati çeken bir diğer önemli öğe de yaşamlarına getirmek istedikleri sosyal boyut. Burada da gençlerle uzmanların birleştiklerini, bizimse, ne yazık ki, bunun dışında kaldığımızı görüyoruz. İşte yine Anadolu'muzun iki güzel kentinden iki mektup...

> «Ailem çok tutucu. Tiyatroya, konsere gitmek istesem, 'Ben öyle yerlerde neler olur bilirim,' diyorlar. Bir anlatsalar neler olduğunu çok sevineceğim.
>
> Gitar dersi almak istedim. Okuldaki öğrencilere kurs vereceklerdi. Babam aynen şöyle dedi: 'Bırak züppe işlerini de derslerine bak.' Ben de kursa gizli gizli katıldım, çünkü bunun züppelikle ilgisi olmadığını biliyor, ayrıca öğrenmeyi çok istiyordum. Babam izin vermiş olsaydı, benim gözümde yeri çok yükselecekti.
>
> Anneme babama seslenmek istiyorum şimdi: Ne olur sevgili kızınıza biraz güvenin. Tiyatroya, konsere gitmekle kötü kız, gitar

çalmakla züppe olacak kadar zayıf mı sanıyorsunuz onu? Unutmayın, *onu siz yetiştirdiniz.*

Yaz geldi ve kredimden ayırdığım parayla eski de olsa benim olan bir gitar aldım, tüm kuralları çiğneyerek. Evde kendi kendime çalışıyorum. Birkaç şarkı çıkardım. Anneme çalıyorum. Tepki yok. Ne olur anne tepki ver, ne olursun! Ben onu o kadar uğraşarak çalmayı öğreniyorum, annem bir şey demiyor. İçimdeki ben, beni ayakta alkışlarken, annem karşımda sessiz kalarak beni protesto ediyor.

Onları çok seviyorum, biliyorum ki onlar da beni çok seviyor ama kızları bir kuş değil ki kafeste büyüsün. Ayrıca bıraksalar da uçup gitmem ki...»

Bu da ikinci mektup.

«Gelecek konusunda dönüm noktasındayım ve üzerimde çok baskı var. Ailem bana büyük destek. Geçen yıl, okulda başarılı olmama rağmen nasıl oldu da ÖYS'yi kazanamadım diye çevremden büyük tepki gördüm. Ailem bu konuda da bana destek oldu. Bunlar çok güzel. Ama iş sosyal ve kültürel etkinliklere gelince değişiyor. Tiyatro, sinema, arkadaş toplantıları, spor faaliyetleri... hepsi onlara boş geliyor. Tiyatro ve sinemaya gidemiyorum. En azından yalan söylemek mecburiyetinde kalmadan. Onlara yalan söylediğimdeyse hiç rahat olamıyorum. Ama kötü bir gerçek var ki, zamanla yalan söylemeye alışıyorum. Hatta bazen en ufak konularda bile yalan söylüyorum. Daha sonra bu yalanı ortadan kaldırmak için çok uğraşmam gerekiyor.

Sinemaya gitmek istiyorum. (Çok kez denedim, hâlâ da vazgeçmiş değilim.) 'Aaa, daha neler, arkadaşlarınla sinemaya gidersen çevre ne der sana?' Zaten televizyonda çok güzel filmler varmış, sinemaya gitmeye hiç gerek yokmuş. Tiyatro için de izin istedim. Amatör olarak tiyatroculuğu deneyecektim. Ama derslerimi engelleyeceği söylendi. İlkokuldan beri folklora, okul bandosuna, voleybol ve basketbol kurslarına katılmanın derslerime engel olacağı düşünüldüğü gibi. Tiyatroya gitmek (seyirci olarak) için izin istedik. 'Kız başına gidilmez,' dendi. 'Sınıf arkadaşlarımla gideyim o zaman,' dedim. Cevap, 'ÂLEM NE DER,' oldu. 'O zaman siz götürün,' dedim, işlerinin olduğu söylendi. Sonuçta bir kez (geçen yıl, lise üçüncü sınıfta) ikna edebildim. Ama o da numune olarak kaldı.

Arkadaşlarıma gidip gelmek de sorun. Ailece tanırlarsa daha iyi olur diye düşündüm ve arkadaşlarımla konuştum. Ailelerimizi tanıştırmaya karar verdik. Ama ebeveynlerimizin işi denk gelmedi ve tanışamadılar. Bence bu da bahane ya, neyse... Şimdi her zaman sözünü ettiğim ve tanıdıkları arkadaşlarıma gitmek istediğimde (her zaman bir hafta önceden söylerim), 'Ben onu sevmiyorum,' ya da 'Onlar bize gelmiyor, hep sen gidiyorsun,' gibi cevaplar alıyorum. Oysa benim gittiğim kadar onlar da geliyorlar.

Güven meselesi... 'Bana güvenmiyorsunuz, elâlem neden bu kadar önemli?' dediğimde aldığım cevap hep aynı. 'Sana güvenimiz sonsuz. Ama çevre kötü. Biz ne yapalım?' diyorlar. Eğer biz bu toplumun insanlarıysak, bu çevrenin içinde olacağız. Ve bence, iyi de olsa, kötü de olsa alışmalıyız. Hayatı tanımalıyız iyi ve kötü yanlarıyla. Her zaman inandığım bir şey var. Kötü şeyler olmasa, iyilerin kıymeti bilinmezdi. Bunu onlara söyleyince, 'Haklısın,' diyor ve hemen ardından, 'Ama...' diye başlıyorlar.

Bir başka savunma biçimleri, 'Bir gün anne baba olun da o zaman bizi anlarsınız.' Bizim anne baba olmamıza daha vakit var. Ama tüm anne babalar da bir zamanlar gençti. Onların bizi anlaması daha kolay değil mi?

Çoğu kez anne babalar kendi çocuklarının hata yapmayacağını düşünür. Bir olayı anlatmak istiyorum. Bir gün çok sevdiğim bir arkadaşıma gitmek için izin istedim. Babam, 'Boşver,' dedi. Ben ısrar edince, 'Ben o kızı sevmiyorum, kötü arkadaşları var onun,' dedi. Kötü arkadaşlar mı? Hemen anladım. Kastedilen erkek arkadaşıydı. Babam onları görmüş ve hemen bu yargıya varmıştı. Oysa teyzesinin, halasının oğlu olamaz mıydı? Neden hemen kötü düşünülüyor? Ve bu tür arkadaşlıklar çok mu kötü? Elbette kız erkek arkadaşlıklarının bir sınırı olmalı, buna bir diyeceğim yok. Ama asıl önemlisi, babam benim de bir erkek arkadaşım olabileceğini düşünmüyor. Sonuçta ben de etten, kemikten yapılmış, duyguları olan bir insanım. Onlar hiç mi yaşamadılar bu tür duyguları?

Kadın erkek ilişkileri bizim evde hiç konuşulmaz. Cinselliği kasdetmiyorum. İnsanların birbirinden hoşlanması, arkadaş olması, hayaller kurması... Sonuçta onlardan biriyle evlenip, mutlu olmaya çalışmayacak mıyız?

Ve müjde! Artık biz de Kardelenlerden olduk. Küçük ama olsun. Nasıl mı? Bulunduğumuz çevre yeni yeni kuruluyor. Pek çok site var. Ve biz bir çevre kulübü kuruyoruz. Daha doğrusu duyarlı gençleri biraraya getiren bir topluluk oluşturmaya çalışıyoruz. Turnuvalar düzenlemeyi, çevreyi güzelleştirmeyi, gerekirse kapı kapı kitap, gazete toplamayı düşünüyoruz. Ama 'zaman kaybı' olduğu için babam toplantılara katılmamı istemiyor. (Haftada bir gün ve bir iki saat süren bir toplantı!) ÖYS sınavına kadar pasif olarak kalacağım. ÖYS'den sonra ne söylerler bilemiyorum.

Bunca yakınmadan sonra biraz da beni mutlu eden davranışlarını saymak istiyorum:

Başarılı olduğumda bunun takdir edilmesi, mutluluklarını belirtmeleri; eve bir şey alınacağı zaman ya da aileyle ilgili bir konuda bana da danışılması (son söz onların ama olsun); güncel olayları, geleceğimi oturup babamla tartışmak (bu bence, 'Artık büyüdün, bunları anlayabilirsin,' gibi bir şey söylemekle eşanlamlı); bana kitap almaları, yaptığım kek kötü de olsa, 'Güzel olmuş, eline sağlık,' demeleri, bana zaman ayırmaları ve bazen birbirimize kızdığımızda gelip gönlümü almaya çalışmaları...»

Tekrar dönelim gençlerimizle uzmanlarımızın birleştikleri noktaya. Gençlerimiz boş zamanlarını sanatla, sporla, sosyal ve kültürel etkinliklerle değerlendirmek istiyorlar. Ve çalışmak da istiyorlar.

Uzmanlar bizim gençlere boş zamanları değerlendirme alışkanlığı vermediğimiz gibi çalışma zevkini de aşılamadığımızı belirtiyorlar.

Böylece uzmanlarla gençlerimizin ikinci kez aynı noktada buluştuklarını görüyoruz.

Pek çok gencin duygu ve düşüncelerini dile getiren bu mektuplarda gördüğümüz gibi gençlerimiz yaşamlarına, çalışmayı ve boş zamanları değerlendirmeyi de kapsayan sosyal boyutu katmak istiyorlar.

Ev-okul-dersler üçgeni içinde sıkışıp kalmak istemiyorlar. Bu yetmiyor onlara. Yetmemeli de...

Nedir gençlerimizin bu mektuplarda dile getirdikleri istekleri? Arkadaşının evinde müzik dinlemek,

bir müzik aleti çalmak,

tiyatroya gidip bir piyes izlemek, sinemaya, konsere, maça gitmek,

spor yapmak,

okumak, okumak,

çevre, sanat, yardım derneklerinin sosyal etkinliklerinde rol almak,

part-time çalışmak,

gezilere katılmak, yeni yerler, yeni insanlar tanımak,

arkadaşlarıyla buluşup gezmek, bir yerde oturup çay içmek, gönlünce çene çalmak.

Şimdi söyler misiniz bu isteklerin hangisi kötü? Hangisi başıboş davranmak?

Tüm bu isteklerin toplandıkları nokta ev-okul-ödevler üçgeninde sıkışıp kalmamak, bunlara bir de sosyal yaşam boyutu katmak. Kendi küçük dünyalarından daha renkli, daha değişik dünyalara açılmak ve böylece daha dolu, daha anlamlı ve doyurucu bir hayat yaşamak.

Gençlerimiz böyle güzel şeyler istiyorlar diye onlarla gurur duymalıyız. Ayrıca bu istedikleri onlara bilgi, birikim ve görgü sağlamanın yanısıra kendilerine duydukları güveni de pekiştirecektir.

Bir insan düşünün ki, diyelim basketbol oynuyor, çok güzel yüzüyor; gitar ya da kanun çalıyor, konserleri kaçırmıyor, bol bol okuyor, dünyada olup bitenlerden haberi var. Bir yardım derneğinde çalışıyor ya da çevrecilik yapıyor. Bir dolu arkadaşı var; kimiyle sinemaya gidiyor, kimiyle ders çalışıyor. Kimileriyle de gidip Göreme'yi, Efes'i geziyor.

Böyle bir gence hayran olmaz mısınız?

Genç bir insan bunları yaşadıkça görgüsü artacak, nerede nasıl davranacağını bilecek, değişik ortamlarda susup kalmayacak, onun da söyleyecek sözü olacak ve bunları başarabildikçe de kendine olan güveni artacaktır.

Görgü ve bilginin insanın içgücüne desteği hepimizin tahmininin çok çok üstünde.

İşte gençlerimiz içgüce katkıda bulunacak bu sosyal boyutu da istiyorlar.

Peki bizler ne yapıyoruz?

«Eyvah, eğlenceye dalıp derslerine çalışmayacak,» diye pek çok şeye izin vermiyoruz. Sınavlarda başarılı olsun, gündelik yaşamda akıllı uslu olsun; bu arada da onu dış dünyadan koruyacağım diye kanatlarını nasıl da kırpıveriyoruz. Ve bunu hepimiz ama hepimiz, ben de, eşim de, en modern ve çağdaş geçinenlerimiz de yapıyor. Ve hiç de iyi etmiyoruz! Bunu görelim artık.

Çocuğumuza ve gencimize kişilik kazandıracak davranışlarla onu başıboş bırakmanın arasındaki o kalın çizgiyi lütfen artık farkedelim.

Geçenlerde çağdaş ve kültürlü bir kadın olan arkadaşımla konuşuyorduk. «Bu yaz çocuklarla bir dış gezi yaptık. Oralardaki gençlere baktım da düşünmeden edemedim,» diye söze başladı. «Örneğin, sırtında çantası, öğrencilere özel indirim uygulayan tren seferleriyle Avrupa ülkelerini gezmekte olan bir genç kızla tanıştık. Gezdiği, gördüğü yerleri anlattığında ben bile imrendim. Daha sonra aramızda konuşurken bu gençten takdirle söz ettik. Kendi başına geziyor, dünyayı görüyordu. Beğenimizde samimi olmasına hepimiz samimiydik de, kendi kızımızın okulun düzenlediği bir geziyle İzmir'e gitmesi bile olay olur bizim evde. İzin vermeden önce uzun uzun düşünürüm. Tutuculuk ne kadar iliklerimize işlemiş ki, bir başkasında görüp beğendiklerimizi, kendi kızımız sözkonusu olunca irkiliyoruz. Diyelim uzaklara göndermekten korkuyoruz, ülke içinde okulla gidilecek gezinin ne tehlikesi var? Bari daha güvenli gezilerde daha anlayışlı olsak ya... Düşüncelerimizle duygularımız ne kadar farklı.»

Aynı çelişkileri yaşayan bir anne olarak ona hak vermemek elde değildi.

Aile toplantısında belirlenen ev kuralları

Peki gençlerimizin bu tür istekleri karşısında ne yapmamız gerek? Önce karşılıklı oturup, sakin sakin onun bizden, bizim de ondan beklentilerimizi konuşup tartışmalıyız. Ama bunu yaparken daha özverili, anlayışlı ve ılımlı olan taraf biz olmalıyız. Öyle ya, yaşımız başımızdan, hayatı bildiğimizden, engin tecrübelerimizden söz eder dururuz ya, işte tüm bunların toplamı olan olgunluğumuzu sergilemek için şahane bir fırsat...

Bizde pek alışagelinmiş bir yöntem olmamasına karşın, uzmanlar aile bireylerinin belli aralıklarla ve herkese uygun rahat bir zaman diliminde, bir masa başında toplanarak evin kurallarını, aile bireylerinin görevlerini, karşılıklı bekelentilerini açık açık konuşmanın aile içi iletişimine büyük katkısı olduğunu savunuyorlar. Kurallar hep birlikte enine boyuna tartışılarak konursa, herkes nerede durduğunu bilecek ve evde kural kargaşası olmayacak. Kuralların konmasında katkıda bulunmuş olmak da o kurallara sahiplenmeyi ve uymayı getirecek.

Ayrıca böyle bir konuşma ortamı bireylerin birbirlerini daha iyi tanıma fırsatını yaratacağından, bu tür toplantılarda sorunlar da tartışılıp, dayanışma sağlanacak, anlaşmazlıklar karşılıklı konuşarak (umarız) çözülebilecek.

Herkesin sabahları aceleyle evden fırladığı, çalışanların yorgun argın geç saatlerde, gençlerinse kurslardan, derslerden kafaları şişmiş olarak kendilerini eve attıkları bir düzende bazen günler, haftalar geçiyor da birbirimizin yüzünü doğru dürüst görmüyoruz. Özellikle de modern hayatın hızlı temposunda arasıra bu tür birliktelikleri yaşamak, aynı evin içinde birbirimizi kaybetmemizi önleyecektir.

Diyelim masa başına toplandık ve farzedelim evde ilkokul çocukları var. İşte çocuklarımızla birlikte ve onların da fikrini alarak konuşmamız gereken konulardan bazı örnekler...

Çocuklar kaç saat ödev yapacak; bahçede ne kadar oynayacak; hangi televizyon programları, saat kaça kadar izlenecek; saat kaçta yatakta olunacak...

Evde hangi işe yardımcı olacak? Burada görevi seçmeli tutup, çocuğun yapabileceği ve sevdiği işe ağırlık vermek, görev duygusu ve iş yapma zevkini geliştirmek açısından önemli.

Bunlara karşılık, anne ve baba,

çocuğun her türlü gereksinimini karşılayacak,

çocuğa geceleri masal okuyacak,

belki de bir kuş ya da bir kedi veya köpek alınacak,

hafta sonu arkadaşları oynamaya gelebilecek ya da o götürülecek,

sirk gelmişse, sirke götürülecek,

çocuk filmlerine, çocuk tiyatrosuna mutlaka götürülecek,

parka götürülecek,

spor yapması mutlaka sağlanacak, örneğin yazın yüzme kursuna yazdırılacak,

müzikle tanıştırılacak, bir müzik aleti çalabilmesi için ders aldırılacak,

ve bu liste uzar, gider.

Diyelim evde gençler var. Onların da katılımıyla gerçekleştirilen toplantılarda konuşulabilecek bazı konular:

Yaşlarına göre akşam en geç saat kaçta evde olacaklar?

Arkadaşlarıyla buluşmaya giderken gidiş dönüş, trafik sıkışıklığı da gözönüne alınarak gerçekçi bir zaman saptaması yapılmalı. Gecikecekse mutlaka telefonla haber vermesi beklenecek.

Artık koca insanlar olduklarına göre kaç saat çalıştıkları değil, getirdikleri karne önemli. Karne kırık doluysa, bunun açıklamasını aile toplantısında yapması beklenecek. Ve duruma göre ya anlayışla karşılanacak ya da sosyal yaşamına kısıtlama getirilecek.

Evdeki görevleri nelerdir? Görevler yine ona danışarak saptanmalı. Gece disko için izin isteyen biri, görevlerine sahip çıkıp sorumluluk da üstlenmeli, öyle değil mi?

Her aile kendi düzeni ve anlayışı içinde bu örnekleri çoğaltarak uygulayabilir. Önemli olan hoşgörü ortamı yaratabilmek, birbiriyle saygılı biçimde her şeyi tartışabilmek ve yine birlikte bir uzlaşma sağlamak. Bunu yaparken birbirimiz hakkında öyle çok şey öğreneceğiz ki...

Evet, gelelim gencin anne ve babasına:

Gencin notları iyiyse, evdeki görevlerini de yapıyorsa, gezmesine, arkadaşlarına, müziğine, giyimine anlayış göstermeli;

notları iyiyse, «Sen yine de otur, çalış,» dememeli;

pek moda olan yırtık kotla dolaşıyorsa, «Ne o enflasyon çocuğu,» diye dalga geçmemeli; bu da bir dönemdir, geçecektir, diye yutkunmalı;

müziğini sonuna dek açmış dinleyen gencin kapısının önünden geçerken, «Sen de Beethoven gibi sağırsın galiba,» diye laf atmamalı, yavaşça tüm ara kapıları kapatmalı;

ve sevgili anne babalar bu liste de uzar, gider.

Şaka bir yana, böylesi bir aile meclisi kurup, her yaşın sorumluluk ve sorunlarını hem anne babalar, hem de çocuklar ve gençler konuşarak saptasalar, ne kadar iyi olurdu değil mi?

Bu noktada bir küçük öneri. Bu toplantıların olabildiğince keyifli geçmesini sağlamak açısından küçük ayrıntıları gözardı etmeyelim. Mevsimine göre yazın balkonda ya da bahçede; kışın sıcacık bir odada gerçekleşmeli bu biraraya gelmeler. Vazoda çiçeklerle, masanın üstünde aile bireylerinin sevdiği içecekler ve belki de bir tabak kurabiye ya da kekle, geri planda çok hafif bir müzikle... Kısaca bir mahkeme salonu değil; ailenin sevdiği ayrıntıları kullanarak tatlı, yumuşak ve zevkli bir beraberlik havası yaratmalıyız.

«Yapmazsan cezalandırırım» yerine «yaparsan ödül alırsın»

Şimdi bir de dönüp eskilere bakalım. Bizim çocukluğumuzda anne babalar tüm iyi niyetleriyle durmadan çalışmamızı ister, bunun yararına inanırlardı. Eşimin babası da bu babalardanmış. Kendisi on iki, on üç yaşlarındayken yaşadığı bir olayı gülümseyerek anlatır.

Ders çalışmayı pek de sevmeyen haşarı bir çocukmuş. Dönem sonunda tarih notu yine kırık gelince, babası onu karşısına alıp bir çalışma çizelgesi hazırlamış. O da tüm iyi niyetiyle bu çizelgeye uyarak derslerine çalışmaya başlamış. Bir gün yine okuldan gelip ödevlerini bitirmiş ve tam oynamaya bahçeye çıkarken babasıyla burun buruna gelmiş.

«Nereye?» diye sormuş babası.

«Bahçeye,» demiş oğlu.

«Derslerine çalıştın mı?»

«Çalıştım baba.»

«Ödevlerin bitti mi?»

«Hepsi bitti baba.»

«İyi,» demiş babası, «Öyleyse şimdi doğru odana. Akşama kadar o çalıştıklarının üstünden tekrar tekrar geç ki, öğrendiklerin pekişsin.» Ve eklemiş, «Hem öyle dersler bitti, ödevler bitti diye bahçeye çıkmak yok. Karnendeki notlar düzelene dek akşamları saat ona kadar odanda çalışacaksın. Başka kitap okumak yok. Ödevlerin biterse, dediğim saate kadar üstünden geçersin.»

Derslerimi bitirdim, diye sevinen çocuğun halini bir düşünün!

Bir iki günü böyle geçirdikten sonra zorunlu çalışma saatlerini doldurmak için gayet keyifli bir yöntem bulmuş. Çalışma masasının üzerine ders kitaplarını güzelce yerleştirmiş, kucağına da almış o dönemin en heyecanlı tarihi serüven romanı *Pardayanlar'*ı ve ev halkını hayretler içinde bırakarak, hiç sesini çıkarmadan belirlenen süreyi doldurmaya başlamış.

İçeri giren onu masa başında, kitabını açmış buluyor ve, «Maşallah bizim çocuk akıllandı,» diye pek seviniyormuş.

Bu arada gerçekten ödevlerini yaptığı için iyi notlar da almaya başlamış. Derken bir gün okurken uyuyakalmış. Aksilik bu ya, o gün de babasının onu kontrol edeceği tutmuş ve böylece... suçüstü yakalanmış! Neyse ki, babası anlayışlı davranmış ve zorunlu çalışma saatlerini, notlarını düzelttiği gerekçesiyle kaldırmış.

Günümüzde uzmanlarla eğitimciler daha uzlaşmacı ve esnek bir tutumu yeğliyorlar. Ödevlerini bitirdiyse, evdeki sorumluluklarını yerine getirdiyse, artık ona kendisinin sevdiği, istediği şeyleri yapma konusunda kısıtlama getirmememizi öneriyorlar.

Çocuklarımızı cezalandırarak değil, ödüllendirerek yönlendirelim. Bizim onlara vermek istediğimiz kavramları, onların bizden istedikleriyle bütünleştirelim. Böylesi bir yöntemle, öğretmek istediklerimiz çok daha zevkli bir hale gelecektir. Uzun uzun anlatmak yerine, ne demek istediğimi örneklerle göstermek istiyorum.

«Ödevin bittiyse, tabii ki konsere gidebilirsin yavrum.»

«Sofrayı toplamışsın, çok teşekkür ederim. Haydi git, sinemaya geç kalacaksın.»

«Karnendeki notlar böyle güzel olunca, geziye gitmek için sana nasıl izin vermeyebiliriz.»

«Notlarını düşürmezsen elbette gitar dersi alabilirsin. Derslerini, çalışma saatlerini ve temponu sen daha iyi biliyorsun, karar sana ait,» tarzında bir tutumla cezayı değil, ödülü öne çıkararak yönlendirmeliyiz gençlerimizi. Onlara sorumluluklarını yani dersleri ve evdeki görevlerini yerine getirmelerini öğretirken, «yapmazsan cezalandırırım» yerine «yaparsan ödülünü alırsın» tavrını benimsersek her şey çok daha yumuşak bir akışla gerçekleşecektir.

Ödüllendirmek deyince yine aynı haşarı çocukla ilgili bir başka öykü geldi aklıma.

İlkokul beşinci sınıftayken bir gün coğrafya dersine çalışmış ve öğretmenleri sınıfta, «Kim anlatacak?» diye sorunca hevesle parmağını kaldırmış. Öğretmeni sınıfa göz gezdirirken parmak kaldıranların arasında onu görünce hayretler içinde, «Durun çocuklar durun, bakın kim parmak kaldırıyor,» diyerek hemen onu tahtaya davet etmiş.

Küçük yaramaz kalkıp, sular seller gibi o günün dersini anlatınca öğretmeni şaşkınlıktan ne yapacağını şaşırmış. Onu kutlamış ve bu çalışma hevesini bir biçimde devam ettirmek için onu ödüllendirmeye karar vermiş.

«Aferin çocuğum,» demiş. «Bu kadar güzel çalıştığın için seni harita mümessili yaptım. Bundan böyle, ders bittikten sonra haritaları toplayıp öğretmenler odasına sen götüreceksin.»

Bu büyük onur karşısında geleceğin harita kolu neler hissetmiş dersiniz?

Başından aşağı kaynar sular inmiş! Çünkü onun için bu ödül değil cezanın dik âlâsıymış. Ders bitecek, herkes bahçeye oyuna koşacak, o ise sınıfta kalıp haritaları toplayıp rulo yapacak, öğretmenler odasına götürecek, defteri imzalatacak. Gitti teneffüs! Gitti oyun!

O günlerde öğretmeni de tıpkı babası gibi en iyi niyetlerle davranmıştı kuşkusuz. Ama bugün çocuğumuzu ödüllendirirken, bu ödülün hedefe varabilmesi için onun sesine de kulak vermemiz gerektiğini biliyoruz artık.

Bazı öğrenci için mümessil olup fazladan görev üstlenmek büyük bir onur. Ama bazısı için değil, onu mutlu edecek şeyler daha başka. Çocuklarımızı ödüllendirirken bizim için değil, onlar için ödül olanı bulup çıkarmalıyız.

Ödüllendirerek yönlendirmenin bir başka yararı da, bu ödüllerin geri çekilme olasılığının onları etkileyerek, «güzellikle eğitim» kapısını açmış olmasıdır.

Evde üstüne düşeni yapmayınca, derslerine çalışmayıp toto gibi karne getirince kaybedecek bir şeyleri olmalı. Yalnız burada çok duyarlı ve dikkatli olmalıyız. O kırık not gerçekten «dalga geçtiği» için mi alındı yoksa elinden geleni yapıyor da yine başarılı olamıyor mu? Elinden geleni yapan ama yine de başarılı olamayan gence ceza vermek, paylamak, düşene bir darbe de bizden, gibime geliyor.

O çok sevdiği gezilere gidememek, bir pop konserine katılamamak, gönlünce bahçede oynayamamak, sevgili arkadaşına gidip saatlerce çene çalıp müzik dinleyememek... Bunları yitirmemek, tam tersine kazanmak için evde katılımcı, okulda da sorumlu davranışlar sergileyecek, kendinden bekleneni yapacaktır.

İnandırıcı nedenleri olmadan, yaşına yaraşır zevklerine hak tanımazsak, çocukta da, gençte de ne çalışma zevki kalacaktır, ne de yapması gerekene bir istek.

Anneannem anlatırdı. Çok katı bir annesi varmış. Evlerinde dayak yaşamın doğal bir parçasıymış sanki. O daha küçücük bir kızken en ufak yaramazlıkta pataklanırmış. Hatta annesi ondan şüphelendiğinde bile poposuna iki şaplak atıp, «Gene kimbilir neler yapmışsındır sen,» dermiş.

«Durum böyle olunca,» diye anlatırdı anneannem. «Ben de madem öyle de dayak yiyorum böyle de, bari canımın istediği tüm yaramazlıkları yapayım, diye düşünür, her türlü muzırlığı yapardım.»

Öyle ya da böyle ceza vermek gibi bir şey sosyal yaşam için yapmak istediği şeylere öyle ya da böyle izin vermemek.

Oysa bu sosyal istekleri görevleriyle bütünleştirerek verirsek her şeyden önce hep almanın bencillik olduğunu, insanların elde etmek istedikleri için çaba sarfetmeleri gerektiğini, her şeyin bir bedeli olduğunu, verileni hak etme kavramını ona öğretebilmiş olacağız. Hayatta başarılı olmaları için çok gerekli bir ders bu.

Özgürlüğü hak etme fırsatı verilmeli

Uygar ülkelerin aklı başında gençlerine bakıyoruz. Yüzeysel açıdan gözlenince son derece özgürler, istedikleri gibi giriyor çıkıyorlar. Ama işin bir de öbür yanı var. Bu özgürlükleri hak ediyorlar. Daha doğrusu hak etmelerine «fırsat» veriliyor.

O ülkelerin gençleri hiçbir işi yüksünmeden yapıyor, para kazanıyorlar. Çünkü çalışmalarına izin veriliyor, teşvik ediliyorlar. Yaz aylarında restoranlarda, bürolarda, yazlıklarda çalışanların çoğu öğrenci. Kazandıkları parayı biriktirip ya başka bir ülkeye dil kursuna gidiyorlar, ya üniversite masraflarının büyük bölümünü karşılıyorlar ya da harçlık yapıp gezip eğlenmek için kullanıyorlar.

Böylece para kazanmanın ne demek olduğunu öğreniyor, o zaman da tutumları ona göre oluyor. Ailelerine karşı daha anlayışlı, isteklerinde gerçekçi oluyorlar. Ama bütün bunlardan haberi olmayan biri doğal olarak bencilce davrânacaktır. Hiçbir emek vermeden, hiçbir katkıda bulunmadan sürekli her şeyi isteyecektir. Ve hayata atıldığında da fena halde tokadı yiyecektir.

Peki nasıl oluyor da o ülkelerin gençleri hem çalışıyor, hem okuyor, hem de gezip tozuyorlar?

Görev duygusu ve sorumluluk çok küçük yaşta veriliyor da ondan. Evde işbölümü yapılıyor. Herkesin bir görevi var. Katılımcılık ve paylaşma öğretiliyor. Örneğin, çocuklar köpeğe bakıyor, bahçedeki yaprakları süpürüyor, kendi odalarını topluyor, bulaşık yıkıyorlar.

Buna karşılık görevlerini tamamlayınca, istediklerini yapmakta özgürler. Spor yapıyor, oyun oynuyor, sinemaya, arkadaşa rahatça gidiyorlar. Görevini yapmayan bu haklardan mahrum ediliyor. Böylece o küçücük yaşında, görevini yerine getirmek ve karşılığında eğlenceyi hak etmek kavramı yerleşiyor.

«Ödevin bittiyse ve köpeğin suyunu değiştirdiysen, arkadaşına gidebilirsin,» deniyor ona.

«Evi toplama sırası sendeydi. Bunu yapınca sinemaya gidebilirsin.» diye uyarılıyor.

Ama bunları yaparken duyarlı davranılıyor. Amaç çocuğu eğitmek, ona angarya yüklemek değil.

Bir de tersini düşünelim. Ona hiçbir şey yaptırmaz, her şeyi biz yaparsak ve bu yıllarca böyle sürüp giderse, çalışmaya alışmadığı için en ufak bir iş istendiğinde üşenip, «Aman anneee...» diye söylenecektir.

Ona keyif verecek yaşına uygun sosyal etkinliklere katılmasına izin vermezsek, evin içinde oflayıp poflayıp canının sıkıldığından söz ederek dolanıp duracaktır. Yaptığı işlerin karşılığında bir ödül alamayınca da, bir süre sonra bu yaptıkları ona anlamsız ve sıkıcı gelecektir. Her insan çabasının karşılığını almak ister. Emeğinin karşılığını alan, çalışma zevkinin ne olduğunu öğrenir.

Çalışma zevki ve boş zamanları değerlendirme ancak onların sosyal yaşamlarını zenginleştirmelerine izin vermekle gerçekleşebilir. Bir işde çalışmalarına, sanatla ilgilenmelerine, eğlenmelerine hak tanıyarak olur. Tüm bunlara bir de görevlerini yaparak, istediklerini hak etme koşulunu ekledik mi, bakın çocuğumuza ve gencimize, içgüç hanesine yazabilecekleri, neler kazandırmış olacağız.

Çalışma zevki,
görev bilinci,
sorumluluk duygusu,
sanat ve kültürle uğraşmanın getirdiği ruh zenginliği,
olumlu insan ilişkileri, insan sevgisi,
görgü, deneyim, kendine güven.

Küçük küçük dikkatler, duyarlılıklar; küçük küçük sözcükler, davranışlar nerelere kadar uzanabiliyor, değil mi?

Ve sözü yine gençlerimize bırakalım, bakalım neler diyorlar, neler düşünüyorlar.

«Benim de özel hayatım var!»

«Pek çok gençle aynı sorunu paylaştığımı sanıyorum. Ailem beni bir birey olarak kabul etmiyor! Benim de zevklerim, üzüntülerim, sevinçlerim, yaşam tarzım ve en önemlisi özel hayatım olduğunu kabul etmek istemiyorlar. Odamı bile kendi zevklerine göre döşemek istiyorlar. Özel bir telefon istedim odama. (Paralele bile razıyım.) Ama onlar, 'Bizim yanımızda konuş,' dediler. 'Benim de özel hayatım var,' dedim. Babam, 'Annenle benim özel hayatımız olabilir, sizlerin olamaz,' dedi.

Üstelik sosyal yaşamıma da karşı çıkıyorlar. Daha doğrusu homurdana homurdana izin veriyorlar, insanda istek kalmıyor. Sinema, tiyatro gibi yerlereyse film biter bitmez eve gel, diye gönderiyorlar. Beş dakika geç kalsam yine homurtular başlıyor ve babamın en çok kullandığı kelimeler olan, o yok, bu yok gibi sözlerle devam ediyor.

Bir arkadaşımla buluşup sohbet edeceğiz, çay içeceğiz, annem sadece yarım saat, bir saat izin veriyor. Yol yirmi dakika, git gel kırk dakika, bana ne kaldı ki... 'Bir saat neyine yetmeyecek, ne konuşacaksınız bu kadar, zaten canın sıkılır senin,' diyerek beni on dakikalık bir ziyaret için yollara düşürüyor. Oysa verse şöyle bir üç saat; iki saat doya doya arkadaşınla otur, dese... Senin iyiliğin için deyip neredeyse elime ayağıma zincir vuracaklar.

Ben yay burcuyum. Maceracı, yenilikci, özgürlüğüne düşkün... Onlara yaranmak için ütü bile yaptım. (Ev işlerinden nefret ederim.) Ama isteklerimin cevabı hep HAYIR oldu. Neden, diyorum. Bir açıklama, bir sebep istiyorum. Dönüp gidiyorlar. Ben nedenini biliyorum. Neden YOK. Sadece dizginleri bırakmak istemiyorlar. Özgürlüğün tadını alırsam hep isterim diye düşünüyorlar. Konuşmaya çalıştım. Babam fırsat bile vermeden savunmaya başladı. Benim düşüncelerim yanlıştı. (Oysa beni dinlememişti bile.) Ben küçüktüm, onun tecrübeleri vardı. Oysa ben kendi tecrübemi kendim yaşamak isterim. Herhalde ilerde çocuklarıma, 'Bunlar benim babamın tecrübeleri,' diyeceğim. Bana destek olsalar bir denesem, her düşüş bir deneyimdir. Düşmeme bile izin vermiyorlar.

Çalışmak, gerçek bir işde kendi paramı kazanmak istedim. Hamburgercide ya da turistik eşya satan bir yerde çalışacaktım.

İmkânlar uygundu. Annemin tanıdığı bir yerdi. Ama babam karşı çıktı. Ona göre benim çalışabileceğim yegâne yer onun dükkânıydı. Ben insanları, onlarla iletişim kurmayı seven biriyim. Babamın dükkânıysa siyah duvarları, sigara içen işçileri, yağlı makinalarıyla tam bir zindan benim için. Güneşten ve insanlardan uzak bir siyah cehennem.

Annem benim ev işi yapmamı istiyor oysa ben ev işini sevmiyorum. Annem, onun deyişiyle, benim orada burada sürtmemi istemiyor. Oysa onun sürtmek dediği temiz hava almak ve başımı dinlemek amacıyla güzel vitrinlerle dolu bir yolda ufak bir yürüyüş yapmak...

Ben gülmeyi seven ve kendini neşelendirmek için hep iyi şeyler düşünmeye çalışan biriyim (sayenizde) ve önerinize uyarak olumsuz düşüncelerden kaçmaya çalışıyorum. Ama insanın ailesinden kaçması zor. Evet, sanırım tahmin ettiniz. Benim annem de babam da somurtkanın teki. Beni en çok üzen de bu. Çok seyrek gülüyorlar ve iyice hantallaştılar. Hiçbir yere gitmek istemiyorlar, hiçbir etkinliğe katılmıyorlar. Neyse ki, ben onların yanında bile neşemi korumayı başarabiliyorum (sayenizde).

Yine de onlar benim için dünyanın en iyi anne babası, çünkü en çok onları seviyorum.

Umarım bu kitabınız anne babaları üzmeden ve kızdırmadan uyarmayı başarır.»

Ah sevgili gençler ah, ben de bütün kalbimle anne babaları üzmeden ve kızdırmadan bu işi başarabilmeyi öyle çok istiyorum ki...

Girişimlerine engel değil, destek olalım

Gelelim uzmanlarla gençlerin birleştiği üçüncü noktaya:

Gençlerimiz girişimlerde bulunmayı ve bağımsız davranmayı öğrenmek istiyorlar.

Uzmanlar girişimciliği desteklemediğimiz ve gençlere bağımsız davranmayı öğretmediğimizi söylüyorlar.

Ve böylece üçüncü kez uzmanların önerileriyle gençlerin dilekleri birleşiyor.

Gençlerimiz hayat hakkındaki bazı gerçekleri kendileri yaşayarak öğrenmek istiyorlar. Çalışmak, para kazanmak, insanları tanımak... Bunları kendi başlarına yapmak... Kendilerini denemek... Sıkıştıklarında bize ve deneyimlerimize başvurmak... Ve tüm bunların gerçekleşebilmesi için bizden hoşgörü bekliyorlar. Ve sanki bizlere seslenerek şöyle diyorlar:

«Bırak önce ben bir kendimi deneyeyim, yapabileceğimi yapayım. Bir noktada tıkanıp kalırsam, sana gelirim; sen bana o zaman yardım et. Ama ne olursun işi başından yasaklayıp önümü kesme ya da ilk hatamda bunu yüzüme vurup cesaretimi yitirmeme neden olma. Bırak yapabildiğimi yapayım ve bırak rahatça sana gelip, şunu şunu yanlış yaptım, bana doğrusunu göster, diyebileyim,» diyorlar.

İşte yaptığı çalışma sonucu başarı elde eden, bunu kendi başına yapabilmenin kıvancını yaşayan bir genç. Aşama yaptığını hissedip güçlenmiş bir genç insan.

> «Anne ve babama bir şey için teşekkür etmek istiyorum. İsterseniz şöyle anlatayım. Ben bir reklam şirketinde çalışıyorum. Bir ürünün tanıtımı vardı ve tatil yörelerini bir ay boyunca gezecektik. Önce annemle konuştum. İlk duyduğu an telaşlandı ama sonra kabul etti. Öyle sevindim ki anlatamam. Aslında annem hâlâ çelişkiler içindeydi ama bir kere izin vermişti, gidecektim. Annem izin verdiği için babam da burun kıvırarak kabul etti.
>
> Ve yolculuğa Marmara'dan başladık. Ege ve Akdeniz'deki tatil yörelerini gezdik. Bir yandan çalışıyor, bir yandan da tatil yapıyordum. Annem ve babam yoktu yanımda ve ben kendi ayaklarım üstünde durmak zorundaydım. Bir yığın problem yaşadık, pek çok sorunla karşı karşıya geldik, bazen parasız bile kaldık ama asla yılmadık ve çareler ürettik. Ve gördük ki çareler tükenmiyor.
>
> Bu bir aylık iş gezisinin kişiliğim üzerinde çok olumlu etkisi oldu. Artık daha cesur, daha atılganım.

Sevgili anne babalar, çocuklarınızın biraz yalnız kalmalarına izin verin. Bir fırsat çıkarsa, onlara izin verin. Çünkü sizler her zaman bizim başımızda olmayacaksınız. Bırakın çocuklarınız hayatın zorluklarını da yaşasınlar. Ve biliyor musunuz o zaman yaşamın güzel olduğunu da anlayacaklardır. Ben bunu yaşadım. Birçok zorlukla karşılaştık ama neyi keşfettim biliyor musunuz? Yaşamak çok güzel. Tüm zorluklara, sorunlara karşın yine de güzel. Belki de yaşama anlam katan bu sorunlardır, ne dersiniz?

İşte bu yüzden teşekkür etmek istiyorum annemle babama. Bana bu şansı tanıdıkları için binlerce teşekkürler.

Unutmadan bir şeyi daha yazmak istiyorum. Son gittiğimiz yer Antalya'ydı. Antalya'dan İstanbul'a tek başıma geldim ve garajdan bir taksi tutup eve ulaştım. Annem ne dedi biliyor musunuz? 'Ben bu yaşımda o kadar uzun yolculuk yapmaya ve taksiye tek başıma binmeye çekinirim.'

Aslında annem buna çok sevinmişti. Hissediyordum bunu ama nedense dışa vurmuyordu.»

Bizler çalışma konusunda nedense çekingeniz. Sanki çocuğumuzun çalışması, para kazanması ayıp. Oysa çalışmak güzel şey. Para kazanmak da öyle. Emeğin değerini, paranın nasıl kazanıldığını bilmek bir olgunluk veriyor insanlara. Dünyadan haberi olmayan prenseslerle, beyaz atlı prensler değil, ayakları yere basan gençler olmalı bizim çocuklarımız.

Ve bu konuda bizler önderlik etmeliyiz. Ayıplamak, çalışmayı küçümsemek yerine, onları girişimlerinde desteklemeliyiz. Bağımsız davranabilmeleri için fırsatlar yaratmalıyız.

Örneğin, hep düşünmüşümdür ortaokul ve lise çağlarındaki gençlerimiz, tabii eğer kendileri istiyorlarsa, ufak tefek işlerde çalışıp harçlıklarını çıkarsalar, fena mı olur diye. Çarşıda alınacak öyle güzel şeyler var ki... Rengârenk kazaklar, kotlar, spor ayakkabılar... Hele de o kırtasiye dükkânları sanki bir başka âlem. Renkli dosyalar, çeşit çeşit kalemler, defterler, ilginç not defterleri, kalem kutuları...

Bugünkü ortamda bizler çocuklarımızın gerekli ihtiyaçlarını ancak karşılayabiliyoruz. Onlarsa bu saydıklarıma bayılıyorlar. Gençlerimize çalışma ve fazladan para kazanma ortamı hazırlasak bu yararlı bir girişim olmaz mı? Bir yandan para kazanmanın ne olduğunu öğrenseler, diğer yandan «kendi» paralarıyla canlarının istediği bir şeyi alabilmenin keyfini yaşasalar...

Üniversiteli gençlerimiz yeni yeni çalışmaya başladılar. Ders programına göre kimi kışın, kimi de yazın, tatilde, tüm zorluklara karşın çalışıyorlar. Zorluk derken, öğrencinin çalışabilmesi için, özellikle bu konu düşünülerek hazırlanmış koşullar ne yazık ki, henüz yok bizde. Oysa başka ülkelerde üniversite programları sanki lisenin uzantısıymış gibi değil, çok daha esnek hazırlanıyor. Ve böylece öğrenci ders saatlerini bir ölçüde kendi programına göre düzenleyebiliyor. Örneğin, derslerini sabah saatlerinde topluyor, böylece öğleden sonraya konmuş bir tek ders için tüm gününü vermek zorunda kalmıyor. Part-time iş alabiliyor. Sabah üniversiteye, öğleden sonra işine gidebiliyor. Zor, ama zoru başarmak isteyenlere bir olanak tanınıyor en azından.

İş arayanlar için üniversitenin belli bir yerine ilanlar asılıyor. Okul, öğrencilerin iş bulmasına yardımcı oluyor. Hoş, bizde de bazı üniversitelerde bu tür uygulamalar başladı ama yeterince yaygın değil. Gençlerimiz kapıları zorluyorlar. Kimi gece okula gidip gündüz çalışıyor; kimi bazı derslere girmeyip arkadaşlarından aldığı notlarla idare ederek part-time işini sürdürüyor. Dilediğimiz öğrencinin çalışmak isteyebileceği gözönüne alınıp daha esnek ders programlarının düzenlenmesi.

Ama benim değinmek istediğim orta, lise çağlarında da onlara çalışma ve para kazanma olanaklarının yaratılması. Buradaki kazanç dolgun bir harçlığın çok ötesinde. Onlara izin verip çalışma alanları yaratırsak çok daha genç yaşta bağımsız ve girişimci olmayı öğrenecek, olgunluk kazanacaklar. Aslında gençlerimiz bu konuda istekliler. Bu fikri kabullenmesi gereken onlar değil, bizleriz.

Hepimizin yaşamında yetişemediği ama yapılması gerekli işler var. Hemen aklıma geliveren; görmekte zorlanan dedeye günlük gazetenin okunması, seyahate çıkmış komşunun çiçeklerinin sulanması, varsa kedisi ya da köpeğine bakılması, mektuplarının saklanması; yaşlı birinin faturalarının ödenmesi, evinde devamlı yardımcısı olmayan bir tanıdığın çay davetinde servis yapıp, bulaşıklarının yıkanması; bir çocuğa ders verilmesi, tozlu arabaların temizlenmesi, akşam yemeğine çıkan tanıdık bir çiftin bebeğinin beklenmesi, daktilo bilenin yazılması gerekli mektup ya da yazıları daktiloya çekmesi, ehliyeti olanın havaalanına gidecek bir tanıdığı götürüp bırakması, sonra arabasını getirip evinin önüne park etmesi, gezi sonunda da yine havaalanına giderek karşılaması. Bu çizgide düşünürsek neler var neler...

Ama biz ne yapıyoruz?

«Aaa, Sabiha Teyzenin çiçeklerini suladın diye para alacak halin yok herhalde.»

«Senin fiziğin kuvvetli, arada sırada Ayten Teyzenin oğluna bir iki şey gösteriversen ne olur yani.»

Bir de çocuğuna para teklif edilmesini kabul etmemenin yanısıra bunu hakaret olarak alanlar var.

Bütün bu duygularla yetiştirilen çocuk da doğal olarak para kazanmak için çalışmayı istese bile çekindiği için girişimde bulunamıyor.

Bu durumu aşabilmek için biz büyükler aramızda anlaşıp çalışmaya hevesli gençlerimize olanaklar yaratmalı ve onları desteklemeliyiz. İşi öneren kişi bedeli ödemekte ısrarlı olmalı. Gençlerimiz henüz, ben şu işi şu kadara yaparım, diyebilecek durumda değiller. Onun için bizler yardımcı olmalı, bu tür bir iş öneriyorsak kesin bir dille ödeme yapacağımızı bildirmeli, gencimize de emeğinin karşılığını almasında hiçbir sakınca olmadığını açıklamalıyız. Böylece küçük paralar karşılığında bizlerin yetişemediği işler görülecek, gençler de emeklerinin karşılığını aldıklarından çalışmayı sevecek, deneyim kazanmış olacaklardır.

Herkes kendi çevresinde bir grup oluşturarak böyle bir karar alırsa, görün çocuklarımız boş zamanlarında nasıl çalışıyorlar.

Bakın bir gencimiz ne yazmış.

> «Ben yazı yazmayı çok seviyorum. Arkadaşlarımca güzel olarak nitelendirilen öykülerim ve şiirlerim var. İngilizce bildiğim için rahatlıkla çeviriler de yapabiliyorum. Ama bunların bana, en azın-

dan parasal açıdan, bir yararı yok. Ailemin durumu çok iyi değil ve ben hiç değilse kendi ufak ihtiyaçlarımı karşılayabilmek istiyorum. Bir işe girmemi ailem onaylamıyor. Para kazanmak için elimde bulunan bu fırsatı değerlendirememek de beni kahrediyor. Bu yüzden size danışıyorum. Ne olur bana bir yol gösterin. Hem okuluma devam etmek, hem de az da olsa bir şeyler kazanmak için nereye başvurabilirim?

Annemle babama seslenmek istiyorum. Neden bir iş yerinde çalışmam sizlere bu kadar itici geliyor?

Bu arada sizin *Bir Pırıltıdır Yaşamak* adlı kitabınızda yazdığınız işlerden hiçbirini beğendiremedim onlara. Zaten komşularla samimi olmadığımız ve sokağımız öyle candan insanlarla dolup taşmadığı için pek çoğunu elemiştim. Sanırım tek şansım kalemim. Başka yolla para kazanabileceğe benzemiyorum.»

Böylesine olumlu şeyler yapmak isteyen pırıl pırıl bir gence ancak saygı duyulur. Bütün istediği «çalışmak», kendi yükünü bir ölçüde kaldırarak, aile bütçesine katkıda bulunmak.

Bazı aileler çocuklarının şımarıklığından, acımasızca her şeyi istemelerinden yakınırken, bu genç ne güzel bir şey yapmak istiyor. Ama çalışmasına izin verilmiyor. Kalemiyle para kazanabilmesiyse öyle zor ki... Koca koca yazarlar bile evlerini geçindiremiyor, ek işlerde çalışıyorlar.

Okullarımızda, çalışmak isteyen gençlere yardımcı bürolar yok. Oysa bu o kadar da zor bir şey değil ki... Gelişmiş ülkelerin üniversitelerinde ve diğer okullarında öğrencilerin iş bulmalarına yardımcı olacak bürolar var. Çalıştıracak insan arayanlar gerekli vasıfları sıralayarak okula başvuruyorlar. Bu başvurular okul tahtasına asılıyor. İşler, çocuk bakıcılığından garsonluğa, daktilo yazmaktan bir butikte çalışmaya kadar uzanıyor. Bu arada okul, işyerinin saygınlığını kontrol ediyor.

Öte yandan iş arayan genç aynı tahtaya yapabileceği işi belirterek iş aradığını duyuruyor; tahtadaki ilanlara bakıyor ve kendisine uygun olan varsa başvuruyor. Neden bizim üniversitelerimizde ve liselerimizde böyle bir uygulama yapılmaz?

Az önce okuduğunuz mektubun yazarı gibi daha nice genç çalışma isteği ve gereksinimi duyduğu halde hem aile, hem de eğitim kuruluşları tarafından adeta kıskaca alınıyor ve çaresizlik içinde çırpınıyor.

İnsan çok ama çok üzülüyor.

Belki de okulu aracılığıyla bir iş bulabilse o zaman bu gencimiz ailesinden izin alabilecekti. Arada okulu var, çalışacağı yer okul idaresi tarafından da onaylandı diye ailesi daha huzurlu olabilecek ve ona izin verecekti. Çünkü bu izin vermemelerin gerisinde hep o çocuğumuzu koruma arzusu yatıyor.

Bizlerin veliler olarak eğitim kuruluşlarını zorlamamız gerek. Okul toplantılarında bu önerileri dile getirmeli ve çareler aramaya yönelmeliyiz. Gençler için iş bulma bürolarının kurulabilmesi amacıyla yöneticilere başvurmalıyız.

Karşımıza uğraşmak istemediği, üşendiği için dudağının kenarında, «Şu zibidilere bak, yeni yeni icatlar çıkarıyorlar; işimiz başımızdan aşmış zaten,» dercesine alaycı bir kıvrımla, yönetmelikle başlayarak her türlü engeli sayıp dökecek bir yönetici çıkabilir. İşin peşini bırakmayalım ve daha başka yöneticiler, öğretmenleri bulup onlarla konuşalım. Öyle özveriyle çalışan, daha iyi bir şeyler yapmak, gençlere bir şeyler verebilmek için çırpınan yöneticiler ve öğretmenler var ki... Onlarla konuyu tartışalım, onların programı yoğun olduğu ve zaman sıkıntısı çektikleri için yardım önerelim, gönüllü olarak görev almaya hazır olalım. Karşılıklı çareler üretmeye çalışalım. Bilinçli veliler ve anne babalar olarak her şeyi devletin ya da kuruluşların düşünmesini beklemek yerine, bizler ne yapabiliriz, sorusunu sorup sonra da kolları sıvayıp düşündüklerimizi uygulayabilmek için çaba gösterelim.

Gelişmiş ülkelerde yapılabiliyorsa, neden bizde de yapılmasın?

Bunu başarabilirsek, bu mektubu yazan gencimizin ve onun gibi nicelerinin yaşadıkları sıkıntılar boşa gitmeyecek, en azından onlardan sonra gelecek gençlere bir ışık yakılmış olacak.

Gençleri «dinleyince» olumlu ne çok düşünceler ve öneriler çıkıyor ortaya...

Yetenek pırıltılarına sevgi kıvılcımıyla destek

Şimdi biraz da meslek seçimi hakkındaki düşüncelerine bakalım.

«Derslerimde çok başarılıyım. Sürekli okul derecesine giriyorum ve matematiği çok seviyorum. Ancak ilgi alanım, sanat. Özellikle de tiyatroya âşığım. Öyle ki, 'Sen yeteneksizsin, tiyatroda ne yapacaksın?' gibi sözlere hiç tahammülüm yok. Bunları duyduğumda küplere biniyorum ve hırsım bir kat daha artıyor. Aslında bir ara konservatuvara girmeyi bile düşündüm fakat daha sonra ya ikinci bir meslek ya da amatörce uğraşmayı uygun buldum.

Bir tiyatro eserini izlediğim sürece koltukta rahat oturamıyorum. Ve o eserin bir hafta etkisinde kalıyorum.

İşte bu nedenle anne babaların çocuklarının istediği yönde ilerlemesine destek olmalarını diliyorum. Herhangi bir aksi eleştiri -şakayla karışık iğneleyici bir söz- o kişiyi hırslandırıp, çevresinden soğutuyor. Onun için anne ve babalar size sesleniyorum. Evlatlarınıza arka çıkın ve destek verin.

Bunları anlatabilme fırsatını bize tanıdığınız için size çok teşekkür ediyorum.»

Geleceği hakkında karar vermek, hele de hayat deneyimi yoksa kolay bir iş değil. Gençlerimiz bunun bilincindeler, onun için de bu gerilimi yaşıyorlar. Kişinin sevdiği bir işde çok daha başarılı ve verimli olacağını biliyorlar. Ama sadece o konuyu sevmenin yetmeyeceğinin de farkındalar.

Acaba yetenekleri var mı?

Acaba geçimlerini sağlayabilirler mi?

Bunları da düşünüyor, sorguluyorlar. Ve tüm bu bunalımlı düşünce süreci içinde şaka yollu da olsa edilen bazı sözlere fena bozuluyorlar.

Bu dönemde çocuklarımıza en büyük yardım biçimi onları dinlemek, onlarla konuşmaktır. Karşılıklı fikirler üretmek ya da bir fikrin değişik yönlerden incelenmesi de yararlı olacaktır. Karşılıklı konuşurken düşünceler insanın zihninde berraklaşır ya, işte gençlerimize bu olanağı tanımalıyız.

İlgi duyduğu alanlar hakkında sorular sorup, yanıt alabileceği kişilerle tanıştırmalıyız onları. O konuyla ilgili yazıları kesip vermeliyiz, okusun diye.

Tüm bunlar gayret ister, yol göstermek için kafa yorup yöntemler üretmek ister. İşte gençlerimiz için göstermemiz gereken çabalardan bir başkası daha...

Ve bu arada bir şeye çok dikkat etmeliyiz. Bizim ne istediğimiz değil, onun ne istediği önemli. Hayat onun. Onun mutluluğu ve başarısı önemli, bizim içimizde kalmış hevesler değil.

Sırf babasını mutlu etmek için tıp eğitimi yapan bir genç kız tanıyorum. Üçüncü yıl müthiş bir bunalıma girdi ve sonunda okulu bırakmak zorunda kaldı.

Bizim kızımız için hayallerimiz olabilir, onu saygın bir doktor hanım olarak görmek istememiz çok doğal. Ama ne derece doğru ve sağlıklı bir istek bu? Bu noktada irademizi kullanıp kendi arzularımızla; onu mutlu edecek, yetenekleriyle doğru orantılı yönelişlerin arasındaki farkı görmeliyiz ve seçtiği yolda ona yardımcı olmalıyız.

Özel bir yeteneği varsa, bunu geliştirebilmesi için destek olmalıyız. Başarılı sanatçılara bir bakın; arkalarında hep ilgili ve özverili anne babalar görüyoruz. Çocuğunun yeteneğini küçücük yaşında farkeden, dikkatli ve gözlemci, çocuğunun elinden tutup onun yetişmesi, yükselebilmesi için ona gerekli eğitimi veren, hocalar tutup, çalışmalarına destek olan ana babalar bunlar.

Bir Mozart, babası olmasa tüm dünyaya malolabilir miydi? Bir İdil Biret anne babasının özverisi olmasa Türkiye'nin dünya çapındaki gururu olabilir miydi?

İşi oluruna bırakmak yerine, çocuklarımızı gözleyelim ve onlardaki pırıltıların ışıl ışıl yanabilmesi için elimizden geleni yapalım. Her çocuğun öne çıkarılması gereken bir yanı vardır, mutlaka vardır. Bunun için ille de dâhi olması gerekmez. Kimi neşeli ve esprilidir; kiminde matematik kafası vardır. Kimi zevklidir; kimi sessizdir, çok okur. İşte bu ışıkları görelim, onları geliştirelim ve yeteneklerini, belirgin vasıflarını ortaya koyabilmeleri için onlara destek olalım.

Şimdi de bu konuyla ilgili iki mektuba göz atalım isterseniz.

«On dokuz yaşında bir genç kızım. Bu yıl ilk kez üniversite sınavlarına girdim ve İstanbul Üniversitesi Edebiyat Fakültesi İngiliz Dili ve Edebiyatı bölümünü kazandım. Bu bölüm idealimdi.

Ama şöyle bir ortaokul ve öncesine bakınca şu yaşımda çoktan başka bir yerde olabilirdim, diyorum. Neden mi? Çünkü spora çok büyük bir ilgim ve (söylendiğine göre) büyük bir yatkınlığım vardı. (Hâlâ da var.) Hatırlıyorum, ortaokul birde okulda jimnastik seçmeleri olmuştu. Anne babama sormadan seçmelere katıldım. Sıra bana geldiğinde tüm becerimi göstermek üzere hazırlandım. Ancak hareketlerin yarısını yapmadan hocalar beni durdurdular ve, 'Allahım sen büyük bir yeteneksin,' dediler. İnanın, harcandığımı bile söylediler.

Şimdi düşünüyorum da, eğer beni destekleyen ya da bu yeteneğimle ilgilenen olsaydı her şey aynı olur muydu? Kısacası annemle babam beni desteklemediler. Öğretmenler bana birkaç yeni hareket daha yapıp yapamayacağımı sordular. Öyle ki, daha gösterir göstermez aynını hiçbir ön çalışmam olmadığı halde yaptım. Ağızları açık kaldı. Biraz daha ileri gidip, belki de disiplinli bir çalışmayla Türkiye'nin gururu olabilirdim, diyorum. Kendimde bu gücü hissettim ama onlar sırf özveride bulunmak istemedikleri için benim bu işi bırakmamı istediler. Hocalar onları, benim bu yeteneğim hakkında konuşmak için okula çağırdılar. Ne yazık ki, önemsemediler bile. Benim daha birçok dalda yeteneğim var aslında. Müzik ve voleybol bunlardan ikisi. Eminim bu konularda da bir yere gelebilirdim ama olmadı. Çünkü sebep hep aynı. İlgilenmediler ve destek olmadılar.

Anne babalar işte bunu yapmasınlar. Önümüze hep engeller çıkarıyorlar onları yok edeceklerine. Bu bana oldu, bari diğer anne babalar çocuklarının üstün yeteneklerine sahip çıksınlar.

Onlara destek olup, ilgilensinler. Bilmiyorum ama bu bana biraz bencillik gibi geliyor. Gamsızlık... Çünkü maddi olanak da vardı. E, öyleyse? Birazcık özveride bulunmak bu kadar zor muydu? Şu kısacık ömrümü binbir başarıyla doldurabilir, onun da ötesinde Türkiye'ye başarılar getirebilirdim. Ne olur engel olacaklarına destek olsunlar! Birazcık özveri, birazcık destek...

Şunu da eklemek istiyorum. Logan Pearsall Smith,

'Yaşamda hedeflenecek iki şey vardır. Birincisi, istediğini elde etmek, ikincisi ondan hoşlanmaktır,' demiş. En azından üniversitede idealimi kazandım ve bundan da çok memnunum.»

Şimdi okuyacağınız mektubun yazarıysa kitapta «Aile ve Sanat» başlıklı bir bölümün olmasını önererek bakın neler anlatmış.

«Ben İzmir Anadolu Güzel Sanatlar Lisesi müzik bölümü öğrencilerindenim. Küçük yaştan beri müziğe olan ilgim ve ailemin desteğiyle eğitimimi müzik üzerine yapmaya karar verdim. Bu olayı size üzerinde durduğumuz konuya güzel bir örnek olarak anlatmak istiyorum.

Okulumuz, liseye girecek öğrencileri okulun açılmasından bir ay önce yapılan yetenek sınavıyla seçer. Tabii ben de bu sınava önceden hazırlık yaptım. Sınav günü anne ve babamın büyük desteğiyle (onlar olmasa ne yapardım) sınava girdim. İki gün üst üste süren sınavlarda başarılı oldum. İşte artık ben de bir liseli, üstelik geleceğin müzisyen adayıydım. Okula başladıktan sonra ailem daha anlayışlı ve bana daha yakın olmaya başladı. Bu beni hem sevindiriyor, hem de şaşırtıyordu. Çünkü tam buna kesin izin vermezler diye düşündüğümde bana arka çıkıyorlardı. Ama ben de çok değişmiştim. Ne yapmak istediğini bilen bir ben vardı artık. Yavaş yavaş gerçek hayatın farkına varıyordum.

Altını çizmek istediğim nokta, anne babamız bizi her şeyden çok sever ama biz de onları mutlu etmek için elimizden geleni yapmalıyız. En başta önyargılı olmamalıyız. Eğer bunlar gerçekleşirse keşkeler ortadan kalkacaktır.

Kendi açımdan şöyle diyebilirim: *Anne ve babamın bende böyle bir pırıltı gördüklerinde, bunu bir sevgi kıvılcımıyla hiç sönmeyecek hale getirmeleri öyle hoşuma gidiyor ki...»*

İki mektubun arasındaki farkı sizler de duyumsamışsınızdır. Birinci mektupta mutluluk için bir savaş veriliyor. Seçtiği dalda mutlaka çok başarılı olacak bir genç. Ama kaç yaşına gelirse gelsin zihninin gerisinde hep o yapamadıkları kalacak. Öteki mektuptaysa mutluluktan uçan bir ifade insanı sarıp sarmalayıveriyor, okurken o gencin mutluluğu içini ısıtıyor. Yetenekli olduğu ve sevdiği bir dalda ilerleyebilmesi için bir de ailesinin desteğini alınca nasıl da sevinçli ve şükran dolu...

İşte biz anne babaların onların yaşamında ve mutluluğunda yarattığı fark...

Ve Cholmondeley'den güzel bir deyiş. «Bir çocuğun mutluluğu öyle bir armağandır ki, onu ancak anne babalar verebilir.»

Fazla söze ne hacet.

Bakın pek çoğumuzun, «Ne var bunda yani,» diyebileceğimiz sıradan bir olay ve gencimize kazandırdıkları...

«On yedi yaşındayım. Bu yıl Yıldız Teknik Üniversitesi Çevre Mühendisliğini kazandım. Çağrınızı okuyunca ailemin bir hatasının bana nasıl yardımcı olduğunu anlatmak istedim.

Bir pazar günüydü. Fatih Ormanlarında pikniğe gitmiştik. Annem, babam, ablam, eniştem, ağabeyim, yengem ve ben. Bisikletimi de götürmüştük. Bisiklete binerken düştüm. Ciddi bir kazaydı. Sol dirseğim ve sağ elimin içi parçalanmıştı. Düştüğüm yer annemlerin yanına çok uzaktaydı. Yine bisikletime binerek annemlerin yanına geldim. Düştüğümü söyledim ve tabii nasıl düştüğümü anlattım. Hepsi gülmeye başladılar. Çok kızmıştım, ağlamaya başladım. Yaralarımın verdiği acıdan değil, onların bana bunca ilgisiz davranmalarına üzülmüştüm. Annem yaralarımı yıkamama yardım etti ve mendille sardık. Benimle ilgilenmeyip, bana güldükleri için hiç yanlarında durmadım. Tekrar bisiklete bile bindim, çünkü kızgınlığım acılarımı unutturmuştu. Eve gel-

diğimizde yaralarım çok ağrımaya başlamıştı. Orada benimle ilgilenmedikleri için evde ilgilenmelerinin gereksiz olduğunu söyledim. Bir yandan ağlıyor, bir yandan da yaralarımı kendim sarmaya çalışıyordum. O akşam yapabileceğim her şeyi kendim yapmaya karar verdim. Saat sekize geliyordu.

Deniz kenarına indim ve kitap satanların sergilerini gezmeye başladım. Kitaplara bakarken birden hiç kitap okumadığım aklıma geldi. Utandım. Okuduğum kitap sayısı öyle azdı ki... Hemen iki tane kitap aldım. Bunlardan biri sizin *Bir Pırıltıdır Yaşamak* adlı kitabınızdı. Önce sizin kitabınızı okumaya başladım. Sanki benim hayatımı anlatıyordunuz. Bana, yapmak isteyip de yapamadığım pek çok şeyi hatırlattınız. Önceden kitap okumadığım için kendime kızmanın yersiz olduğunu anladım ve elime geçen parayı kitaba yatırmaya, aldığım kitapları da okumaya başladım.

Gazetenin kuponlarını biriktirip ansiklopedi almıştım. Bu ansiklopedileri de hiç karıştırmamıştım. Madem çevre mühendisi olacaksın, biraz bilgi edinmelisin, dedim kendi kendime ve ansiklopedide çevre konusunda bulabildiğim tüm yazıları okumaya başladım. Öğrendiklerim beni hayrete düşürdü. Bunları öğrendiğim için o kadar sevindim ki... Kendimi çok sevdim, kucakladım. Öğrendiklerimi not alarak arkadaşlarıma da anlatmaya başladım. Bu beni daha da mutlu etti.

Ailemin bu ilgisizliği ya da benim öyle algılamam, beni böyle davranmaya itti. O gün üstüme düşüp, yaralarımı sarıp kımıldamamamı isteselerdi belki de bu kararları alamayacak, kitap okumanın eksikliğini anlayamayacak ve hepsinden önemlisi kendi başıma bir şeyler yapmam gerektiğini anlayamayacaktım.»

Şimdi eminim, ilgi göstersen bir türlü, göstermesen bir türlü, diye mırıldananlarımız olacaktır. Dedik ya, ana babalık zor zanaat. Hem ilgi göstereceğiz, hem de bazı şeyleri kendi kendine bulup çıkarması yani bağımsız davranmayı öğrenebilmesi için ilgimizi geri çekeceğiz. Aradaki farkı, yani ne zaman ilgi gösterip, ne zaman ilgimizi kontrol altına almamız gerektiğiniyse duyarlılığımızı geliştirerek bilebileceğiz.

Ve bu bağlamda çocuk yetiştirme konusunda yaşadığımız çelişkileri esprili bir dille anlatan sözcüklerse John Wilmot'a ait.

«Evlenmeden önce çocuk yetiştirme üzerine altı teorim vardı. Şimdiyse altı çocuğum var ama hiç teorim yok.»

Boşa gitmeyecek emekler ve dostluklar

Şimdi de insan ilişkilerinde kızına, yaşamını aile bireyleriyle kısıtlamasının doğru olmadığı konusunda uyarıda bulunan, kendi dost çemberini oluşturarak güçlenmesini, daha bağımsız olmasını sağlayan bir anne ve mesajı alıp uygulayan bir genç insanın yazdıkları...

> «Neden gerçek bir dostum yok, diye düşündüm kendi kendime. Galiba suç bendeydi. Çok arkadaşım vardı ama bir 'dostum' yoktu. Bunu anneme anlattığımda, o da hatanın biraz da bende olduğunu söyledi. Çok çabuk arkadaşlık kurup bu arkadaşlıkları yine çok hızlı söküp attığımı, oysa arkadaşlığın ya da 'dostluğun' daha zor oluşan ama kolay kolay yıkılmaması gereken sağlam bir ilişki olması gerektiğini söyledi. Ve yerden göğe kadar haklıydı. Bir de galiba insanları oldukları gibi kabullenmem gerektiğini anlamam lazımdı. Şimdi yavaş yavaş bunu anlıyorum ve kimlerin 'gerçek dostlarım' olduğunu buldum. Bir daha da bırakmayacağım. Gerçek dostluğun sadece iyi anlaşmaktan öte bir şey olduğunu, birbirinin değerlerine saygılı ve güvenilir biri olmanın önemli olduğunu düşünüyorum. Şimdi bu temellere dayanan 'dostluklarımı' iyice sağlamlaştırmak istiyorum.
>
> Sonuç olarak aslında bunların belki sizin için bir önemi yoktur ama doğru ya da yanlış, içimde nedense sizin bunlarla ilgileneceğinize dair bir his var. Ve verdiğim karar doğru mu yanlış mı bilmiyorum ama, bana değer veren ve benim de verdiğim, içimdeki bütün sevgimi aktarabileceğim annemden başka dostlarımın da olması beni mutlu ediyor. Bunu sizinle paylaşmak da öyle... Bu ortamı yarattığınız için teşekkürler!»

Bu güzel duygularını benimle paylaştığın için çok teşekkür ederim. Ayrıca ilgilenebileceğim konusunda da hiç yanılmamışsın. İnan senin için çok mutlu oldum.

Girişimciliğin geliştirilmesi de, diğer içgüç öğeleri gibi, yine çok küçük yaşlarda başlayınca meyve veriyor.

Benim zamanımda (yine başladık değil mi) çocuklar pek yuvaya gönderilmez, çocuk küçüktür, okulda ezilir, evde ne kadar uzun süre kalırsa o kadar iyi olur, diye düşünülürdü. Hele de evde başka kardeşler yoksa, okula başlayan çocuk insan ilişkileri açısından hiçbir deneyime sahip olmadığından dehşete düşer, günlerce annesinin eteklerine yapışarak, yürek paralayıcı çığlıklar atarak ağlardı.

Oysa şimdi uzmanlar özellikle kardeşleri olmayan çocukların olabildiğince erken yuvaya verilmelerini öneriyorlar. Okul öncesi bir eğitim oluyor bu. İnsan ilişkilerine bir giriş sanki. Evinin dışında da bir dünya ve o dünyada kendisi gibi çocuklar olduğunu görüyor. Onlarla birlikte oynamayı, yemek yemeyi kısaca yaşamı paylaşmayı öğrenmeye başlıyor. Böylece ilkokul dönemi gelip çattığında dehşete düşmüyor, tam tersine deneyimli olduğu için rahat bir geçiş dönemi yaşıyor.

Kuzinim dört yaşındaki oğlunu yuvaya verme konusunda kararsızmış.

«Acaba beş yaşına gelince göndersem, daha iyi olmaz mı? Bir yıl daha benim yanımda, evde kalsa,» diye yuva müdürüne danışınca, müdür, «Şimdi tam yuvaya başlama zamanı. Bir yıl daha evde tutarsanız, bunun bedelini lise dönemine kadar öder,» demiş.

Çocukta önyargılar ve çekingenlik gibi duygular oluşmadan ve insan ilişkilerine ne kadar erken girerse, ilerideki yıllarda bu konuda o denli rahat olurmuş. Aslında akla yakın bir tutum, çünkü bir kalabalık aile çocuklarına bakın, bir de tek çocuğa. Kalabalık ailede büyüyen çocuk çok daha rahat davranan, konuşan, hakkını arayabilen kişi olarak ortaya çıkıyor. Bir oyuncak için yapılan kavgalar, küsmeler, barışmalar, birlikte oynamalar ona insan ilişkilerini öğretiyor.

Oysa tek çocuk büyükleri arasında hiçbir mücadele vermeden, inişler, çıkışlar yaşamadan büyüyor ve diğer yaşdaşlarıyla biraraya gelince doğal olarak şaşırıp kalıyor. Hakkını savunamıyor, çekingen davranıyor, girişimci olamıyor.

İşte tüm bu bilgilerden çıkarak çocuğumuzun bağımsız ve girişimci olmasını istiyorsak, insan ilişkilerine olabildiğince erken girmesini sağlamalıyız.

Girişimcilik ve bağımsızlığını kazanma binbir yoldan oluyor demiştik. İşte birkaç örnek.

AİP diye adlandırılan bir proje bugünlerde gündemde. AİP (Acil İhtiyaç Projesi)ni düşünen, tasarlayan ve hayata geçiren Ebru Nurluoğlu adında bir genç kız. İş büyüyüp geliştikçe kendisi gibi genç arkadaşlarından destek alarak projeyi sürdürüyor. «Bir kişi ne yapabilir ki...» diyenlerin kulakları çınlasın.

Bir grup genç bu proje için harıl harıl çalışıyorlar. Ne mi yapıyorlar? İnsanların kullanmadıkları eşyalarını evlerinden alıyor, ihtiyaç sahiplerine dağıtıyorlar. Hiçbir parti, dernek ve örgütle bağlantısı olmayan bu projeyle, zor koşullarda yaşamını sürdüren pek çok kişiye hizmet verilmesi hedefleniyor. Acil İhtiyaç Projesine katkıda bulunmak isteyenler, kullanılmış giysiden, okul malzemesine, oyuncağa, battaniyeden perdeye kadar her türlü eşyayı bağışlayabiliyorlar. Para yardımlarıysa asla kabul edilmiyor.

Projenin öyküsüne gelince... Ebru daha beşinci sınıftayken, kullanmadığı eşyaları ihtiyacı olanlara dağıtmaya başlıyor. Kendi eşyaları bitince aile bireylerinin kullanmadıklarını dağıtıyor. Bu da tükenince çemberi genişletip akrabalarından, aile dostlarından, tüm yakın çevresinden kullanılmayan eşyaları toplayıp, gereksinimi olanlara iletiyor. Onun bu çalışmalarına arkadaşları da katılınca iş daha büyüyor ve giderek bugünkü halini alıyor.

İşte insanın gücünün farkında olan, bir tek kişinin bile isterse neler yapabileceğini kanıtlayan girişimci insan.

Ve şu yaşadığı dünyada fark yaratan, birilerine yardımı dokunarak iz bırakabilen değerli insan.

Bizim gençlerimiz böyle olmalılar ve öyleler de zaten.

Alışılmış otoyolda gidenlerse, gevşek gevşek iç geçirerek, «Elden ne gelir,» diyecek ve hiçbir girişimde bulunmadan, hiçbir iz bırakamadan, arkalarında yaşanmamış günlerle, boşuna geçmiş bir hayat bırakarak bu dünyadan geçip gidecekler.

Mükemmel biçimde hazırlanmış olan «Kurtuluş» dizisini soluksuz izlerken özellikle bir sahne beni çok etkilemişti.

Gencecik delikanlılardan oluşan ilk Harbiyeliler ertesi sabah dövüşeceklerdir. Kimisi çocuk denecek yaştadır. Giyimleri başta olmak üzere pek çok eksikleri vardır. Henüz çocukturlar ama ertesi sabah vatanlarını korumak için öleceklerdir.

Hava kararmıştır. Sabahı beklemektedirler. Böyle bir gecede Atatürk onları yalnız bırakmaz, yanlarına gelir ve kısa ama çok güzel bir konuşma yapar. Sözleri şu mealdedir.

«Yarın vatan uğruna savaşacaksınız. Kiminiz ölecek, kiminiz yaralanacak. Sizler çocukluğunuzu ve gençliğinizi yaşayamadınız. Ama unutmayınız ki, bu emekler boşa gitmeyecek, çünkü sizin uğruna hayatınızı feda ettiğiniz bu topraklarda yarın yeni nesiller yükselecektir.»

İşte bu «boşa gitmeyecek emekler» o kadar önemli ki... İnsan boşa gitmeyeceğini bildiği zaman hayatını bile verebiliyor. Bu paralelde düşünürsek, insan hayatında iyi bir şeyler yaptığını, bir şeyler başardığını kısaca yaşamının boşa gitmediğini bilirse, günü geldiğinde ölümünü bile huzurla karşılayacaktır.

«İyi bir şeyler başaran» gençlerimizden bir örnek daha...

«Çok hoşuma giden, okuyunca sizin de mutlu olacağınıza inandığım bir şeyden söz etmek istiyorum.

Benim İzmirli, Dilek adında bir arkadaşım var. Bu yıl üniversiteye girdi. Yatılı bir kız okulundan mezun. Çok sevdiği bir arkadaşının babası Menemen Belediye Başkanı. Bunlar, bir grup arkadaş kafa kafaya vermişler, bir Menemen Gençlik Kültür ve Sanat Merkezi kuralım, demişler.

O korkunç lise son biter bitmez, o zamana kadar biriktirdikleri paraya, arkadaşlarının babasının - Belediye Başkanı - sağladığı desteği de eklemişler. Bakmışlar, o da yetmiyor, yazın son aylarında bir dinleti düzenlemişler. Gitar çalıp, şarkılar söylemişler. Haliyle çok eğlenilmiş ve bayağı da gelir elde edilmiş. Binayı falan nasıl buldular bilemiyorum. (Ah Dilek ah! Daha ayrıntılı yazsa ölür!)

Dilek son mektubunda, binanın içini nasıl döşediklerini, her tarafı nasıl rengârenk boyadıklarını vb. anlatıyordu. Ne sevimli değil mi? Keşke bunları size *Bu Hayat Sizin* basılmadan yazabilseydim. 'Güzellikler Diyarına Pencereler Açmak' bölümünde söz edebilirdiniz. (Herhalde Dilek okur okumaz Ankara'ya gelir ve beni boğazlardı!!!)»

Bana yazdığın için çok teşekkür ederim Nazlı'cığım. Yazdıklarının o kitapta değil de, bu kitapta çıkması kısmetmiş demek ki. Bu arada, umarım Tanrı seni Dilek'in hışmından korur!

«Pastanedeki Kitaplık»

Başka bir girişimcilik örneği... Gazetede gördüğüm bir fotoğraf... Yan yana oturmuş altı genç kız... Ve fotoğrafın altındaki yazıyı aynen aktarıyorum. Başlığı, «Pastanedeki Kitaplık.»

«Ihlamurkuyu'da bir eczanede çalışan Filiz Özkan, civarda bir kitapçı ve kitaplık bulamamanın acısını duymuş önce. Ardından, *«Böyle bir kitaplığı neden biz kurmayalım,»* diye düşünmüş. Arkadaşlarıyla bir yer aramışlar. Civardaki *Ecem Pastanesinin* sahibi destek olmuş kendilerine. «Buyrun gelin pastanenin bir köşesini kitaplık yapın,» yüceliğinde bulunmuş. Ve alelacele bulunan kitaplarla Ihlamurkuyu'ya ilk kütüphane Ecem Pastanesinin içinde kurulmuş.

Kutluyoruz Ihlamurkuyu'nun 21. yüzyıla layık gençlerini.

Sadece kendilerini değil, yaşadıkları toplumu da aydınlatan gençler bunlar.

Bu bağlamda bir kitapçı dükkânından söz etmek istiyorum. Bildiğiniz gibi ülkemizde kitapla uğraşmak Don Kişot'lukla eşdeğer tutuluyor, öylesine düşük bir okuma oranımız var. Hele de taşrada olanların işleri iyice zor. Ama kitaba gönül vermiş olanlar, bile bile bu işe girişiyor, savaşım veriyorlar. İşte sözünü etmek istediğim böylesi bir kitabevi.

Mersin'de yıllardır «uğurlu» kalem ve kâğıtlarımı aldığım bu kitabevinin adı «Bookstore.» Sahipleriyse gencecik bir karı koca. Bülent ve Nermin Gülenler çifti. Bu kitabevini benim için özel kılan, tüm olumsuzluklara karşın işlerine olan sevgileri ve gösterdikleri özen.

«Ne yapalım, kitap satmıyor,» diyerek kitapları tozlu kümeler halinde yığmak yerine, sermayelerini zorlayarak ellerinden geldiğince hoş bir ortam yaratmaya çalışıyorlar ve başarılı da oluyorlar.

Bir kere o küçük sevimli dükkânları için vitrin düzenlemesi yapıyorlar. Vitrinin alt kısmını dövme bakırla kaplamışlar, böylece ilk bakışta değişik ve düzgün bir güzellik sergileniyor. İçeri girdiğinizde, kitapların özel olarak ısmarlanmış ahşap raflara yerleştirilmiş olduğunu görüyorsunuz. Bir ticarethaneye değil de, bir evin özel kütüphanesine girdiğinizi sanıyorsunuz.

Dükkânın bir köşesinde kahve makinası var. Kitapları inceleyenlere kahve ikram ediliyor. Sürekli çalan hafif bir müzik size, hoşgeldiniz, diyor sanki. Müzik seti kasanın yanında. Genç karı koca DJ'lik yapıyorlar, kitap satışının yanısıra. Gelen kitapları okuyorlar. Bir kitabı sorduğunuzda, uzaydan gelmiş gibi yüzünüze bakakalmıyor, tersine size fikir veriyorlar.

Böylece o sevimli kitabevine girdiğinizde, ahşap rafların sıcak görünümü, bir fincan taze kahvenin kokusu ve yumuşak bir müziğin eşliğinde kitapları incelerken, işine saygısı olanların nerede olurlarsa olsunlar nasıl bir fark yarattıklarını ve girişimlerine nasıl bir renk kattıklarını düşünmeden edemiyorsunuz kendi kendinize.

Şimdi okuyacağınız mektuptaysa, arkadaşlarıyla yolları ayrılsa da amacına giden yolda kendi başına yürüyebilen, yani bağımsız olmayı öğrenmiş girişimci bir gencimizi bulacaksınız.

«Ben hayatımın amacını keşvettiğimde henüz lise birdeydim. O sıralarda çok değer verdiğim bir kimsenin başına gelmiş olan üzücü bir olay beni çok sarsmıştı. Tam bir bunalımın eşiğindeydim. Üstelik bu bunalımdan nasıl kurtulacağımı da bilmiyordum. İşte böyle kendimi çok ümitsiz hissettiğim bir dönemde içimdeki insan sevgisinin farkına vardım. Beni en çok mutlu eden insanların güleryüzleriydi. Üstelik bu gülen yüzlerde benim de bir katkım olduğunu biliyorsam, mutluluğum iki kat artıyordu. Bu durumda kendimi unutmak için başkalarına yardım edebilirdim.

Önceleri bu fikir benim için biraz soyut bir kavramdı. Kime yardım edecektim? Nasıl yardım edecektim? Bunun gibi birtakım sorular uzunca bir süre kafamı kurcalamaya devam etti. Sonra bir gün izlediğim bir televizyon programı kafamdaki soruları birdenbire aydınlatıverdi. *Kimsesiz ve yardıma muhtaç çocuklar için çalışacaktım.*

Artık kafamdaki düşünceler yerli yerine oturmuştu. İşte hayatımın amacını bulmuştum. Birçok kişi bunun sadece bir gençlik düşü olduğunu zannedebilirdi ama ben bunun doğru olmadığını çok iyi biliyordum ve bu da bana yeterdi.

Üniversiteye başlar başlamaz kafamdaki planı hayata geçirmek için harekete geçtim. Ve Kasımpaşa Çocuk Yuvasına gitmeye başladım. Başlangıçta bu işe girişen üç kişiydik. Ne var ki, çok güvendiğim iki arkadaşım yolun yarısında beni yalnız bıraktılar. Onlara göre bu bir zaman kaybıydı. Onlar kendileri için bir şeyler yapmak istiyorlardı. Elbette önceleri çok sarsıldım ama daha sonra kendi kendime dedim ki, 'Hayatta her zaman yanında birileri olmayacak. Bırak herkes nasıl mutlu oluyorsa, öyle yaşasın. Onları da oldukları gibi kabul et ama sen asla hedefinde şaşma.' Böylece yoluma yalnız başıma ama daha güçlü olarak devam ettim ve hâlâ da etmekteyim.

Amacım için çalışırken beni en çok üzen ne oldu biliyor musunuz? İnsanların başkalarının sorunlarına, mutsuzluğuna olan duyarsızlıkları... Yaptığım işi kime anlatsam, aldığım tepki hep aynıydı. 'Ne kadar güzel, seni kutlarım.' Ama hepsi bu kadar. Kimse bana, 'Ben de bir şeyler yapmak istiyorum. Gel birlikte çalışalım,' demedi. Durum böyle olunca ben daha çok hırsladım. Ve kimsenin, en azından benim çevremdeki insanların yapmadığını mutlaka ve ne pahasına olursa olsun yapmaya karar verdim.

Evet, işte benim amacım. Bugüne kadar amacımı böylesine açık olarak kimseyle paylaşmamıştım. Ama sizi kendime çok yakın hissediyorum, bu nedenle yazdım.»

Ne mutlu sana! Yıllar sonra geriye dönüp baktığında güldürdüğün yüzleri anımsayıp, «Hayatım boşa geçmedi,» diyebileceksin.

Ve bu bölümde konuştuklarımızı toparlamak gerekirse, çocuğumuza,

* onu içten güçlü kılacak öğeleri verebilmişsek,

* bunları görerek, deneyerek, yaşayarak özümsemesini sağlayabilmişsek,

* hayatına sosyal boyutu da katması için destek vermişsek, bağımsız ve girişimci olabilmesi için yüreklendirmişsek,

* ve tüm bu sayılanları çok kısa biçimde ifade etmek gerekirse,

* hayatın terazisinde nelere sahip olduğuyla değil, «nasıl» bir insan olduğuyla ölçüleceğini anlatabilmişsek,

işte o zaman gönül rahatlığıyla, «değerli bir insan» yetiştirme çabası içine girdim ve elimden geleni yaptım, diyebileceğiz.

«Gençliğimizi yaşamamızı engellemeyin lütfen»

Bu bölümü, şu ana kadar tartıştıklarımızı çok güzel biçimde toparlamış olan bir mektupla bağlamak istiyorum.

«Canım annem ve babam,
Sizlere,
Önce bana hayat verdiğiniz ve bu yaşa getirdiğiniz için,
Büyük, küçük her türlü ihtiyacımı karşılayıp, gerektiğinde
Kendi ihtiyaçlarınızdan fedakârlık ettiğiniz için,
On iki milyon ödeyip dersaneye gönderdiğiniz için,
Kitap almak istediğim vakit parayı esirgemediğiniz için,
Arada sırada yalanlarımı yakalasanız da, beni fazla bozmadığınız için,
Üzgün olduğumda beni teselliye çalıştığınız için,
Evde bas bas söylediğim şarkılara katlandığınız için,
Yaptığım ne idüğü belirsiz yemekleri ilkyardım ya da acil müdahale aramadan ve yüzünüzü ekşitmeden yediğiniz için,
Bulaşık yıkarken kırıp dökmeme, ortalığı dağıtmama aldırmamaya çalıştığınız için,
çok çok teşekkür ediyorum.

Şimdi de aslında yazması ve anlatması zor ama gerekli olan şikâyet listeme gelelim. Aşağıdakiler tüm gençliğin ve benim anne babalardan yakınma nedenlerimiz ve bulduğumuz kusurlar. Eğer biraz aşırıya kaçtıysam şimdiden özür dilerim.

Öncelikle, kitabınızda yazdığınız gibi elalem ne der, korkusu,

Çocuklarınızı şununla bununla kıyaslamanız,

Mükemmel olmamızı istemeniz,

Aslında en önemli ve üzücü olan, bize çocuk, toy, bilgisiz gözüyle bakıp hem güvenmemeniz, hem de ciddiye almamanız,

Bir şey yapmak istediğimiz zaman bizim duygu ve düşüncelerimizi hesaba bile katmadan, kendi görüşleriniz doğrultusunda hareket etmemizi istemeniz,

Kendi ideal, görüş, düşünce ve âdetlerinizi bize de zorla kabul ettirmek istemeniz,

Kararlarımıza saygı duymamanız,

Haberleri dinleyip, gazeteye iki dakika göz gezdirmekten başka bir okuma, öğrenme çabası içinde olmamanız,

Hem bize yapma deyip, hem de kendiniz, üstelik gözümüzün önünde yapma, dediklerinizi yapmanız (sigara gibi),

Arkadaşlara ne kadar gereksinimimiz olduğunu, içinde bulunduğumuz dönemin ne kadar zor bir dönem olduğunu bilmediğiniz gibi öğrenmeye de çalışmayıp, arkadaş okulda kalır, demeniz,

Bizim sizleri başkalarının yanında mahçup etmemeye özen göstermemize karşın sizlerin bizi herkesin yanında eleştirmeniz,

Hem ders çalış, diye ısrar edip, hem de iş yapmaktan, bana yardım etmekten kaçmak için, ders çalışıyorsun, demeniz,

Sen ne anlarsın, demeniz,

Sporu sadece eğlence ve zaman kaybı olarak görmeniz,

Bizim de kendimize göre duygu, düşünce ve ayrı bir dünyamız,

Bir çevremiz olduğunu kabul etmemeniz,

Tabuları kırmaktaki yüreksizliğiniz,

Arkadaşlarla birlikte olduğumuz ya da evden uzakta olduğumuzda, şu saatte git, şu saatte gel, oyalanma,

Dikkatli ol (bu normal ama fazlası sıkıyor) ya da kiminle,

nasıl, nereye, niçin gidiyorsun gibi sorularla dedektifçilik oynayarak hevesimizi kursağımızda bırakmanız,

Zamane gençliği ne olacak, bunlardan ne köy olur, ne kasaba; ay, bunlar mı ileride memleketi yönetecek, vb. gibi sözler söylemeniz,

Toplantı, çay, parti, gezme, konser, sinema, tiyatro, spor müsabakaları gibi etkinlikleri safsata olarak görmeniz ve oraları tehlikeli yerler, ne olur, ne olmaz, evlenince kocanla gidersin; kız başına olmaz, ağabeyin gelirse olur; ben senin arkadaşlarına güvenmem hepiniz aynısınız zaten, gibi gurur kırıcı ve sinir bozucu sözler söylemeniz,

Ve son olarak da, arkadaş veya evlatlar arasında cinsiyet ayrımı yapmanız yok mu, bir bilseniz bizi ne kadar üzüyor tüm bunlar.

Tüm bunlara dayanarak ve sizleri kırmayacağımı umarak anne babalara sesleniyorum.

Sevgili anne ve babalar,

Biliyoruz, sizlere çok şey borçluyuz. Arasıra anlaşamayız, hatta birbirimizi üzebiliriz de, ama inanın sizleri çok seviyoruz. Onun için bazı isteklerimizi gözardı etmeyip, lütfen aşağıdakileri okuyun.

Önce babalar, lütfen şu otorite ve disiplin amacıyla sevginizi göstermeme alışkanlığınızdan vazgeçin. Başkası şöyle der, laf eder; öyle giyinme, o kız ya da o çocuklarla dolaşma; çok gülme, bak sonra fena olur, demeyin, ne olur.

Bir düşünün bu kız ya da oğlan neden böyle davranıyor;

Bunlar hassas çağlar deyip neden bir kitap alıp okuyarak ya da bir psikoloğa danışarak bizleri *anlamaya* çalışmıyorsunuz?

Neden ince de olsa bir kitap alıp, günde hiç olmazsa bir sayfa okumuyorsunuz? Televizyon bağımlılığından kurtulup çevre ya da daha eğlenceli, daha ilginç konularla uğraşsanız fena mı olur?

Bizim de sizin gibi kendimize özgü kişiliklerimiz, planlarımız, duygu ve düşüncelerimiz olduğunu kabul edin artık. Bırakın bir konsere gittiğimizde veya ince giyindiğimizde sağlığımızı biz düşünüp geleceğe hazırlanalım. Emin olun, ilk hastalanışımızdan sonra hep kalın giyiniriz. Konser yerine vardığımızda, bunu size haber vermeyi, eve erken gelmeyi, izin verin, biz düşünelim.

Arkadaşa ya da kütüphaneye diye çıkıp sinemaya veya kafeye gitmek zorunda kalmayalım. Bu yalanlar aslında bizi öyle hırpalıyor, üzüyor ki... Ama bizi yalana mahkûm eden sizlersiniz.

Bırakın mesleğimizi kendimiz seçelim. Giysilerimizi, saç şeklimizi ve aksesuvarlarımızı da. Düşünün, başarılı bir atlet olsak ve madalyalar alsak, siz bunu evin baş köşesine koymaz mısınız? Koyarsınız.

Anne, arkadaşımın doğumgününe gidebilir miyim, derken şu sorulara yanıt vermek sizin hoşunuza gider mi? Ne zaman, kimin doğumgünü, ben tanıyor muyum, anası babası kim, nereli, kız mı oğlan mı, nerede oturuyorlar, ne zaman geleceksin, geç kalmak yok ha, bak sonra fena olur; telefonları var mı, erkekler de gelecek mi? Nasıl ama. Ben bu panikle ne yapayım, ne söyleyeyim.

Sizler bizim her şeyimizsiniz. Bizden daha büyük ve deneyimlisiniz. Bunu biliyoruz ama bırakın da gerektiğinde kendi kararlarımızı kendimiz verip geleceğe hazırlanalım. Bizimle ilişkilerinizde sizlerin de bir zamanlar genç olduğunuzu ve neler hissettiğinizi anımsayın. Gençliğimizi güzel geçirmemizi engellemeyin lütfen. Unutmayın, sağlıklı gençlik sizin ellerinizden çıkacak, sizler yetiştireceksiniz.

Sizleri çok seviyoruz ve bizi dinlediğiniz için teşekkür ediyoruz.»

Ah, Şu «İzin» Meseleleri

Korkular, kuşkular, karabasanlar...

Bu saydıklarım bir anne babanın yaşamının doğal parçasıdır sanki. Bizler neler, neler kurarız, bir anlatsak dudağınız uçuklar. Hele de çocuklarımız uzaktaysa, gece yarısı birisi dürtmüşcesine uyanıverir, karanlıkta gözlerimizi tavana diker, eşimizi uyandırmamaya çalışarak bir yandan öbür yana döne döne sabahı sabah ederiz. Bunların ayrıntılarına girmeyeceğim, çünkü şu anda daha düşünürken bile sinirim bozuluyor!

Ama bizler büyüklersek, bizler yol gösterici anne babalarsak, kendimizi frenlemeli, mantığımızı çalıştırarak bu tür kuşkulara esir olmamalı, kısaca söylemek gerekirse - panik yapmamalıyız. (Bu satırları okuyunca kızlarım kimbilir nasıl da kıs kıs gülecekler!)

Çocuklarımız büyüdükçe işler ne kadar da zorlaşıyor. Onlar küçükken sonuçta elinden tutup parka, sirke götürürdük, olur biterdi. Oysa şimdi büyüdüler, kendi başlarına, kendi arkadaşlarıyla gezmek istiyorlar!

Gezilere, sinemaya, tiyatroya, akşam yemeğine gitmek istiyorlar!!!

Bizleri karabasanlarımızla başbaşa bırakıp gitmek istiyorlar!!!

Eğer bir evde izin tartışmaları başladıysa, bilin ki o evde gençler var. O, çocukluktan gençliğe adım atınca, doğal olarak bazı şeyleri artık kendi başına yapmak isteyecektir; bizse onu hâlâ lastik pabuçlarının bağlarını bağladığımız şirin ve tombik bebeğimiz olarak görürüz. Ve... çekişmeler başlar.

Geçen kış oynayan «Gelinin Babası» filmindeki bir sahne kanımca tüm öyküyü özetliyordu. Filmi görmüş olanlar anımsayacaklardır, eğitimini tamamlayıp evine dönen genç kız, evlenmek istediğini babasına yemeğe oturduklarında söyler. Baba önce duymaz, anlamaz ya da anlamak istemez ama kızı kesin biçimde evlenmek istediğini yineleyince yüzünde, eşi de dahil herkesi hayrete düşüren bir ifade belirir. Bu sözleri söyleyen kızına dehşet içinde bakmaktadır.

Ve bu kez kamera genç kıza babasının gözleriyle bakar. Babanın bakış açısından gördüğümüz; sekiz yaşlarında, çilli, saçları örgülü, oturduğu yerden başı ancak masayı aşabilen bu küçük kızın bir yandan ağzına lokmasını attığı, bir yandan da o çocuksu sesiyle, «Babacığım, ben evlenmek istiyorum,» deyişidir. Ve - baba işte bu sözleri söyleyen saçları örgülü küçücük kızına dehşet içinde bakmaktadır.

Güldürerek düşündüren ve azıcık da gözlerin dolarak izlendiği bu güzel filmin özünü oluşturuyordu sözünü ettiğim sahne.

Bazen o kendini seksen yaşında bir bilge kişi zanneder ve terazinin topuzunu kaçırır; bazen de biz onu hâlâ sekiz yaşındaki çocuk olarak görür, terazinin topuzunu kaçırırız.

Oysa ne seksen, ne de sekiz; on sekizlerinde genç bir insandır artık o.

İşte iki tarafın bu gerçeği görmesi, farkına varması ve kendini bu duruma uyarlaması gerek. Anne babaların birincil içgüdüsü evlatlarını korumak, demiştik. Zaten tüm davranışlarımızı onlara olan sevgimiz ve onları koruma arzumuz yönlendiriyor. Bütün iyi anne babalar böyledir.

Ama bir yerde gün geliyor, nasıl onu küçüklüğünde koruyup kollayacak kadar çok sevdiysek, bu kez de onu özgür bırakacak kadar çok sevmemiz gerekiyor.

Gençlik dönemi, çocuğumuzun kendi ayakları üstünde durabilmesi için yoğun bir hazırlık ve eğitim dönemi. Bu eğitimi ancak onu bilgilendirip sonra bu öğrendiklerini denemesine izin vererek, bir ölçüde özgür bırakarak gerçekleştirebiliriz. Onu koruyorum diye dizimizin dibinden ayırmazsak, bu, kuşun, yavrusu düşer diye yuvadan çıkarmaması, ona uçma öğretmemesiyle eşdeğer olmuyor mu?

Bu zor dönemi atlatabilmek için üç büyük adım atmamız gerek.

Onları nasıl korkutmuşuz ki...

Gencimiz için en iyisini yapmak istiyorsak önce çocukluğunun küçük yaşlarından başlayarak bize güvenmesini sağlamalıyız. Bizler geri planda kalıp onu uzaktan dikkatle izlemeli, ona öğrettiklerimizi deneme fırsatı tanımalıyız. Sendelediğinde destek vermek için hazır olmalıyız. Gençlik dönemine girdiğindeyse, biz arkada kalıp ona özgürlük ve sorumluluk vermeliyiz ama bir sorun olduğunda bizim onun yanıbaşında olacağımızı bilmeli. Her zaman bize gelebileceğine inanmalı.

Ona bu güvenceyi vermeliyiz.

Sorunlar çıktığında bunlarla önce kendi başetmeye çalışmalı, takıldığı noktada rahatlıkla bize gelebilmeli. Onun karşısında değil «yanında» olduğumuzu bilmeli.

Hata yaptığında da yine bize gelebilmeli.

Uyarılarımızı onu suçlarcasına, hatalarını yüzüne vurup, bize geldiğine pişman edercesine değil; yine onun «yanında» olduğumuzu sözlerimiz ve davranışlarımızla da kanıtlarcasına yapmalıyız.

Özellikle de, babalar duymasın diye neler neler saklanır, bir düşünün. Gazetelerde de okuyoruz. Polis kılığına girmiş adamlar genç kızları erkek arkadaşlarının yanında, «Evine, babana haber vermemiz gerek,» diye korkutuyorlar. Değişik olaylardaki genç kızların tümü aynı tepkiyi gösteriyor.

«Aman babam duymasın! Ailem duymasın!» ve polis kılığına girmiş adamın peşine takılıp, karakola diye bir meçhule gitmeyi yeğliyorlar.

Burada bir an durup işin dehşetinin farkına varalım.

Bu nasıl bir terbiye sistemidir ki, kendi ailesi varken, kendi ailesine sığınmak varken, çocuklarımız gidip tamamen yabancı birini yeğliyor ve o kişi tarafından kaçırılıyor. Bu, o gencecik yüreğe nasıl bir korku salmaktır ki, biz duymayalım, biz bilmeyelim diye her şeyi göze alabiliyor.

Bizlerin açısından ne büyük bir başarısızlık! Demek ki, dayanışma ve güven ortamı sağlayamıyoruz ailemizin içinde. Çocuklarımız bizden bu kadar korkuyorlarsa, bir yerlerde çok yanlış bir şey var demektir.

Neydi az önce sözünü ettiğimiz kızlarımızın suçu? Gazeteden okuduğum kadar, erkek arkadaşlarıyla arabada gezintiye çıkmışlardı. Ve arabanın içinde konuşurlarken, kendini ahlak zabıtası diye tanıtan tipler gelmişti. Aslında pek çok genç kız, erkek arkadaşlarının arabasına biniyor, bazen de tersi oluyor ve birlikte okula, gezmeye gidiyor ya da bir yerde durup, çay içip konuşuyorlar. Bunlar, hele de büyük kentlerde sıkça gördüğümüz arkadaşça manzaralar. Diyelim ki, onlar sevgili. Düzeysiz davranmadıkça, yine söylenecek bir şey yok. Konuşuyor, anlaşıyor, birbirlerini tanıyorlar bir yerde. Hemen damgayı vurmadan önce işin aslını öğrenmek gerek. Önce dinleyip anlamak, olayı yerli yerine oturtmak gerek.

Hepimizin ailelerimizde uyulmasını beklediğimiz kurallar var. Her aile kendince bazı şeyleri hoş karşılar, bazılarıysa karşılamaz. Bu o ailenin özel işidir, kimseye söz söylemek düşmez.

Burada önemli olan kuralları uygularken, bunu çocuklarımızı, gençlerimizi korkutarak yapmamamızdır. Onları dehşete düşürecek biçimde olmamalıdır kurallara uyma. Ailesi tarafından hata olarak algılanacak bir durumda bile bu yanlışını herkesten önce ailesiyle paylaşabileceği bir ortam yaratabilmeliyiz. Gencin ailesinden korkması çok kötü bir şey. Onun en büyük dayanağını elinden aldınız demektir.

Kendi ailemde yaşadığım iki olay, bundan on beş yıl kadar önce olmuş olsa da, hâlâ hem eşimin, hem benim yüreğime batar.

Kızım ilkokul çağlarındaydı. Yazlık bir yerde kalıyorduk. Hiç unutmuyorum, günlerden pazardı. Birden arkadaşımın telaşlı adımlarla bana doğru geldiğini gördüm. Eğilip kulağıma fısıldayarak, «İstersen aşağıya gel. Nilgün düştü, bacağını incitti,» deyince hemen yerimden fırladım.

O devam etti, «Babasının ve senin bilmeni istemiyor. Anneme babama söylemeyin, diye ağlıyor ama ben yine de haber vermeye geldim.»

Öyle şaşırmıştım ki... Demek kızım canı yandığında, kendince dikkatsizlik etmiş olduğunu düşünse bile, «Annemi, babamı isterim,» diyeceğine, «Onlar duymasın,» diye ağlıyordu.

Hemen yanına koştuk. O güzel gözlerinden yaşlar boşanıyor, kuşku dolu bakışlarla bizi izliyordu. Tabii ki ne bağıran oldu, ne çağıran. Onu teselli edip, sakinleşmesini sağladık. Koşarken çadırları tutan bir kazığa takılmış, kazık bacağına batmıştı. Babası onu kucağına aldı ve yukarı taşıdı. O sırada ailesiyle yemeğini yemekte olan bir doktor dostumuz, eksik olmasın, yemeğini bırakıp Nilgün'e gerekli müdahelenin yapılması için onu kente götürmeyi önerdi. Hep birlikte Mersin'e gittiler. Yarası temizlenir ve dikiş atılırken, babası yanıbaşındaydı. Döndüklerinde sararmış küçük yüzünde hafif bir gülümseme vardı. Fırtına atlatılmış, olan her zaman olduğu gibi, yemeğinden, uykusundan vazgeçip hastaları için koşuşturan «gerçek hekim», dostumuz Özcan Özçürümez'in ailesiyle yediği pazar yemeğine olmuştu.

Fırtına atlatılmasına atlatılmıştı ama kızımızın, «Onlar duymasın,» diyerek ağlaması bizleri derin derin düşündürmüştü. Geçen zaman içinde belki o bizi bağışlamıştır ama biz kendimizi bağışlayamadık ve bu olayı anımsamak içimizde hep bir burukluk yaratır.

İkinci olay. Yatılı bir kız okulunda eğitim gördüğünden kızımın pek fazla sayıda erkek arkadaşı yoktu. Bu nedenle onu genelde kız arkadaşları arardı. Bir gün yine telefonda konuştuğunda, babası, «Arayan kimdi?» diye sorunca panikleyip, «Işıl,» deyivermiş. Oysa konuştuğu yine aynı okulun erkek bölümünde okuyan bir erkek arkadaşı. Meğer babası tesadüfen paralel telefonu açıp, erkek sesini duymuş da ondan sorarmış.

Böylece evde bir süre için hava gerginleşti.

Kızımla konuyu konuştuğumda üzüntüden değil, hırsından gözleri dolmuştu. «Babamın sesini duyunca öyle bir korktum ki, hiç düşünmeden yalan söyledim, oysa bilirsin ben yalan söylemem,» diye öfkesini dile getiriyordu. Üstüne üstlük yalan söylemesine hiç gerek yoktu, çünkü telefonda konuştuğu nihayet bir okul arkadaşıydı.

Demek ki, biz kızımıza bunu rahatlıkla bize söyleme güvencesini de verememiştik. Hata onun değil, bizimdi. Kimbilir farkında olmadan yaptığımız daha nice hatalar var. Ben bunları günah çıkarmak için yazmıyorum. Bizim bundan on, on beş yıl önceki kafamızla yaptığımız hataları, yapılmaması gereken örnekler olarak ortaya koyup yinelenmemesi için yazıyorum. Geleceğin anne babalarının çocuklarını boşu boşuna üzmemeleri için anlatıyorum. Çünkü inanın bunları itiraf etmek, yıllar sonra bile olsa, insana acı veriyor.

Çocuklarımız da bizi eğitir

Zaman içinde kızlarımız bizi eğittiler. Küçük kızımız karışık eğitim yapan bir okulda okudu. Bu nedenle, kız arkadaşlarının yanısıra erkek arkadaşları da arıyordu onu. Ödev alıp vermek için evimize geliyorlardı. Üniversite sınavlarına hazırlanırken karışık gruplar halinde çalıştıklarından kâh bizim evde, kâh başka bir arkadaşın evinde toplanıp çalışıyorlardı. Böylece biz de giderek erkek çocukların varlığına alışır olduk. Onları tanıdık. Akıllı, dürüst, efendi çocuklardı hepsi. Şimdi her biri eğitimini başarıyla tamamlayıp, hayata atılmış genç insanlar.

Kızlarımızın hem kız, hem erkek arkadaşları, onlara şöyle bir baktığınızda göğsünüzü kabartacak ve, «Müthiş bir gençlik geliyor,» dedirtecek cinsten gençler. Tıpkı bu kitaba mektup yazanlar ve daha niceleri gibi.

Ve... yıllar önce bir telefon için kıyametleri koparan bizler, şimdi onları yakalayınca bırakmak istemiyor, «Eee, daha daha nasılsın, anlat bakalım,» diye lafı uzatıyıor da uzatıyoruz. Nereden nereye...

Bizim çocuklarımızı eğittiğimiz gibi, onların da bizi eğittiğini kanıtlayan bir başka telefon olayını buraya eklemeden edemeyeceğim.

Bir akşam yemeğinde, rahatlıkla aydın insan ve iyi baba olarak niteleyebileceğim dostumuz, birkaç gün önce oğluyla arasında geçen bir konuşmayı bize aktarıyordu.

«Bugünün gençleri bir başka. Bakın geçen gün ne oldu. Bizim oğlanı kızlar sık sık arıyorlar. Bir ikisi de bana denk düştü. Akşam eve geldiğinde, 'Seni falanca aradı, hadi gene iyisin,' diye bu işlerden anladığımı ima edince, bana bir kızdı, bir kızdı. 'Ne biçim konuşuyorsun baba, onlar benim arkadaşlarım,' diyerek bana böyle imalı konuşmamam gerektiği konusunda bir de konferans çekti. Baktım söylediklerinde çok ciddi; bir utandım azizim, bir utandım.»

Arkadaşlar gülüştüler, «Desene senin oğlan sana ders verdi,» dediler.

«Hem de nasıl,» diye mahçup mahçup gülümsedi. «Bizim zamanımızda böyle arkadaşlıklar yoktu. Onun için bizi bir kız arasa, nelere yorardık nelere. Bugünkülerin arasındaysa gerçekten güzel dostluklar var. Aralarında birbirlerini beğenenler yok mu, elbette var ama kız erkek arkadaşlığını saygın bir çizgiye oturtmuş oldukları da bir gerçek,» dedi ve ekledi. «Baksana bu yaştan sonra bizi bile eğitiyorlar. Azizim, çok güzel bir gençlik yetişiyor.»

Ve yine aynı babanın kızıyla ilgili bir öyküsü. Kızı ehliyetini aldıktan birkaç ay sonra bir gün nasıl olduysa önünde giden arabaya fena halde çarpmış. İşin kötü tarafı, çarptığı otomobilde kabadayı tipler varmış. Hep birlikte karakola gidilmiş. Arkadaşımız da olayı bu kabadayılardan gelen bir telefonla öğrenmiş. Telefon görüşmesiyse şöyle gerçekleşmiş:

«Abi, ben filan filan. (Arkadaşımız hemen kim olduklarını tanımış.) Küçük bir kaza oldu. Senin kızınla çarpıştık. Merak etme ama karakola kadar gelsen iyi olur. Yalnız, geldiğinde bacıma kızma, çünkü o şimdi burada babama nasıl söyleyeceğim, diye ağlayıp duruyor. Gel de şu işi halledelim, bacım daha fazla üzülmesin.»

İşin komik yanı, genç kızın kabadayılarla başının derde girebileceğini umursamaması, buna karşın babama ne diyeceğim, diye ağlamasıydı. O kadar ki, kabadayılar kıza acımışlar ve babasıyla arasına girerek onu kollamışlardı. Demek ki, hani o efendi kabadayı denenler vardır ya, bu kişiler öyle birileri olmalıydı. Nitekim dostumuz hemen karakola gitmiş, sorunu aralarında çözümlemişler ve tabii ki o da kızına bağırıp çağırmamıştı.

Hem dostlarımızın, hem de bizim örneklerimizden ders alarak; daha işin başında çocuklarımızın bize güvenmesini sağlayabilseydik, onları korkutmasaydık, bir sorun olduğunda çekinmeden bize gelmelerini sağlayacak ortamı yaratabilseydik, arkadaşlarını tanımak için esneklik gösterebilseydik, bugünkü noktaya tüm bunları yaşamadan da gelebilecektik. Bütün anlatmak istediğim bundan ibaret.

Bunları yazıyorum da şimdi mükemmel miyiz? Ne yazık ki, yine de varmak istediğimiz yerde değiliz. Hâlâ hatalar yapıyoruz, hâlâ eksiklerimiz var. Bunu görebiliyor, daha doğrusu hissediyorum. Ama en azından gayret ediyor, öğrenmeye çalışıyoruz.

Kendi hesabıma bu kanıya varmamın nedenini de söyleyeyim. Geçenlerde kızımızdan, «Canlarım benim!» diye başlayan bir kart aldık. On yıl önceki kafamızla herhalde bu hitap şeklini laubali bulur, hemen bir konferans çekerek onu uyarırdık. Ama şimdi bunun uzaklardan gelen özlem dolu, sevgi ve yakınlık dolu bir sesleniş olduğunu ayırt edebiliyoruz.

Kalın çizgilerde değil, daha ince çizgilerde; duygularımızı, sezilerimizi de işin içine sokarak, duyarlılığımızı geliştirerek, tek boyutta değil, çeşitli boyutlarda düşünebiliyoruz.

Ve işte o zaman, onları «anlamaya» başlıyoruz.

Bize özgü o engebeli patikada düşe kalka ilerlemeye çalışıyoruz. Önemli olan düşmek değil, yeniden ayağa kalkıp devam edebilmek.

Anne babalar olarak çocuklarımıza karşı en önemli ödevimiz, onları iyi ve değerli insanlar olarak yetiştirebilmek, onları mutlu edebilmek için, önce kendimizi eğitmek ve yetiştirmek olmalı. Hatalar yapabiliriz ama yanlışlarımızdan ders alıp yine denemeli, eleştirilere, yeniliklere açık olmalı ve çocuklarımıza kulak vermeliyiz. Ancak böyle aşama yapabiliriz.

Evet, ne diyorduk, cezalandırılacağını bilse bile bize gelebileceği bir güven ortamı yaratmalıyız. Gencimizi her türlü tehlikeye karşı ancak ona bu güven duygusunu vererek koruyabiliriz. Eğer ceza verilmesi gerekiyorsa, bunun mantıklı, akılcı ve suçuyla orantılı olmasına özen göstermeliyiz. Bu konuyla ilgili olarak yine dönüp uzmanlar ne diyorlar, bir bakalım.

Uzmanların gözlemlerine göre, bizler sevgiyle disiplini dengeleyemiyormuşuz. Oysa sevgiyle örülmüş, sevgiyle dengelenmiş disiplin ne kadar önemli...

Çocuklarımız, gençlerimiz elbette hatalar yapacaklardır. Öğrenmenin, büyümenin bir parçasıdır yanlışlar. Sanki bizler, şu yaşımızda hata yapmıyor muyuz? Onlardan bizim yaşımızın davranışlarını bekleyemeyiz. Henüz öğrenme sürecindeler. Yanlış şeyler yapacaklar ve belki de bu hataları öylesine yineleyecekler ki, cezalandırılmaları bile gerekecek ama burada önemli olan, bizim bu hatalar karşısındaki tutumumuz ve tavrımız.

Yapmaması gereken bir şey yaptığında tavrımız dünyanın sonu gelmiş gibi gürüldeyerek üstlerine yürümek ve abartılı cezalar vermek şeklinde olmamalı. Bu olaydan ders alarak yoluna devam etmesini; neyin doğru, neyin yanlış olduğunu anlamasını sağlamak olmalı. *Uyguladığımız disiplin sevgiyle örülmüş, sevgiyle dengelenmiş olmalı.*

Dinleyip anlamadan «Hayır» dememeliyiz

Birinci adımımız sevgiyle dengelenmiş disiplin vererek güvenini kazanmaksa, ikinci adımımız onu eğitmek ve çeşitli konularda uyarmak oluyor. Bunun yolu da karşılıklı konuşmaktan geçiyor. Yine uzmanlara kulak verelim.

Uzmanlar, çocuklarımızın bizimle rahatça konuşmalarını engellediğimizi söylüyorlar.

Gençlerimizse, bizimle rahatça konuşabilmek istediklerini yazıp duruyorlar.

Ve artık, kaçıncı kez bilemeyeceğim, uzmanlarımızla gençlerimiz aynı yerde buluşuyorlar.

Şimdi hepimizin başlıca korkusu, «Ya çocuğum yanlış yollara saparsa...»dır, öyle değil mi? Uzmaların içimize sular serpecek bir gözlemi var bu noktada.

Çocuk, doğru düzgün, belli ahlak kurallarına uyulan bir aile ortamında yaşıyorsa, örnek olarak alabileceği bir ana babası ya da tek ebeveyni ya da ona yakın olan bir büyüğü varsa, evde huzurlu bir ortam hakimse (ufak tefek atışmalar bunun dışında tabii ki), çocuk sevildiğini, ailesi için değerli olduğunu bilirse;

kendine saygısı olan, iyi ve kötü kavramları kafasının içinde gelişmiş bir birey olarak yetişecek; kendine saygısını yitirebileceği yollara sapmayacak, uygunsuz arkadaşlar seçmeyecektir,

diyor uzmanlar. Ve ekliyor William Lyon Pheps. «Çocuklar günün birinde ana babaları gibi olmak istiyorlarsa, o ailede fazla bir sorun yok, demektir.»

Ama tüm bunların altını çizebilmek, ayrıntılarına girebilmek için bir hoşgörü ortamı yaratmalı, çocuğumuzlu aramızdaki iletişim kanallarını açık tutmalıyız. Onun bizimle her konuda konuşabilmesini sağlamalıyız. Ve anlattıklarını dinlemeli, hayatındaki olaylara, duygularına, düşüncelerine duyarlı olmalıyız.

Ve o bize böylesine açılınca, biz de ona kendi düşüncelerimizi, öğretmek istediklerimizi aktarmak, yol göstermek fırsatını yakalayabileceğiz. Kısaca, kaleyi içten fethetmemiz gerekiyor. Gencimiz bize ne denli yakın olursa, bizimle ne denli rahat konuşabilirse, biz de ona o oranda yakın olabilecek, onu koruyabileceğiz.

Üçüncü adımsa, ona özgürlük tanımaktır. Yaşına uygun isteklerine izin vermeliyiz. Vermeliyiz ki, ona öğrettiklerimizi yaşayarak, deneyerek özümlesin.

Sorumluluk alarak kendi ayakları üstünde durmayı öğrensin. Bunları bizim yanımızdayken, bizim denetimimiz altındayken öğrenirse, uzaklara, diyelim üniversite eğitimi için başka bir kente gittiği zaman kendini idare edebilecek, koruyacak, kendi ayakları üstünde duracaktır. Gençlerimiz bunun farkında. Daha önceki bölümlerde okuduğunuz mektuplarda da şimdiden sorumluluk alarak, kendilerini geleceğe hazırlama arzusu sıkça dile getiriliyordu.

Uzmanlar, gençlerimize sorumluluk vererek, bir ölçüde özgür bırakarak hayata hazırlamamız gerektiğini söylüyorlar.

Gençlerimiz hayata hazırlıklı olabilmek için sorumluluk almak, belli ölçüler içinde özgür olmak istiyorlar.

Böylece, bu konuda da gençlerimiz ve uzmanlarımız birleşiyorlar.

Ve aynı konuyu vurgulayan bir mektup ve gözlemler...

«Problemim tümüyle 'anlayışsızlık'. Annemle babamın beni sevdiğine eminim *ama bunu özellikle düşüncelerime, amaçlarıma, fikirlerime yansıtacakları hoşgörüde göstermelerini bekliyorum.* Olaylara bir anlık da benim gözümden baksalar, ne olur?

Kimi zaman geliyor ki, yapmayı düşündüğüm bir şey hakkında fikirlerini almak istememe rağmen 'önyargılı' tutum içine giriveriyorlar. Ben de tepkileri karşısında şaşırıyorum ne yapacağımı. Kabul! Eğer bir hatam varsa (ki bu çok doğaldır) bunu benim görmeme ve kararımı verip kendi doğrularımla yön vermeme fırsat tanısınlar. Kestirme yoldan onların dediklerini kabullenmeden, ama her görüşü, her öneriyi gözönünde tutarak daha sağlıklı adım atmamda yardımcı olabilirler.

Bir de onların da hataları olabileceğini kabul etmeleri gerek. Ve önemli olan, bunu ben söylediğim zaman farkedebilmeleri. *Yanlış da olsa, doğru da olsa beni dinlemeliler. Dinlemeliler ki, değişen huylarımı, fikirlerimi, beni daha iyi tanıyabilsinler.* Böylece sıkıntılı ruh hali içinde bunalmaz, oflamadan, terslemeden birbirimize katlanabiliriz. Öyle değil mi?»

Bu konu üzerinde daha fazla ilerlemeden sıkça yaptığımız bize özgü hatalar üzerinde biraz duralım isterseniz. Gençlerimiz bizden alışılmışın dışında bir şey istediklerinde eğilimimiz çoğu kez, «Hayır,» deyip izin vermememektir. Hadi, hadi itiraf edelim, çoğumuz böyle yapıyor. Neden acaba?

Kestirmeden «Hayır»ların ardındaki bahaneler

Gerçekten geçerli nedenleri bir kenara koyup, aslında pekâlâ da izin verilebilir durumlara bir göz atalım. O meşhur korkularımız nedeniyle sırf izin vermemek için bahaneler arkasına saklanıyoruz gibime geliyor. Bu bahaneleri üç grupta toplamak mümkün.

«Biz böyle gördük, böyle terbiye aldık. Bizim zamanımızda gençler büyüklerinin karşısına geçip, sen de sen, ben de ben, konuşmazlardı. Bizim zamanımızda...»

«Sen böyle habire sokakta gezersen, işimiz iş. Ne der âlem? Adın çıkar, kimse almaz seni.»

«Orası kalabalık, çok tehlikeli. Hem konserlerde insanlar eziliyor. Bomba momba da atılır maazallah. Otur oturduğun yerde...»

Şimdi elimizi vicdanımıza koyalım ve düşünelim. Biz bu izinleri bu gerekçelerle vermezken, gerçekten böyle mi olması gerekiyor, yoksa koşullandırıldığımız biçimde davranmak mı daha kolayımıza geliyor? Benim zamanımda böyle şeyler yoktu, diyoruz ama durup düşünürsek, zaman değişti. Geçmişte yaşayamayız. Günümüze ve günümüz koşullarına ve diğer gençlere tanınan haklara bakıp, bunu akıl süzgecinden geçirerek, çocuğumuza zarar gelmeyecekse, izin vermek zorundayız.

Zamanla uyum sağlamak istemiyoruz diye bunun bedelini çocuğumuza ödetmeye hakkımız yok.

Bir okul çayında gördüklerim hiç aklımdan çıkmaz. Sene sonuydu ve okul çayı düzenlenmişti. Öğretmenler öğrencilerle beraber okulun toplantı salonunu süslemişler, yiyecek içecekleri hazırlamışlardı. Okulun orkestrası çalacak, gençler dans edeceklerdi. Biz velilere de görev verilmişti. Herkes kendi mahallesindeki çocukları toplayıp okula bırakacak, sonra da gelip alacaktı.

Öğrenciler gülüşe konuşa geliyor, biletlerini alıp salona giriyorlardı. Müzik sesi bahçeye kadar taşıyordu. Görevimi tamamlayıp, tam çıkmak üzereydim ki, bahçedeki ağacın altında tek başına oturan bir genç kız gördüm. Arada bir arkadaşları yanına geliyor, biraz oturuyor, sonra tekrar dans etmeye içeri gidiyorlardı. Bu arada başka bir arkadaş beliriyor, sanki nöbeti devralıyordu.

Daha sonra öğrendiğime göre babası okul çayına, orada dans ediliyor diye izin vermemişti. Daha da garibi, okula gidebilirsin ama içeri girip dans etmek yok, demiş ve gelip kontrol edebileceği tehditini de savurmuştu. Bunun üzerine genç kız da çaya gitmekten, doğal olarak, vazgeçmiş. Ama arkadaşları onsuz bir okul çayı olmayacağını söyleyerek çok ısrar edince, gelmiş ağacın altına oturmuştu. Sınıf arkadaşları da bir dayanışma sergileyerek onu yalnız bırakmamaya özen gösteriyorlardı.

Ve, bu kız sınıf birincisiydi!

Belki babasının zamanında okul çayları yoktu ve o hiç gitmemişti. Ama bugün her okul, her sınıf böyle çaylar düzenliyor; gençler eğleniyor, dans ediyor, hatta öğretmenlerini bile dansa kaldırıyorlar. Hiç kimseye zararı olmayan bir eğlence. Herkes izin alıp gelebilirken, bu babanın da günün koşullarına uyup izin vermesi gerekmez mi? Hele de böyle aklı başında ve çalışkan bir öğrenciye... Kafasını yormadan, günün koşullarını incelemeden, kestirme bir «Hayır,» deyip işin içinden çıkmak kolaycılık olmuyor mu?

Akıllı bir arkadaşım var. Kızı yeni ehliyet almıştı. Pratik yapmak için arabayı alıp çıkıyordu. «Otomobille her çıkışında, o eve dönünceye kadar neler çekiyorum, bir bilsen. Öyle merak ediyorum ki...» diye dert yandı ve ekledi. «Ama bu duygularımdan ona söz etmiyorum, çünkü bu benim sorunum, onun değil.»

Merak ederim diye izin vermemezlik yapmıyor. Merak etse de, izin veriyor ve kuşkularını da, bunlar benim sorunum, diye kızına aktarmıyor, kendine saklıyor. Çünkü biliyor ki, izin vermese ya da vır vır söylense, kızı araba kullanmasını öğrenemeyecek.

«Bu benim sorunum,» diyen sesi kulaklarımdan gitmez.

Kızım Adana'daki basket maçlarına gitmek ister, bense «Hayır»ı yapıştırırdım. İzin vermememin gerekçesi, Adana-Mersin yolunda çok kaza oluyor diye korkmamdı. Bir iki kez sorduktan sonra artık izin istemez oldu ama içinin gittiğini, maça giden arkadaşlarının dönüşte anlattıklarını bana aktarışından anlamamak mümkün değildi.

Bir gün kendi kendime sordum, «Ben neden izin vermiyorum?»

«Yol tehlikeli de ondan,» diye yanıtladı içimdeki ses.

«İyi ama,» diye sürdürdüm kendi kendimle konuşmayı. «Bu kız her gün okula gitmek için Tarsus'a gidip gelmiyor mu?»

«Gidiyor.»

«O yol da aynı yol değil mi?»

«Evet.»

«E öyleyse, yılda birkaç kez de maç için gitse ne olur? Bana öyle geliyor ki, bunu sen kendin merak etmeyesin, diye yapıyorsun.»

«Haklı olabilirsin,» dedim. Bu konuşmadan sonra da kızımın maçlara gitmesine izin verdim. Ve hele de ilk zamanlarda, o eve dönene kadar bir gözüm saatte, «Bu benim sorunum,» diye kendi kendimi terbiye etmeye çalıştım.

Daha sonraki yıllarda kızımla, diğer ülke gençleri hakkında konuşuyorduk. Onların yaşamlarındaki sosyal boyutun ne kadar geniş ve çeşitli olduğundan söz ediyorduk. Küçük yaşlardan başlayarak her türlü sporu yapıyor, kurslara, kamplara katılıyorlar, gezilere çıkıyor, ülkeler geziyorlar, kendilerini her alanda deniyorlar, diye anlatıyordu kızım. Sonra içini çekti ve, «Ben de yapmak istediklerimin bazılarını gerçekleştirdim. Bunun yanısıra denemek istediğim daha pek çok şey vardı ama nasıl olsa izin verilmez diye dile getirmedim,» dedi. Sesinde sitem yoktu; bir gerçeği olduğu gibi aktarıyordu, o kadar.

Olurdu, olmazdı ama dile bile getirememişti!

İçim yine cız etti.

Bizler izin verip vermeme konumunda olduğumuzda durup iyice düşünmeliyiz. Bu izni gerçekten böyle olması gerektiği için mi vermiyoruz, yoksa alışagelinmiş bir yol izlediğimiz ya da kendi kafamızın rahat olması için mi vermiyoruz? Bu soruyu dürüstçe yanıtlayalım ve ona göre davranalım.

Unutmayalım ki, bugün bizim için pek de önemli olmayan bir maç, on dört yaşında bir genç için çok çok önemlidir. Bizim için «sonuçta kafa şişiren bir gürültü» olan pop konseri, onun genç yaşamında unutulmaz bir müzik şölenidir. Kendimizin de bir zamanlar genç olduğunu anımsayıp, isteklerine biraz da kendi geçmişimizin penceresinden bakmayı deneyelim.

Yıllar, yıllar önce J.J. Rousseau, «Hakkı ve kendisine yaraşan zevkleri elinden alınan gençler, onların yerine daha gizli ve tehlikeli olanlarını koyarlar,» demiş.

Yapmak istediklerini gelip bize söyleme cesaretini verelim. Bu isteklerin arasında izin verilmesi mümkün olmayanlar varsa, bunu onu korkutmadan, kırmadan söyleyelim. Çok saçma olanı varsa, onunla alay etmeden, neden olamayacağını anlatalım. Gerçekleşebilecekler varsa, o zaman da bırakalım yapsın. Böyle özgür bir ortam yaratabilirsek, kimbilir ne ilginç öneriler, yaratıcı fikirler ve girişimcilik arzusu doğacaktır. Baskıcı bir tutumla bu güzellikleri engellemeyelim. İşte tüm bunları düşünelim ve şu izin meselelerini ona göre ayarlayalım.

«Delikanlı Bunları Söylemez»

Bu arada çocuklarımız ve gençlerimizle ilişkilerimizde gözönüne almamız gereken bir diğer etken, ne onların, ne de bizim mükemmel olduğumuzdur.

Mükemmel iyinin düşmanıdır, diye bir söz vardır.

Çocuklarımızdan kusursuzluk beklememeliyiz. Onları güzellikleri olduğu kadar kusurları ve eksik yanlarıyla sevmeli, kabullenmeliyiz. Hele de yetişirlerken...

Gazeteden kesip sakladığım çok şirin bir yazıyı burada sizlerle paylaşmak istiyorum. Yazının başlığı, «Delikanlı Bunları Söylemez».

«Dün kucağınızda taşıdığınız mini mini oğlunuz, artık bir delikanlı adayı. Onu çok seviyorsunuz, o da size kendi ölçüleri içinde çok bağlı. Oğlunuzun günlük yaşam içinde bazı sözleri ve davranışlarıyla gönlünüzden geçenleri okumasını istiyorsunuz... Yoo, fazla umutlanmayın. Oğlunuz, size duymak istediğiniz şu sözleri asla söylemeyecektir:

* Anneciğim babacığım sağolun, harçlığımı arttırmanız gereksiz. Zaten siz de zorlanıyorsunuz, ben elimdekiyle idare ederim.

* Pop müzik kasetlerimi ve CD'lerimi arkadaşlarıma dağıttım. Haklıymışsınız, o parçaların gerçek müzikle ilgisi yok.

* Anneciğim bu pazar mutfağa hiç girme. Bırak da ben bir şeyler hazırlayıp önünüze koyayım.

* Doğumgünü partimi bu yıl arkadaşlarımla değil, babamla ve seninle kutlamak ve ikinizi dans ederken görmek istiyorum.

* Bu akşam yemekten sonra çıkacağım. Kaan, Şermin ve Mert'le buluşup klasik müzik konserine gideceğiz. En geç 11:30'da evdeyim.

* Gömleklerimi, pantolonlarımı ütüledim, dolaba yerleştirdim. Çoraplarımı da yıkayıp astım...

* Sınıfın yarısı fast food'cuya gitti ama ben eve döndüm. Sıkı ders çalışmam lazım. Yarınki sınavdan da en yüksek notu almak niyetindeyim.

* Ben odamı derleyip toplarken, istersen sen de günlüğüme bir göz atabilirsin.

* İnsan ayağını yorganına göre uzatmalı. O yüzden bundan böyle arkadaşlarımdan borç almaktan vazgeçtim.»

Aah, ah, hayal etmesi bile ne güzel, değil mi? Ama biz ayakları yere basan, gerçekçi ana babalar olduğumuzdan bu tür beklentiler içinde olmamalıyız. Onu kendinin en iyileriyle değerlendirmeli, şakayla karışık da olsa, böylesi bir mükemmellik listesini ölçüt olarak alıp da, hayatı hem ona, hem de kendimize zindan etmemeliyiz. Tabii bu demek değil ki, gençlerimizden beklentilerimiz olmayacak. Onlardan duyarlılıklar,

zarif davranışlar bekleyeceğiz. Onları «yetiştirmenin» bir amacı da bu gibi güzel beklentilerden doğuyor. Öğreteceğiz, eğiteceğiz ve bunun sonucunu da görmek isteyeceğiz. Ama bunu, onun hemen mükemmel oluvermesini, her an ve her dakika doğru biçimde davranmasını yüksek ölçütler koyarak bir mutsuzluk kaynağı haline getirmeden, esnek bir tutum izleyerek gerçekleştireceğiz.

Kendimize gelince, evet bizler de mükemmel değiliz ama elimizden geleni yapıyoruz en azından.

Bir arkadaşım kızıyla tartışıyormuş. Kızı bir şey için izin istemiş, o ise düşünüyor, bir türlü cevap veremiyormuş. Sonunda kızı, «Haydi anne, bir karar ver artık,» diye çıkışınca arkadaşım, «Üstüme varma! Düşünmem gerek. Sonuçta ben de on beş yaşındaki bir gence ilk kez annelik yapıyorum,» diye isyan etmiş.

İşte bizler de bu çok içten itirafta görüldüğü gibi ilk kez anne babalar olduğumuzdan, hatalar yapabiliyoruz. Bizler de etten, sinirden yapılmış insanlarız nihayetinde. İyi günlerimiz olduğu gibi kötü günlerimiz de oluyor. Sinirli, sabırsız, beceriksiz, dikkatsiz davrandığımız zamanlar oluyor.

Kısaca, çok çok istememize karşın, sizlere mükemmel örnek ana babalar olamıyoruz. Mükemmellik çok uzaklarda bir yerde, bizlerse «iyi» olabilme savaşımını veriyoruz. Ve sizleri çok ama pek çok; her şeyden çok seviyoruz. Çocuklarımız hayatımızın odak noktasını oluşturuyor. Yaşamımızın ışığı onlar.

Hoş, onlar da bunu biliyorlar. Biliyorlar, çünkü gelen mektupların tümünde, beğendikleri, beğenmediklerini sıraladıktan sonra, annemi, babamı çok seviyorum, diye bağlıyorlar yazılarını. Tümünde ama tümünde bu sevgi mesajı var. Eh, bu da bize yetiyor.

Anababa maskesiyle değil, «insan» yüzümüzle...

Çocuklarımızın, gençlerimizin kusursuz olmalarını beklemek yerine, onları kendilerinin en iyileriyle kıyaslayalım, kusurları, eksik yanlarıyla da sevelim; bu arada kendimizin de süper anne baba olmamızı beklemeyelim demiştik. Bu konuyu hatalarımızı kabul ederek gençlerimizle

böylece konuşalım. Onlar bizden hoşgörülüler. Gençlerimize hatalarımızın sevgisizlikten değil, bilgisizlikten kaynaklandığını itiraf edebilirsek, aramızda çok hoş bir uzlaşma ortamı doğacaktır. Bizleri kayalar gibi sert, putlar gibi erişilmez değil; insan yanımızla, insanca zaaflarımız, kusurlarımız ve meziyetlerimizle tanırlarsa, daha doğrusu biz onların bizi olduğumuz gibi görmelerine izin verirsek, birbirimize çok yakınlaşabileceğiz.

Bu onların bize olan saygısını asla eksiltmez, aksine çoğaltır ve aramızda «insandan insana» bir dayanışma doğar. Onun iyiliğini bu dünyada en çok isteyen ve yaşam deneyimi daha fazla olan kişi olarak bizler onun yaşam boyu sığınacağı bir liman olarak düşünmeliyiz kendimizi. Yelkenlerini rüzgârla şişirip denizlere açılacak, dev dalgalarla kendi başına boğuşacak, başedemeyeceği bir fırtınayla karşılaştığındaysa hiç duraksamadan sığınabileceği dost bir liman...

Bunu da ancak bildik annelik babalık maskesini bir kenara bırakıp, ona gerçek kimliğimizi, «insan» yüzümüzü göstererek, üzüntülerimizi, sevinçlerimizi, hatalarımızı, başarılarımızı onunla paylaşarak başarabiliriz. Aramızda gereksiz yere örülmüş kalın duvarlar varsa, bunları yıkalım. Gerçek anlamda saygının olması için bu kalın ve sağır duvarlara, sert maskelere aslında hiç gerek yok. Sevgi ve saygıya dayalı bir dostluk ilişkisiyle bağlı olmalıyız birbirimize.

Phyllis McGinley'in annelik konusundaki bir gözlemini nakletmek istiyorum.

«Tanrı bilir ya, bir annenin güçlü ve yürekli ve hoşgörülü ve duyarlı ve sabırlı ve otoriter ve insanoğlunda olması beklenen tüm diğer yüksek değerleri benliğinde toplamış olması gereği vardır! Ama ben tüm bunların yanısıra «esneklik» taraftarıyım. Kanımca, gerçekten ender rastlanan niteliklerdendir esneklik. Çocuklarımız küçükken esnek olmak yararlıdır.

Ama gençliğe adım attıklarında bu tutumun önemi büyük ölçüde, neredeyse şart dedirtecek kadar artıyor. Yetişkinliğe doğru yol alan gençlerin en büyük isteği özel yaşamlarında rahat bırakılmaktır. Hem ruhsal, hem bedensel olarak kendi başlarına olmayı yeğlerler. Üstlerine varılmasından, duygularının ortaya dökülmesinden nefret ederler. Genç-

lerin özel yaşamlarını didiklemeyen, sürekli sorular sorup her şeyi bilmeye kalkışmayan; onların bazı fırtınaları kendi başlarına atlatabilmeleri için konuşmama iradesini gösterebilen ve hepsinden önemlisi verilen sırları saklamasını bilen ama bunların anlatılmasını beklemeyen anneler, gençlerin tüm bunları gelip kendiliklerinden anlattıklarını göreceklerdir. Ve onların çocukları bu tutum nedeniyle daha güçlü insanlar olarak ortaya çıkacaklardır. Ya da en azından böyle olmasını umuyor insan!»

Ve tüm bu önerileri yansıtırcasına yazılmış üç mektup.

«Ben üniversite birinci sınıfta ve hayatı doya doya yaşamayı seven genç bir insanım. Sizi gözümde diğer yetişkinlerden bir hayli farklı yapan özelliğiniz, üslubunuzun biz gençlere çok yakın olması; bu da sizin gençliğinizi unutmadığınız, yani ruh olarak yaşlanmadığınız anlamına gelir.

Buna en iyi örnek de, *Bir Genç Kızın Gizli Defteri* adlı kitabınıza yazdığınız önsözdür. İhtiyacınız olduğunda nasıl günlüğünüze başvurduğunuz ve o günlüğün özel bir parçanız haline gelişi, ilk okuduğumda beni çok etkilemişti.

Ben dört yıldır, lise birden beri, günlük tutarım. Şimdiye kadar iki ayrı defterim oldu. İlki bir şanssızlık eseri annemin eline geçti ve iki hafta boyunca kavgalarımız oldu. Şimdiki günlüğüm böyle bir saldırıya maruz kalmasın diye içinden anneme bölümler okumama, resimler göstermeme ve gizli saklım olmadığını ima etmeme rağmen, günlüğümün okunduğunu kardeşimden öğrendim. Artık günlük tutmayacağım. Günlüklerimi saklasın diye, çok güvenilir bir arkadaşıma verdim. Böyle olmasını istemezdim... Ama eğer annem gençliğini unuttuysa ve bu olay kendi başına gelseydi ne olurdu, sorusunu sormuyorsa; onu günlüğümü okumamaya ikna etmek faydasız sanıyorum. Bunu annemi suçlamak için yazmıyorum, sadece defterimi okuması için başka neden bulamıyorum.

Günlük tutmanın gerçek olmasa bile o çok güzel hayalini benim için bir kitabınızda ölümsüzleştirdiğiniz için size minnet borçlu olduğumu düşünüyorum. Benim hayalimde bir Serra'm var ve o benim için bir günlük tutuyor.»

Yine günlük konusunda aynı genç tarafından peş peşe yazılmış iki mektup.

«Bir de ailemizin özellikle annelerimizin yaptığı bir yanlış var. O da onca para biriktirip aldığımız ya da hediye edilen cicili bicili defterlere yazdığımız anılarımızın okunması. Size bir anımı yazayım.

Ben yattıktan sonra en az yarım saat yatakta dönüp dururum. Yine öyle bir gecede yatağımda uyumaya çalışıyordum ki annem geldi. (Uyuduğumu sanıyordu galiba.) Günlüğümü açtı ve okudu. Evet, evet, müthiş güven kaynağım günlüğümü okuyordu. Oysa ben ona her şeyi söylediğimi sanıyordum. Hem söylemese bile insanın diğer kişilerle paylaşmak istemediği şeyleri olması doğal. (Doğal değil mi?) Annem gittikten sonra günlüğümü aldım ve şu satırları yazdım. Aynen aktarıyorum.

Anneciğim,

Bu yazı (sayende) bu günlüğe yazdığım son yazı. Niye mi? Çünkü bu akşam yani ocağın ilk pazartesi günü saat 22:40'da odama geldin ve günlüğümü okudun. Tabii o sırada bendeniz uyumuyordum.

İnsanların annelerinden sakladığı binlerce şey vardır, şükret benim o kadar değil. Belki ileride olur ama sana söylemeyeceğim, çünkü güvenimi yitirdin. Belki bugün karıştırmamışsındır ama şimdi okuyorsun.

Vay be! Nasıl da rol yapmışsın! Ben de sana arkadaşımın annesini anlatıyordum. Meğer benim annem de öyleymiş. Kendime yeni bir günlük alacağım. Öyle bir yere saklayacağım ki imkânsız bulamayacaksın. Bulsan bile açamayacaksın, çünkü anahtarı bende olacak.

Neyse, bu kadar suçlama yeter. Umarım Allah seni de, beni de affeder. Yalnız şunu bil, senin bana yaptığını asla unutmayacağım.

Sevgiler,
Kızın

Tabii bu yazıyı yazdıktan sonra içimde acı bir pişmanlık. Yukarıda yazdığım hiçbir şeyi yapmadım. Sonra da günlüğüme 'Sevgili Günlükcüm' diye başlayacağım yerde, 'Canım Anneciğim' diye başlayan yazılar yazdım.

Sizden ricam özellikle anneleri bu konuda bilinçlendirin. Böylece ne gençlerin, ne de annelerin kalpleri kırılır.»

Her iki mektupta da dilekler ve yakınmalar ne kadar zarif bir üslupla ele alınmış, değil mi? Şimdi de son mektubu yazan gencin bu kez şakacı bir dille kaleme aldığı ikinci mektubunu okuyun ve bakın neler olmuş.

«Merhaba, merhaba;

Çok sevindim, çok sevindim. Hâlâ inanamıyorum. Şoktayım, mutluyum. Bana kuzenim bile mektup yazmazken siz (ablam, sırdaşım, dert ortağım, kahramanım ve artık mektup arkadaşım) yazdınız. Hayatımın en mutlu gününde olmalıyım. Kime sizin bana mektup yazdığınızı söylesem, ya hadi ordan, dediler ya da birkaç çığlık üst üste attılar. Hele babam akşam telefonla konuşuyordu. Zarfı gösterince yüzünün halini görmeliydiniz. Gözlerini ve ağzını öyle bir açtı ki, Alaaddin'in devine benzedi. Ne benzetme ama!

Anı defterim konusunda size bir olay anlatacağım (tabii anlatamam, yazacağım): Bir gün, (sanırım size mektup yazdıktan birkaç gün sonra) annemle konuşuyorduk. Annem, 'Sana bir şey itiraf edeceğim.' dedi. Tabii çocukluk içgüdülerimle(!) hemen ne olduğunu anladım. Anneme orada karabasanlar gelirken, ben gülüyordum. En sonunda anı defterimi okuduğunu söyledi. Bunu söyler söylemez, 'Biliyordum,' dedim ve hemen arkasından olayı anlattım. Annem de oldu Alaaddin'in devinin karısı... Şokta olduğunu sezdim ve hemen onun boynuna sarıldım. Canım annem çok utanmış, 'Bir daha yapmam,' deyip durdu bütün gün.

THE END»

Bu mektup az önce konuştuklarımızı ne kadar da doğruluyor... Buradaki akıllı anne, alışılmışın dışına çıkıp hatasını kabul ediyor, itiraf

ediyor, bir daha yapmam, diyerek özür diliyor. Ya genç nasıl davranıyor? Teselli etmek istercesine annesinin boynuna sarılırken, bir yandan da canım annem, diyerek ona olan sevgisini dile getiriyor. Ve yaşanan bu küçük ama insancıl olay onları sanki birbirine daha da yakınlaştırıyor.

Yeni bir yöntem: Kazan-kazan formülü

Doğan Cüceloğlu'nun *İçimizdeki Çocuk* adlı kitabı çok ama çok yararlı bir kitap. Bu eserde «İçimizdeki Çatışmaların Yansıması» diye bir bölüm var ki, biz anne babalar bunu çocuğumuzla tüm ilişkilerimizde uygularsak hayat hepimiz için daha kolay olacaktır. Hele de şu izin meselelerinde...

Şimdi Cüceloğlu'nun anlattıklarını kendi koşullarımıza uyarlayarak bir düşünelim. Diyelim, gencimiz arkadaşlarıyla bir yere gitmek istiyor ve bizden izin istedi.

Eğer araştırıp, soruşturmadan, kestirmeden bir «Hayır,» dersek; biz kazanırız, o kaybeder. Yani çocuğumuz sağsalim dizimizin dibinde diye biz huzurlu oluruz ama o, hakkı olan masum bir eğlenceden menedildiği için kendini haksızlığa uğramış ve mutsuz hissedecektir.

Kazan - kaybet. (Yani biz kazandık, o kaybetti.)

Eğer gerekli bilgileri almadan izin verirsek, biz kaybederiz, o kazanır. O arkadaşlarıyla eğleniyordur eğlenmesine ama bu arada biz de o eve gelene kadar tırnaklarımızı yiyerek, saati gözleyeceğiz.

Kaybet - kazan. (Yani biz kaybettik, o kazandı.)

Oysa arkadaşlarını bize tanıştırmasını sağlarsak, en önce gencimiz kimlerle birlikte, bunu bileceğiz. Nereye gidecekler, saat kaçta eve dönecekler, bunları sorup öğrenip, gidiş dönüşü için birlikte karar alırsak, nerededir, ne zaman gelecektir, bunu da bilebileceğiz. Ve tüm bu koşullarda bir sakınca görmeyince (ki normal koşullar altında çoğu kez durum budur) izin vereceğiz.

Ve böylece hem biz kazanacağız, hem gencimiz. Çünkü biz artık onun Ayşe, Fatma, Murat ve Suat'la, Rumelihisarı'ndaki Sezen Aksu konserine gideceğini, konserin saat dokuzda başlayıp on ikiye doğru

biteceğini biliyoruz. Biz huzurluyuz. O ise, bizim onayımızı aldığından içi rahat olacak ve arkadaşlarıyla konserin doyasıya tadını çıkarabilecektir.

İşte kazan - kazan formülü. (Hem biz kazandık, hem o.)

Sadece izin konusunda değil, her konuda uygulayabileceğimiz ve uygulamamız gereken bir yöntem.

Ve sıcağı sıcağına bir mektup.

> «Değinmenizi istediğim en önemli konu 'izin konusu'. Ankara'da oturan on dokuz yaşında (bence on dokuz yeterince büyük) aklı başında bir genç kız olmama rağmen babam hâlâ gece gezmeye gitmeme karşı. Bütün arkadaşlarım çıkabiliyor. Babam bunu korktuğu ve bana zarar gelmesini istemediği için yapıyor, biliyorum ama bana da yazık değil mi? Zaten bu konuda neredeyse hiç tartışmıyoruz. Babamın her, 'hayır' deyişinde tek yaptığım ona yaşımı hatırlatmak ve kötü şeylerin gündüz de başıma gelebileceğini söylemek oluyor. Tabii ki bir işe yaramıyor ama yine de bilsin istiyorum.»

İşte kazan - kazan formülünün uygulanabileceği bir durum.

Gençlerimiz tiyatroya, konsere, akşam yemeğine ya da sırf gençlerin toplanıp müzik dinlediği kulüplere gitmek istiyorlar. Aslında bunlar yararlı şeyler. Görgüsünü, bilgisini, yaşama kültürünü geliştiren yaşantılar. Ayrıca o ev-okul-dersler kıskacından kurtulup, kendi arkadaşlarıyla eğlenmek onların da hakkı. Daha önce sözünü ettiğimiz yaşamlarına katmak istedikleri sosyal boyuta giriyor tüm bu istekler.

Burada bizler gencimize bakacağız. Aklı başında mı? Ona evde iyiyle kötüyü anlattık, öğrettik mi? Hele de üniversite çağındaysa, büyük kentte yaşıyorsa, tüm akranları çıkıyorlarsa ve yanında onu koruyacak, kavalyelik yapacak erkek arkadaşların da bulunduğu bir grubu varsa, bağrımıza taş basıp izin vermek zorundayız.

Tabii ki herkes kendini denize atıyor diye biz de kendimizi kaldırıp denize atmayacağız ama zamanla gelişen bir çizgi var. Her toplumun kendine özgü kaba hatlarıyla beliren çizgileri bunlar. Küçük bir Anadolu kentinde böyle izinler istemek bile abes ama büyük kentlerde artık üniversiteliler geceleri birlikte yemeğe çıkıyorlar, müzik dinliyorlar, konserlere, piyeslere gidiyorlar. Gençliğin çoğunun yaşam biçimi bu çizgideyse, gencimiz de artık bu yaşta neyin doğru, neyin eğri olduğunu biliyorsa ve de aklı başındaysa, hiç çaremiz yok, izin vereceğiz.

Ama - önce ondan beklentilerimizi sıralayacağız!

Ve akıllı gençler bu istekleri çocuksu öfleyip, pöflemelerle değil, büyük bir anlayış ve olgunlukla karşılayıp bize hak vererek, bizi tatmin edecek bir tavır içine girecekler.

Önce arkadaşlarını tanımalıyız, kimlerle olduğunu bilmeliyiz.

Ama bu bilgileri edinebilmek için önce biz evimizde hoşgörü ortamı yaratarak, arkadaşlarının bize rahatça gelebilmelerini sağlamalıyız. Surat ederek, gençleri korkutup kaçıracağımıza; güleryüzlü ve sevecen bir yaklaşımla onlarla konuşup, sohbet ederek, bu gençleri tanımaya çalışmalıyız. Böylece bir yere gidecekleri zaman gelip gencimizi evden alabilmeliler; onlarla nereye, nasıl gidecekleri ve dönecekleri hakkında da konuştuktan sonra içimiz rahat olarak onlara, «İyi eğlenceler,» dileyebileceğiz, bir başka deyişle kazan - kazanı uygulayacağız.

Gittikleri yeri bileceğiz. Eğer bir ev davetiyse adresi ve telefon numarasını yazıp bize vermesini isteyeceğiz.

Dönüş saatini birlikte saptayacağız.

Gençlerimize, bunun dedektifçilik oynamak hevesinden doğmadığını; her şeyden önce onun güvenliği için gerekli olduğunu, sonra da birlikte yaşayan insanların bir diğerine karşı sorumlulukları olduğu, bu sorumluluklardan birinin de aile bireylerinin nerede olduklarını ve ne yaptıklarından bir diğerini haberdar etmek olduğunu anlatmalıyız. Evin babası akşam eve geç kalacaksa, bunu ve nedenini eşine bildirmiyor mu? Evin annesi bir işi çıktıysa çocuklarının görebileceği yere bir not bırakarak, nerede olduğunu ve ne zaman döneceğine dair bilgi vermiyor mu? İşte gençlerden de istenen aynı şey.

Bazı haklar istenirken, bu hakların yanısıra gelen sorumlulukları da omuzlayabilmek gerek. Haklar ve sorumluluklar el ele yürüdüğü sürece olgunluk getirir. Sadece hak isteyip sorumluluktan kaçansa daha olgunlaşmamış demektir.

Sorularımızı işine burnumuzu sokmak için değil, bilgilenmek ve yardımcı olabilmek için sorduğumuzu onlara sakin sakin anlatmalıyız. Ve yine sözlerimizi davranışlarımızla desteklemeli ve sorularımızı gerçekten bu amaç için sormalıyız. Bunu anladıkları an, soru sormamız sinirlerine dokunmayacak ve bizimle işbirliğine gireceklerdir.

Tavrımızın esnek olması, çok önemli. Şu izin meselelerine hafif dokunuşlarla, sakin bir ses tonuyla, ona köstek değil destek olmak amacıyla değinmeliyiz. Gencimizin üstüne üstüne giderek, onu bunaltmamalıyız. Dostça bir üslupla gerekli bilgileri alıp, işi orada bırakmalıyız.

Ondan beklediğimiz olgun davranışa, biz de aynı olgunlukla yaklaşmalıyız. Daha üst düzeyde buluşmalı ilişkilerimiz.

İzin konusunda bazı genel kurallar

Gittikleri yeri ya da oradaki insanları gözü tutmazsa derhal orayı terketmesini; dönüşü sorun olacaksa eve telefon etmesini öğütleyeceğiz.

Alkollü bir sürücünün arabasına, en aziz arkadaşı bile olsa binmemesini tembih edeceğiz. «Yüzü tutmamak» gibi azıcık zekâ düzeyi düşük bir nedenin ona nelere malolabileceğini hatırlatacağız. Ve yine bizi arayabileceğini söyleyeceğiz.

Alkol, uyuşturucu ve cinsellik hakkında onu çok önceden bilgilendirmiş olduğumuzdan bu konuda tekrarlanacak bir şey yok.

Tüm bu önlemlerin bir poliscilik oynama hevesi değil, onun «güvenliği» açısından gerekli olduğunu anlatıp, alınmamasını sağlayacağız; güleryüzle onu kendisine emanet ettiğimizi ve aklına güvendiğimizi belirttikten sonra, «İyi eğlenceler,» diyerek ilk gece iznini vereceğiz. (Laf aramızda, şu halimize bir bakın. Sanki eğlenceye değil de, Somali'ye asker gönderiyoruz. Neylersiniz, ana babalık zor zanaat. Bizim gibi çocuklarına düşkün olanlara evlat olmaksa, daha da zor zanaat.)

Biz anlayışlı ve destekçi bir tavır içinde olursak, genç de bu kurallara uyarsa, kısa bir süre sonra kuralları sıralamaya hiç gerek kalmayacak. O, kendiliğinden gelip bize kiminle, nereye gideceğini, ne zaman döneceğini söyleyecek ve dikkatli davranacaktır.

Bir de üniversite eğitimi için uzaklara gittiğini düşünelim. O zaman da gencimiz evden ayrılmadan onu karşımıza alıp, gerekli uyarıları yapacağız. Eğitimi boyunca mektupla, telefonla, imkân buldukça da gidip onu görerek bu diyaloğu sürdüreceğiz ve yine o genel çizgiyi araştırıp, gencimizi arkadaşlarının yanında incitecek yasaklar koymayacağız.

Toparlamak gerekirse, gece izinleri için önce gencimizle karşılıklı iyi niyet havası içinde konuşmalıyız. Onun güvenliği için gerekli uyarılarda bulunmalıyız. Uymasını istediğimiz koşulları yine karşılıklı konuşarak saptamalıyız. Ve korkularımıza ket vurmasını öğrenmeliyiz.

Tanrı korusun, kazalar gündüz de olabiliyor; uygunsuz insanlar gündüz de laf atabiliyor. Bu tür korkularımız nedeniyle bir büyük kent yaşamındaki üniversitelilerin gruplar halinde, kendi temiz arkadaşlarıyla bir yerde bir şeyler yemeleri, eğlenmeleri ya da kültürel bir gösteriye katılmak istemelerini engellememeliyiz.

Herkesin koşulları değişik demiştik. Bazı Anadolu kentlerinde bu tür izinleri düşünmek bile abesken yine bir Anadolu kenti olan Mersin'de de artık gece izinleri veriliyor. Operada, tiyatroda gençleri görüyoruz, arkadaşlarıyla geliyorlar. Çeşitli lokantalarda doğumgünleri kutluyorlar; gruplar halinde yemek yemeğe, müzik dinlemeye ve dans etmeye gidiyorlar.

Oysa on sene önce bir delikanlıyla bir genç kız çarşıda yan yana yürüseler, tüm dedikoducular tam tamlarını çalmaya başlarlardı. Şimdiyse hep birlikte geziyor, eğleniyorlar. Bugünün genç anne babaları zamanın getirdiği değişime uyarak izin veriyorlar. Buna bir de küçük yer olmanın ve ailelerin birbirlerini en az ismen tanımalarının getirdiği rahatlığı da eklersek, günümüz Mersin'inin gençleri on yıl öncekilere kıyasla çok, çok şanslılar.

Bir de yaşı daha küçükler; liseliler hatta ortaokuldakiler var. Bu kesimin yaşı küçük olduğundan gece izinleri pek o kadar sorun olmuyor; buna karşın gündüz gezmeleri için izinler gündemde.

Ve bu kez de gündüz izinleriyle ilgili yazılmış bir mektup.

«Ben on dört yaşında, orta son sınıf öğrencisi bir kızım. Benim sorunum annemle ilgili. Annemi dünyadaki her şeyden hatta bebeğim Tombulavs'dan bile üstün tutuyorum. Fakat bazen onu hiç sevmiyorum. Benim annem *hiçbir şeye izin vermiyor. Bir Genç Kızın Gizli Defteri*'ni okuduktan sonra gözlüklü de olduğumdan lens kullanmak istedim. Ama annem küçük olduğumu söyledi... On yaşındakilerin bile kullanmasına rağmen ben ufakmışım.

İkincisi, arkadaşlarım hep birlikte gezmeye pizzacılara gidiyorlar. Pazartesi gelip de hafta sonu neler yaptıklarını anlattıklarında, gözlerim doluyor. Duygu sömürüsü yaptığımı sanmayın sakın. Bu hele de benim yaşımdaki biri için çok zor. Bazen bana, 'Sen de gelsene,' ya da, 'Cumartesi bir yerlere gidelim,' dediklerinde 'Hayır gelemem,' demek; 'Neden?' diye sorduklarındaysa 'Annem izin vermiyor,' yanıtını vermek öyle güç geliyor ki...

Arkadaşlarım aralarında konuşuyorlar, 'Hadi cumartesi günü caddeye çıkalım, yemek de yeriz. Ona da söyleyelim.' İçlerinden birisi, 'Aaa, ama onun annesi izin vermez ki...' Bunları duymak bana büyük acı veriyor.

Anneme göre koca İstanbul'da cumartesi saat ikide benim başıma bela gelecek, araba çarpacak, kaçıracaklar kızını. Offf, bunalıyorum.»

Bu yaşlarda da bizim dikkat edeceğimiz gitmek istediği yerlerin yaşına uygun olup olmadığıdır. Okul çayları, okul yemekleri, bir arkadaşın doğumgünü, bir piyes, konser, maç, bir cumartesi hep birlikte sinemaya gitmek ya da yakında bir yerde yemek yemek, bir pastanede sohbet etmek izin verebileceğimiz yerler. Yaşlarını kendi başlarına gitmek için küçük buluyorsak, gidilecek yer uzaksa o zaman anne babalardan biri ya da başka bir büyük götürmeyi, bir diğeri getirmeyi üstlenebilir. Böylece nasıl gidip dönecekler sorunu hem onlar, hem bizim için ortadan kalkmış olur. Birazcık zahmetli ama madem onlar bizim kıymetlilerimiz diyoruz, bunu sözlerle değil bu tür davranışlarla kanıtlamalıyız.

Kızımın dedesiyle ilgili unutamadığı anılarından biri... Okul çıkışı dört arkadaş eve gelmişler. Önemli bir sınav varmış, birlikte çalışmışlar. Derken annem onlara yemek hazırlamış ve kalıp birlikte yemelerini önermiş.

Onca saat çalıştıktan sonra birlikte şöyle güle konuşa yenecek bir yemek doğrusu hepsinin hoşuna gitmiş. Ama yemeğe kalırlarsa, gece evlerine nasıl dönecekler ve bunun için de nasıl izin alacaklar soruları yüzlerinin asılmasına neden olmuş. Onların bu keyifsiz hali, fısır fısır konuşmaları dedenin dikkatini çekmiş.

«Ne o? Karadeniz'de gemileriniz mi battı?» diye sormuş.

Kızım sorunları sıralarken, o saatte eve dönmelerine, haklı olarak, izin verilmeyecek olan arkadaşları da çantalarını toplamaya başlamışlar bile. Dede anlatılanları dikkatle dinledikten sonra, «Haydi bakayım geç şu telefonun başına ve ara herkesi. Onları evlerine ben bırakacağım,» demiş.

Bu sözler evde bayram havası estirmiş. Teker teker anne babalar aranmış, aileler birbirlerini okuldaki toplantılardan ve çocukların arkadaşlıkları nedeniyle tanıdıkları için izinler verilmiş. Ve bizim kızlar bol eğlenceli, bol şamatalı bir akşam yemeği yemişler, sonra da bir süre çene çalmışlar. Gece yarısına doğru dedeye haber verilmiş. O saate kadar televizyonun karşısında uyuklayarak bekleyen dede, sessizce iç geçirerek pijamasının üstüne pantolonunu çekmiş ve konuklarını(!) teker teker evlerine bırakmış.

Belki küçük bir olay ama şimdi her biri genç birer iş kadını olan bu arkadaş grubunun üyeleri, biraraya geldiklerinde dedenin bu özverili davranışını anmadan edemezler.

Diyelim, yavrumuz bir doğumgününe gitmek istiyor ve aksilik bu ya, biz de aileyi tanımıyoruz. Yavrumuz krizler geçirmekte, arkadaşı dünyanın en iyi insanı olduğuna göre ailesinin de dünyanın en iyi insanları olmasının doğal olduğunu, sınıfta herkesin ama herkesin davetli olduğunu ve herkesin ama herkesin gideceğini söylemekte ve bizim bu davranışımızın onu tek kelimeyle rezil ettiğini çok açık bir biçimde ifade etmekte...

Tanımadığımız insanların, bilmediğimiz evine gitmesine izin vermek olasılığı da, özellikle de yaşının küçük olması nedeniyle, bize krizler geçirtmekte...

İkimizin de kazanabilmesi için yapmamız gereken, o davete gidecek olan herkeslerin içinden bir tanıdık bulup, onu arayıp davet sahipleri ve davet hakkında bilgi almak ve mümkünse çocuklarımızı birlikte götürmemizi önermektir. Böylece onu kendi elimizle götürmenin yanısıra o çok sevgili arkadaşının ailesiyle de tanışma fırsatını yakalamış olabileceğiz.

Yok böyle bir ortak tanıdık bulamazsak o zaman davet sahibinin evini arayıp annesiyle görüşebiliriz. Kendimizi tanıtıp, davet için yardım önerebiliriz ve adresi alıp çocuğumuzu kendimiz götürüp, o aileyle tanışmış oluruz.

Bu örnek şöylece akla geliverenlerden bir tanesi. Önemli olan, her anne babanın çocuğunun yaşına uygun olabilecek isteklerini kolaya kaçıp, kestirip atmadan, çareler arayarak ve kazan-kazan formülünü uygulayarak onun gencecik yüzüne bir gülümseme oturtabilmesi, yüreğinin sevinçle atmasını sağlamasıdır. Eğer bu çabayı gösterirsek, gençlerin büyük çoğunluğunun olmayacak şeyleri zaten istemediklerini, olabilecekleri dile getirdiklerini göreceğiz.

Ayrıca biz anlayışlı, esnek ve makul davranabilirsek, onlara güvenlikleri açısından 'hayır' dediğimizde, azıcık homurdansalar bile bunu kabulleneceklerdir. Ama her şeye kestirmeden gidip, 'hayır', dediğimiz takdirde, gün gelip de gerçekten izin verilmemesi ve buna uyulması gereken bir durum, diğer ufak tefeklerin arasında kaynayıp gidecek, çocuğumuz konunun ciddiyetini algılayamayacaktır. Bu nedenle de izin verirken olabileceklerle, olmaması gerekeni birbirinden ayırt edelim. Olabilecekleri gerçekleştirmek için çareler arayalım, yollar bulalım, kafamızı ve bedenimizi yoralım yani gencimize hizmet verelim. Böylelikle hem o mutlu olsun, hem biz.

İzin verilemeyecek durumları da kesin ve net bir biçimde ona anlatalım, açıklayalım, tartışalım. Bu noktada kuşkularımızı, korkularımızı onlara anlatalım. Karabasanlarımızı da onlarla paylaşalım ki, çocuklarımız bizim neler düşündüğümüzü, nelerden korktuğumuzu bilsinler. Katı bir, «Hayır, olmaz,» yetmiyor; onlara içimizi açalım.

Şu keyifli gece yatısı konukluğu... ya izin?

Geçen yıl televizyonda, Leyla İsmier'in «Salıncak» adlı programında genç kızlarla ilgili bir söyleşi yapıyorduk. Leyla İsmier o kadar sıcak, neşeli ve cıvıl cıvıldı ki, sanki kameralar karşısında değil, onun evinde sabah kahvemizi içiyorduk. Programa üç genç kız katılmıştı. Leyla Hanım herkesi büyük bir ustalıkla konuşturuyor, çok güzel sorular soruyor, sonra da geri çekilip yanıtları hiç kesmeden dinliyordu. Demek istediğim, eline mikrofon aldığı için son derece mutlu olan ve sürekli kendisi konuşup sonra da zavallı konuğuna, «Sanırım siz de böyle düşünüyordunuz, değil mi?» ya da, «Siz de bunu anlatmak istediniz, yanılıyor muyum?» şeklinde konuğunun laflarını ağzına tıkmayan bir program yöneticisiydi.

Genç kızlarsa tek kelimeyle harikaydılar. Hepsi de kendi fikirlerini, görüşlerini büyük bir rahatlıkla anlattılar. (Oysa kamera karşısına çıkmadan önce heyecandan neredeyse öleceklerdi.) İsimleri Gonca, Esra ve Burcu'ydu, yaşları on sekiz, on altı ve on dörttü.

Açık renk gözlü, sarı saçlı Gonca, güzelliğinin yanısıra çok da aklı başında ve o gencecik yaşına karşın, ne istediğini bilen, sevecen ve sakin bir genç kızdı. O programda beni en çok Gonca güldürdü, diyebilirim. Burcu ve Esra'nın çıkışları karşısında, «Onların yanında kendimi çok yaşlı hissediyorum,» demez mi...

Gülümsedikçe beliren gamzelerinin ona ayrı bir sevimlilik kazandırdığı kumral güzeli Esra, yaptığı konuşmalarla her annenin isteyeceği genç kızı çizdi. Onun arkadaşlarıyla bazen bebek gibi konuştuklarını anlatması herkesi güldürdü.

Burcu'ysa bir ateş parçası... Kocaman kocaman gözleri ve kızıl kestane ışıltıların yanıp söndüğü upuzun saçlarıyla, o da bir başka güzeldi. İlk aşkı anlatan şiiriyse gerçekten insanın yüreğine dokunuyordu. Besteler yapıp, org çaldığını da öğrendik. Kabına sığamayan, cıvıl cıvıl bir genç kız.

Sohbetimiz güzel güzel gidiyordu. Müzik, giyim ve daha başka konularda anlaşa anlaşa giderken, söz dönüp dolaşıp bir arkadaşa gece yatısına gitmeye geldi. Gece yatısına izin verilmeli miydi, yoksa verilmemeli miydi? Leyla İsmier yapacağını yapmış, sonunda bu soruyla aramızı açmayı başarmıştı. Gençlerle ters düşmüştüm.

Ailelerinin tanımadığı kişilerin evlerine gidilmesini doğru bulmadığımı söyleyince onların gözünde ilk kez puan kaybettiğimi hissettim. Burcu o kocaman gözleriyle, «Sen de mi Brutus,» dercesine bakıyordu.

Meğer annesinden izin isteyince o da benim gibi ahret soruları soruyormuş.

«Aileyi tanıyor muyuz?»

«İsimleri ne?»

«Soyadları ne?»

«Nerede oturuyorlar?»

«Herhalde kötü biriyle arkadaş olacak değilim, ailesi de ona göredir,» dedi Burcu başını sinirli sinirli sallayarak.

«Ama ailen bunu bilmiyor ki...» dedik Leyla Hanımla aynı anda.

Sürekli düşen puanlarımı kurtarmak için son bir hamle yaptım.

«Aileleri tanıştırsanız...»

«Ohoo,» dedi Burcu bir eliyle o güzelim saçlarını yüzünden iterek. «Annem de, babam da çalışıyorlar. Koskoca bir kentte yaşıyoruz, nasıl tanıştıralım?»

Neyse ki, araya Leyla Hanım girdi ve bu kararların onların güvenlikleri açısından alındığını söyleyerek konuyu bağladı. Yine de Leyla Hanımın da, benim de puanlarımızı yükseltmeyi başarabildiğimizi pek sanmıyorum.

Gece yatısına bir arkadaşa gitmek ya da bir arkadaşı evinde ağırlamak kadar zevkli bir şey olamaz. Pijamaları giyip, yatakların üstünde bağdaş kurarak gecenin geç saatlerine kadar kıkırdaşarak konuşmayı hangi genç istemez ki... Öte yandan hiç tanımadığımız kişilerin evine göndermek, çocuğunu bir boşluğa atmak gibi bir duygu bizler için.

Tek çözüm bir biçimde ailelerin ya da annelerin tanışması. Aileler birbirini tanıdıktan sonra çok daha küçük yaşlarda da izin verilebilir aslında. Çocuğunun yaşına uygun eğlenceleri yaşayabilmesi için duyarlı davranan genç kuşak annelerden bir örnek vermek istiyorum.

Defne Kent dokuz yaşındaki kızı Selin'in arkadaşlarını hafta sonunda yatıya davet etmişti. Program müthişti. Genç konuklar uyku tulumlarını sürüyerek gelmişlerdi, çünkü oybirliğiyle alınmış karar gereği, o gece yerde yatacaklardı. (Biz de çocukluğumuzda yer yatağına bayılırdık. Demek ki bazı şeyler değişmiyor.) Selin'in odasına eşyalarını yerleştirdikten sonra bahçeye çıkılmış ve hava kararana dek oyunlar oynanmıştı.

«Yemek hazır,» çağrısı üzerine düzgün bir sıra oluşturarak, banyoda eller yıkanmış ve sofraya koşulmuştu. Aman Tanrım o ne güzel sofraydı öyle. Neşeli bir örtünün üzerindeki rengârenk su bardaklarının içine kâğıt peçeteler özel şekiller verilerek yerleştirilmişti. Beyaz tabakların içindeyse her konuk için küçücük bir armağan duruyordu. Şık ambalaj kâğıtlarıyla paketlenen minik hediyelerin her birinin üstünde kendi kâğıdına uygun renkte bir de fiyonk atılmıştı.

Yiyeceklere gelince... İri, mavi gözlerinde yanıp sönen pırıltılarla, «Onlara öyle bir muzır mönü hazırladım ki...» diyordu genç anne, en az çocuklar kadar keyifli. Servis tabaklarının içinde hamurgerler, sosisli sandviçler ve patates kızartması başköşedeydi. Hemen yanıbaşındaki kocaman kasede mısır patlağı duruyordu. Pasta ve dondurmaysa sırasını bekliyordu.

Genç konuklar muzır mönüye bayılmışlar, bu en sevdikleri yiyeceklere adeta balıklama dalmışlardı. Yemekten sonra tabaklarına pastalarını alarak Selin'in odasına doluştular. Yerde yan yana serilmiş uyku tulumlarıyla tam bir yatakhane görünümündeydi Selin'in odası. Kimbilir o gece kaçlara kadar kıkırdaştılar, konuştular, gülüştüler...

Ertesi günün programı, bahçede piknikti. Yiyecekler bu kez çimenlerin üzerine serilmiş kırmızılı beyazlı kareli bir örtünün üzerine elbirliğiyle taşınmıştı. Anneler ufukta görünene kadar bahçede çeşitli oyunlar oynandı. Hava kararırken evlerinin yolunu tutan konuklar yorgun ama mutluydular. Selin ve arkadaşları çok güzel bir hafta sonu geçirmişlerdi.

İşte çocuğumuza, gencimize hizmet vermeliyiz derken, bunu anlatmak istiyorum. Olaylara onun açısından bakabilmeli, zevklerine duyarlı olmalıyız. Yaşamın sosyal boyutunu da yaşayabilmesi için önceden düşünmeli ve zemin hazırlamalıyız.

Nedir gençlerimizin istedikleri? Arkadaşlarıyla birarada olmak.

Nedir bizim istediğimiz? Kimlerle olduğunu bilmek, arkadaşlarını tanımak.

Nedir bunun çaresi? Çarelerden bir tanesi, bizlerin azıcık zahmet ederek okul toplantılarına katılmamızdır. Bir kere, özellikle de büyük kentlerde biraraya gelmek zor olduğundan, okul toplantıları çocuklarımızın arkadaşlarını ve ailelerini tanıyabilmek için mükemmel bir fırsat. Ailelerle birlikte olabilecek, onlarla konuşup çocuğumuzun can arkadaşının ailesini yakından tanıyabilecek ve daha da güzeli ileriye dönük işbirliği içine girebileceğiz. Çalışıyor olabiliriz ya da evde altı çocuğumuz ve dünya kadar işimiz olabilir ama çocuğumuz konusunda her açıdan önemli olan okul toplantılarına zaman ayırıp mutlaka gitmeliyiz. Sadece dersleri ve notları hakkında bilgi edinmek için değil, o çok sevdiği arkadaşlarını ve ailelerini tanımak için de gitmeliyiz. Ve şu izin meselelerinde, izin verebilmemiz için bunca önemli olan tanıma ve tanışma işlerini, onun omuzlarına yıkıp sonra da bir sürü bahanelerle işi yokuşa vurmak yerine; bunu bizim önceden düşünerek üstlenmemiz ve ailelerle bu fırsatlardan yararlanarak tanışıp, dostluğumuzu geliştirerek, gelebilecek izin isteklerine hazırlıklı olmamız gerek.

Eğer gencimiz bizim için her şeyden önemliyse bunu lütfen sözcüklerde bırakmayalım. O mu önemli, işlerimiz mi? Unutmayalım ki işlerimiz bekleyebilir, ayrıca işlerimiz hiç bitmeyecektir, oysa çocuğumuzun bugünleri yıldırım gibi geçip gidecektir. Zaman ayıralım, zaman yaratalım ve çocuğumuz, gencimiz için bu sosyal boyutun ön hazırlıklarını yapalım.

Genç anne Defne, işte bu ön hazırlığı okuldaki diğer annelerle, özellikle de kızının arkadaşlarının aileleriyle tanışarak gerçekleştirmişti. Ailelerin birbirlerini tanımaları, okul etkinliklerinde bir arada bulunmaları, çocukların birbirlerine gidip gelebilmelerine olanak tanımıştı.

Kızı arkadaşlarını yatıya davet etmek istediğini söylediğindeyse homurdanmamış, tam tersine oturup onunla bir program yapmış, sonra da telefonun başına geçip diğer ailelerin iznini almıştı. Daha önceden hazırlanmış bir dostluk zemini olduğundan, hiçbir zorluk çıkmamış, tüm davetliler daveti büyük bir memnuniyetle kabul etmişlerdi.

Sonra kızıyla çarşıya çıkıp, birlikte hazırladıkları liste doğrultusunda alışverişlerini yapmışlar; Selin'in odasını yine beraberce hazırlamışlardı. Bunları yaparken genç anne, kızına konuk ağırlama konusunda ilk dersleri veriyordu. Küçük kıza, «Sen anlamazsın,» diyerek onu dışlamıyor; aksine yiyecek listesinden alışverişe, odanın düzenlenmesinden küçük armağanlara kadar her ayrıntıyı ona danışarak, onunla birlikte gerçekleştiriyordu. Ve... işte bu da «yaşayarak» öğrenmek oluyordu.

Son bir duyarlılık göstergesi. Olaya çocuğun gözünden bakabilip; yerde yataklar, muzır mönü ve bahçede piknik gibi ayrıntıların gerçekleşmesini sağlayarak, tam anlamıyla eğlendikleri, zevk aldıkları bir zaman dilimi yaşatmıştı onlara.

İşte baştan sona çocuğa hizmet verme örneği... Çocuğun zevk alacağı olayları, onun gözünden görme ve bunu gerçekleştirme çabası...

Şu izin meselelerine biraz da bu açıdan, yani çocuğa hizmet açısından da bakmamızda yarar var gibime geliyor.

Erkek kız arkadaşlıklarının yaşamsal önemi

İzin meselelerinin bir başka önemli konusu erkek kız arkadaşlıkları... Yine uzmanlara dönelim bakalım bu konudaki gözlemlerini nasıl dile getiriyorlar.

Bizler cinsel eğitim vermiyormuşuz. Yapay bir kız erkek ayırımı yaratıyormuşuz.

Bu kez *Bir Pırıltıdır Yaşamak* adlı kitabımın «Flört» başlıklı bölümünün bir kısmını, kendi davranışlarımızdan yana yana yakındığımdan ve konuyla ilgili olduğundan burada yinelemek istiyorum.

«Biz anne babalar garip mahluklarızdır. Flört ederken yakalarsak, dünyayı size dar edeceğimizi iyi bilin. Yok eğer bizim haberimiz olmadan anlaştıysanız ve ciddi kararınızı alıp biz sizi yakalayamadan önce karşımıza çıkmayı becerirseniz, hele de sözkonusu kişi efendi ve okumuş bir delikanlı veya iyi bir ailenin cici kızıysa, kısaca karşı durmak için bir neden yoksa, bu kez yüzümüzde güller açarak, sizleri bağrımıza basıp, çeyiz hazırlıkları için çarşılara koşarız.

Oysa eylem aynı eylem. Tanışma, bir diğerinden hoşlanma ve 'Acaba beğeninin yanısıra kafalarımız da anlaşıyor mu?' dercesine birbirini tanımaya çalışma ve sonuçta karar dönemi...

Çocuklarımızın, gençlerimizin başarıları sözkonusu olunca, içimizi memnun memnun çekip, 'Aaaah, ah, bahtı güzel olsun bahtı,' deriz. 'Karşısına helal süt emmiş, onun kıymetini bilecek biri çıksın, mutlu bir yuvası olsun. Yoksa sadece okul başarısı, iş başarısı yetmez insana...'

Pek güzel sözler bunlar, pek de doğru. Yalnız unutulan bir şey var. Okulda ve iş hayatında başarılı olması için onlara elimizden gelen her olanağı veriyoruz. Kitaplar alıp okumasını sağlıyoruz. Kurslara gönderip eğitilmelerini öngörüyoruz.

'Düşün oğlum, kararını vermeden önce iyi düşün,' diyoruz. 'O meslek hakkında araştırmalar yap, sor soruştur. İlgi duyduğun konu hakkında bilgi edinmeye çalış ki, sonra düşkırıklığı olmasın,' diyoruz.

Kısaca, gelecekte seçmek istediği meslek konusunda önce düşünüp karar vermesi için, sonra da o konuda eğitilmesi için tüm olanaklarımızı seferber ediyoruz. Ve kararı ona bırakıyoruz.

Öte yandan, 'Aah, ah,' diye başlayıp, meslek başarısının hayatta tam anlamıyla mutlu olmak için yeterli olmadığını; birlikte mutlu olabileceği, sevebileceği bir hayat arkadaşını bulabilmesinin asıl önemli etken olduğunu vurguluyoruz.

Peki böyle düşünüyoruz da, mesleği için ona onca desteği verirken, daha da önemli olan hayatını, tüm hayatını paylaşacağı hayat arkadaşını seçerken, neden köstek oluyoruz?

Neden onları bu konuda da eğitmiyoruz, onlarla konuşmuyoruz, bizlerle konuşabilmeleri için fırsat vermiyoruz? Neden üstlerine yürüyeceğimize, 'Düşün, iyi düşün oğlum. Tanımaya çalış, kararını öyle ver, kızım,' diyemiyoruz?

Hepsinden öte neden birbirlerini tanımalarına, arkadaşlık etmelerine engel oluyoruz. Birbirlerini tanımazlarsa, huylarını bilmezlerse, eğer gerçekleşecekse, bu nasıl bir evlilik olacaktır? Neden böyleyiz? Kimler bizleri böylesine mantıksızca düşünmeye, davranmaya koşullandırmış?

Okulda erkek kız birlikte, yıllarca aynı sıraları paylaşarak okuyor. Sesimiz çıkmıyor.

Birlikte spor yapıyorlar, piyesler hazırlıyorlar, okul gezilerine gidiyorlar. Sesimiz çıkmıyor.

İş hayatına atılıyorlar, aynı bürolarda omuz omza çalışıyorlar. Sesimiz çıkmıyor.

Birlikte sinemaya, pastahaneye gidiyorlar. Kıyametleri koparıyoruz.

Neden? Çünkü ufukta flört tehlikesi belirmiştir de ondan.»

Uzmanlar, yapay bir kız erkek ayrımı yarattığımızı belirlerlerken herhalde bizlerin bu tür davranışlarımızdan yola çıkmış olsalar gerek.

Oysa kız erkek arkadaşlıklarının yaşamsal önemi var. Özellikle de iki konuda... Bunlardan birincisi iki cinsin bir diğerini tanıması... Onlara rahatça arkadaşlık etme olanağı tanınırsa, kızlar erkeklerin, erkekler de kızların neler düşündükleri, çeşitli durumlarda nasıl davrandıklarını, konulara nasıl baktıklarını öğrenecekler. Birbirlerini tanıdıkları için de, ilişkilerinde tutuk ve şaşkın değil, rahat ve güvenli olacaklar. Zaten karışık okulların en büyük yararı, iki cinsin bir diğerini tanımasını sağlamasıdır. Sadece erkek ya da kızların devam ettiği liseleri bitirip üniversiteye giden gençler, kendi çevrelerinde de karşı cinsle arkadaşlıklar yaşamamışlarsa, çok zorlanıyorlar. Kızarıp bozarıp konuşamıyorlar, çekingen ve tutuk oluyorlar. Ötekilerin rahat tavırlarını yanlış algılıyorlar. Karşı cinsle rahat bir arkadaşlık kurabilmek yıllarını alıyor.

İkinci önemli konu, evliliğe giden yolda daha sağlıklı adımlar atabilmeleri... Şöyle bir düşünelim. Gençlerimiz ayaklarına bir pabuç alacakları zaman dükkân dükkân gezip deniyorlar. Ayaklarına uydu mu, rahat mı, şık mı, yakıştı mı diye bakıyor, düşünüyor, tartıyor, kıyaslıyorlar ve ondan sonra bir karara varıyorlar. Zaten biz de bunun böyle olmasını istiyoruz.

Öte yandan, bir ömür birlikte yaşayacağı, iyi ve kötü günlerini paylaşacağı, birlikte bir çocuk yetiştireceği kişiyi tanımasına, seçmesine, bu konuda düşünmesine izin vermiyoruz.

Ne büyük bir çelişki.

Ve akıllı bir gencimizin öyküsü... Bu genç kız bir delikanlıyla çıkıyordu. Birbirlerini seviyorlardı ve giderek ciddileşen bir ilişki içindeydiler. Evlenmeyi düşünmeye başlamışlardı. Ama yine de genç kızın zihninin gerisinde tüm aşkına karşın, onu rahatsız eden bazı soru işaretleri vardı. Bu soruları çözebilmesi için delikanlıyı daha iyi tanıması gerekiyordu. Oysa böyle bir olanağı yoktu. Ailesi kız erkek arkadaşlıklarına pek de sıcak bakmıyordu. O da gizli gizli buluşuyor ve bu telaşlı, korku dolu beraberliklerinde sevdiği delikanlının, hayatını paylaşabileceği erkek olup olmadığını anlamaya çalışıyordu.

Yine burada durup düşünelim. Bunca önemli, tüm yaşamını etkileyecek bir karar arifesinde kızımızın yanında olup, düşünmesine olanak sağlayarak yardımcı olmamız gerekmez mi?

Şimdi bazılarımız, «Madem ilişkisi ciddi, neden gelip söylemedi?» diye düşünmüş olabilir.

İyi ama bu işler küçük flörtler şeklinde başlıyor. Daha ilk yüzüne bakışta, «Ben bu delikanlıyla evleneceğim,» diyemez ki. Henüz kendi bile bilmiyor bu beğeninin devam edip etmeyeceğini, eh, bizler de flörte izin vermediğimize göre, doğal olarak bu aşamada bize gelemeyecektir. Kesin olarak bilebilse, belki de gelip söyleyecektir ama konunun can alıcı noktası henüz onun da bilememesi ve karar verebilmesi için düşünmeye, tartmaya gereksinimi olmasıdır. Bunu yapabilmesi içinse delikanlıyla buluşup, onu daha iyi tanıyabilmek için konuşması gerekmektedir.

İşte bizim yardımcı olmamız gereken ama destek vermediğimiz nokta, bu dönemeçte ortaya çıkıyor.

Akıllı kızımızsa yine bir gizli buluşmada delikanlının ailesiyle tanışıyor. Aslında bu buluşmayı genç kız istiyor. Evlenmeyi düşündüğü kişi hakkında, onun yetiştirilişi hakkında bilgi edinmek istiyor. (Oysa bunları bizlerin düşünmesi ve istemesi gerekir, değil mi?) Belki de bu ayrıntılarda kararımı etkileyecek bir şeyler bulurum, diye düşünüyor. Nitekim buluyor da. Ve bu bulgular ışığında kafasında beliren sorulara yanıtlar geliyor. Birkaç ay daha düşünüp tarttıktan sonra bazı durumlarda aşkın yeterli olmayacağını, aşkın yerini sevginin alabilmesi için, dünya görüşü de dahil olmak üzere pek çok konuda uyum olması gereğinin farkına vararak kararını veriyor.

İnsanlar birbirine âşık olabilir, hem de çok sevebilir ama bu sevginin devamlı ve kalıcı olması, bir ömür boyu çoğalarak devam etmesi için başka öğeler de gerekli. Bu, ille bir tarafın kötü olması demek değil, hem de hiç değil. Ama uyum için iki insanın arasında bazı konularda görüş birliği olması gerek. İşte bu genç kız, ailesinden hiçbir destek görmeden bunu kendi başına çözüyor ve gençlik aşkını kalbine gömerek sağlıklı kararı alıp, ilişkisine bir son veriyor. Çok da acı çekiyor ama en azından hem kendisinin, hem de delikanlının yaşamı için doğru olduğuna inandığı kararı verebiliyor.

Böyle önemli bir konuda ailesinin ona destek olması gerekmez miydi?

Bu destekse anlayışlı davranarak, kız erkek arkadaşlıklarına, romantik ilişkilere izin vererek olur. Gelip her şeyi bizimle konuşma ve danışmasına olanak sağlayacak bir hoşgörü ortamı yaratarak olur.

İşte kız erkek arkadaşlıkları ve romantik ilişkilerle ilgili izin meselelerine artık böyle bir açıdan bakmamız gerek. Hayatıyla ilgili en önemli kararı alırken, akıllıca vereceğimiz izinlerle ona bu desteği sağlamamız çok, çok önemli.

Bir de tersini düşünelim. Kızımızı koruyoruz diye erkek arkadaşlarının olmasına, flört etmesine izin vermiyoruz. Ve böyle davrandığımız için kızımızın karşısına iki büyük tehlike çıkıyor.

Birincisi; diyelim kızımız söz dinleyen bir genç. Hiç arkadaşı olmuyor, bizimle oturuyor, bizimle kalkıyor ve yıllar böylece geçip gidiyor. Kendisinin istemesine karşın evlenemiyor, bir yuvası, çocukları olmuyor. Yaşlı annesi ve babasıyla yaşanmamış hayatını sürdürüyor, onlar göçüp gittikten sonra da yalnız bir kadın olarak kalıyor.

Şimdi soruyorum, bunu yapmaya hakkımız var mı?

Aile kurbanı diyebileceğim öyle çok tanıdığım var ki... Örneğin, bir tanıdığımın babası çok sıkıydı. Kızını yalnız başına hiçbir yere göndermez, okula bile eliyle götürür, eliyle gelip alırdı. Sonra ne oldu?

Arkadaşları giderek teker teker evlendiler, çoluk çocuğa karıştılar. O ise hâlâ babasının denetiminde yaşıyordu. Kimseyle tanışma fırsatı olmadı. Belki ailesi görücü usulüyle birileriyle tanıştırmak istemiştir ama sonuçta bu kadın hiç evlenemedi. Sinir hastası oldu, uzun yıllar tedavi gördü.

Burada önemli olan, evlenememiş olması değil, çünkü kendi seçimiyle evlenmemiş, yalnız yaşamayı yeğleyen kadınlar da var. Onların çok sevdikleri işleri ya da bozmak istemedikleri bir düzenleri var. Böyle yaşamayı seviyorlar; bu onların tercihi. Karar kendinin olunca iş değişiyor. Ama sözünü ettiğim tanıdığım evlenmek ve bir yuva sahibi olmayı çok istiyordu. Ve onun bu tercihini yaşamasına izin verilmemişti. Kötülüklerden koruyorum, diye tüm yaşamını ezip geçmişlerdi sanki.

«Nice sıkı babalar var, evlenen yine de evleniyor,» diye düşünenler olabilir.

Herkes bir değildir. Kimi daha güçlüdür, baskılara başkaldırabilir ya da gizlice kendi bildiğini yapar. Ama kimileri de yumuşak başlıdır, kavga gürültü sevmez ve atılım yapabilmek için destek ister. Bir insanın kişiliği daha yumuşak diye, niye şansını yitirsin; niye hayatında gerçekleştirmek istediklerine ket vurulsun? Adaletsizlik olmuyor mu bu?

Kendi egomuzu tatmin etmek için, «Bak nasıl akıllı, uslu kızı var,» desinler diye, gençlere mutluluğu çok görmeyelim; tersine onun mutluluğuna gidecek yolda ona verebileceğimiz her türlü desteği verelim.

İkinci tehlikeyse, konuşup anlaşmasına, arkadaşlık edip insanları tanımasına izin vermediğimiz zaman Rus ruleti oynar gibi evlilik yapmasıdır. Doğru dürüst tanımadan, ölçüp biçmeden yapılmış evlilikler pek çok kadında ruhsal bozukluklara yol açıyor.

Kimi ailesinin baskısından bezip, bir an önce kendimi bu evden atayım, diye ilk isteyenle evleniyor. Uyumlu olmayan ve çok genç yaşta yapılan evlilikler deşildiğinde evdeki baskılı ortamdan kaçma arzusu çıkıyor ortaya. Oysa evinde rahat olan bir genç acele etmeyecek ve ancak evindeki sıcak ortamı sağlayabileceğine inandığı biri varsa evliliği düşünecektir.

Kimi de ilk flörtüyle, «Aman duyulmasın,» ya da, «Eyvah, duyuldu. Evleneyim de laf olmasın bari,» diye düşünerek, evliliğin gerçek anlamıyla uzaktan yakından ilgisi olmayan çok yüzeysel nedenlerle evlenecektir. Oysa uygar toplumlarda gençlere, ister kız olsun ister erkek, önce karşı cinsle arkadaşlık etmeleri, onları tanımaları, kıyaslayabilmeleri için fırsat tanınıyor. Toplumun çizdiği ahlak kurallarına uyulduğu sürece bu tür arkadaşlıklara olumlu bakılıyor.

Çünkü amaç, o genç insanın doğru kararı verip, mutlu olması. Bu kararı verebilmesi içinse, düşünmesine, tartmasına izin vermek gerek. Kısaca, amaçları bulanık değil, net. Amaca varış yolu da bulanık değil, açık. İşte artık bizlerin de amaçlarımızı ve amaca giden yolları doğru ve açık bir biçimde görmemiz gerek.

Amacımız gencimizin doğru kararı verip, mutlu olması,

Amaca giden yolsa, bu konuda düşünmesine, tartmasına izin vererek ona destek olmak,

şeklinde belirlenmeli.

Ateşle Barut... Tehlikeli İlişkiler

Kız erkek arkadaşlıklarında biz anne babaları en çok korkutan, yanlış adımlar atılması, ileride pişman olunacak olayların yaşanmasıdır. «İyi de, ya böyle arkadaşlık ederken başına bir iş gelirse. Malum ya, ateşle barut biraraya gelince...»

Bir yerde haklı bir korkuyu dile getiriyor bu sözler. Atılan yanlış bir adımın hayatını karartması, ona pahalıya malolacak ilişkilere girmesi, tehlikeli arkadaşlıklar yapması, onların etkisinde hatalı bir yola sapması da bizlerin karabasanlarından. Ama bu korkulan olayları engelleyebiliriz. Hem de o yasakçı tutumdan çok daha etkili bir yöntemle başarabiliriz bunu. Gençlerimizle yakın, sıcak ve hoşgörülü bir ilişki, korktuklarımızı önleyecektir.

Onlarla arkadaş olacak, her şeyi ama her şeyi konuşacağız. Doğruları, eğrileri, ahlaki değerleri, cinselliği gençlerimizle dostça tartışacağız, anlatacağız. Alkol ve uyuşturucu hakkında onları bilgilendireceğiz. Hayatta her şeyin bir bedeli olduğunu, doğru yolda yürürse bunun semeresini yine kendisinin toplayacağını; yanlış yola saparsa üzüntüler ve acılarla bedelini ödeyeceğini ona sevgiyle, onun yaşlı ama gerçek dostu kimliğimizle anlatacak, aydınlatacağız.

Bu arada da, hakkı olan yaşına uygun ve yaşına özgü isteklerine karşı durmayacağız, ona özgürlük tanıyacağız. Ve bu hoşgörü ortamında fikir alışverişinde bulunup her şeyi konuşup tartışacağız. İşte böylesi bir atmosfer yaratmayı başarabilirsek, gencimiz gelip yaşamında olup bitenleri bize anlatıp danışacaktır. O zaman bizler de onu doğru düşünmeye yönlendireceğiz. Bu çok değerli fırsatı ancak böyle bir ortam yaratırsak yakalayabiliriz.

Onun için kız erkek arkadaşlıklarından korkmayalım. Gencimizi önce sevgi, güven ve bilgiyle donatalım, sonra ona güvenelim.

Bizleri korkutan bir diğer konu tehlikeli arkadaşlar ve onların gençlerimizin üstündeki olumsuz etkileri. Ülkemizde pek fazla olmamakla birlikte bazı küçük grupların aşırı alkol, aşırı hızlı araba kullanma, uyuşturucu kullanma, hiçbir kural tanımama gibi davranışlar içine girdiklerini duyuyoruz. Aslında geneline vurulduğunda bunlar bir avuç genç. Çoğu da sorunlu. Ama yine de gencimiz böyle bir gruba çatarsa, ya onun da aklını çelerlerse, ya arkadaşlık uğruna onlara uyarsa, gibi kuşkulardan da uzak duramıyoruz.

Diyelim, bir arkadaşı var ve onu çok seviyor. Arkadaşıysa böyle bir gruba dahil ve gencimizi de bu grubun içine çekmeye çalışıyor, yaptıklarına onu da ortak etmek istiyor. Gencimiz bir ikilem içinde. Bir yandan arkadaşını yitirmek istemiyor, öbür yandan grubu ve davranışlarını pek de onaylamıyor. Ve belki de bu iç çatışmasını bize aktaramıyor.

Böyle bir olasılığı düşünüp, sadece böyle bir durum için değil, tüm hayatı boyunca bir ikilem karşısında kaldığında kendi kendine şu soruları sormasını öğütlemeliyiz ona.

* Benden yapılmasını isteneni yaptıktan sonra da kendimi «iyi» hissedebilecek miyim?

* Yapmayı düşündüğüm şey kendim hakkındaki olumlu düşünce ve duygularımı arttıracak mı, yoksa azaltacak mı?

* Alacağım bu kararın bana yararı mı olacak, zararı mı?

* Alacağım bu kararın beni sevenlere yararı mı olacak, zararı mı? Onları sevindirecek mi yoksa üzecek mi?

* Bu dünyada en çok saygı duyduğum ve beğendiğim insanı düşünüyorum. Onu gözümün önüne getiriyorum. O kişinin benim şu yaptığımı ya da yapmayı düşündüğümü görmesini ister miydim?

Bu soruları sormayı benimserse, sadece ilk gençliğinde değil, ilerideki yıllarda da herhangi bir durumda kendi kendini kontrol edebilme yeteneğini geliştirecektir.

Genç insana herhangi bir karar aşamasında yardımcı olabilecek başka bir yöntemse yazmaktır. İçinden çıkamadığı durumlarda bir kâğıt alıp yukarıdan aşağıya bir çizgi çekerek, bir tarafa konunun iyi yanlarını, öbür tarafına da kötü yanlarını yazmasını önerebiliriz. Ama bunu yaparken gerçekten dürüst davranacak, duygularının etkisinde kalmayacak. Böylece bir karar arifesinde kafasının içindeki karmaşıklığı o beyaz kâğıdın üstüne döktüğünde, her şey daha açık, daha net görünecektir.

Bizim sevgiyle bakan gözlerimiz onun sinirli ya da sıkıntılı halinin hemen farkına varacaktır. Üstüne varmadan, bir sıkıntın varsa yardımcı olmak isterim, diyerek kapıları açık tutarsak, bir süre sonra gelip derdini açacaktır.

İşte bunlar da sorunlu zamanlarda yapabileceklerimizden birkaç örnek.

Ve gelelim esnek olmamız gereken diğer konulara:

Gençlerin giyimini eleştirmeden önce eski resimlerimize bir göz atalım

Her kuşak bir sonrakini beğenmez, eleştirir, çünkü kendine benzemiyordur. Oysa her kuşak kendi hayatını, kendi zevkine, kendi ölçülerine göre yaşar. Giyim konusunda da bu böyle.

Gençler çocukluktan gençliğe adım atarlarken bir değişimden geçiyorlar. Kendi düşünceleri doğrultusunda hareket ederek kişiliklerini bulma savaşımı veriyorlar. Giyinişleri de bu davranışın bir yansıması olarak ortaya çıkıyor.

Bu nedenle kızımız cici rugan ayakkabılarını atıp lastiklerle dolaşıyor diye paniklemeyelim. Oğlumuz saçlarını at kuyruğu yapıp ortalarda dolanıyor diye yerin dibine geçmeyelim. Birkaç yüzyıl öncesini bir düşünürsek, soyluların buklelerini hoplata hoplata at bindiklerini anımsayacağız. Eski Türk akıncılarının saçları omuzlarından aşağıya dökülürdü. Kaldı ki, bugünlerde de asker traşı moda. Bunların hepsi bir kendini deneme, kendini kanıtlama arzusundan doğuyor.

Hiç merak etmeyin, okulu bitirip hayata atılınca bizden de tutucu olacaklar ve, «Anne, bu pembe eşofmanla sokağa çıkmayı düşünmüyorsundur umarım,» gibi uyarılarda bulunacaklardır. Onun için bırakalım bu dönemi kendi zevkleri doğrultusunda, delidolu da olsa kendi modalarını uygulayarak yaşasınlar. Bayram ziyaretlerinde büyüklerin elini öpmeye giderken bizim istediğimize yakın giyinsinler, yeter.

Ayrıca bu sıradışı giyimleri, saç biçimleri, takıları yaşama renk katıyor. İlginç bir giysi en azından dikkatimizi çekiyor, bizi şaşırtıyor ve tekdüze yaşamın akışı içinde gülümsememize yol açıyor. Bırakalım gençliklerini yaşasınlar, daha sonraki yıllarda giyemeyeceklerini giysinler, takamayacaklarını taksınlar.

Ve Belma Aksun'un bir yazısı. «Kızınızı eleştirmek kolay elbet» diye başlıyor bu yazı ve şöyle devam ediyor:

«Kızınızı eleştirmek kolay elbet. Kötü, zevksiz giyiniyor, doğru dürüst davranmasını bilmiyor, saçma sapan konuşuyor.

Peki ya biz, otuz yıl önce, onların yaşındayken nasıldık? Hiç düşündünüz mü? Gelin zaman tünelinden o günlere gidelim. Saçlar krepe edilmiş, yün yumağı gibi içi dolaşık, dışı balon gibi düzgün ve kabarık.

Dalgalı saçlılarımız her banyodan sonra saçlarımızı ütü masasına serip ütülüyorduk; dümdüz, pırasa gibi olsun diye. Düz, süpürge saçlılarımızsa, teneke bigudilerle sarıyordu saçlarını ve gece kafalarında o teneke parçalarıyla yatıyorlardı. Sabahleyin dalgalı bir görünüşleri olsun diye.

Okul çıkışı alelacele sedefli rujlar dudaklarda dolaştırılıyordu.

Ya yirmi yıl önce nasıldık? Saçlarımızı sanki güneştenmiş gibi Alman papatyalarıyla sarartıyor ya da kınayla kızıl ışıklar kazanmasını sağlıyorduk. Moda diye kış ortasında palto yerine şallara sarınıp sokaklara vuruyorduk kendimizi. Ve de kimi kaldırım yüksekliğinde apartman topukların tepesinde, geniş paçalı blucinlerimizle bir cambaz ustalığıyla omurgamızı, sağlığımızı hiçe sayarak dolaşıp duruyorduk. Bikini mayolarla bele takılan altın zincirler pek çok genç kızın rüyalarını süslüyordu. Bir bakın o günkü resimlerimize. Az mı komikti halimiz a canım?

Şimdiki gençler belki biraz fazlaca paspal giyiniyorlar ama, en azından daha rahat, kendilerine güven dolu ve dünkü bizlerden hiç şüphesiz daha tabii, çok daha gerçekçiler.»

Gençlerin kendilerine özgü dili

Gençlerimizin dili, Türkçesi eleştiriliyor. Gerçekten de onların kendi aralarında geliştirdikleri deyişler, uydurdukları sözcükler ve özellikle de yanlış kullandıkları kelimeler var. Kendilerine özgü bir dil geliştirmişler, argo da kullanıyorlar. Ve kendilerini çok az sözcüklerle ifade ediyorlar. Bunların hepsi doğru. Ama bizler de zamanında argo kullanır, kendimize özgü sözcüklerle konuşurduk. Ama bunu büyüklerimizin yanında yapmazdık. Bugünün gençleri de yapmıyorlar, yerine göre konuşuyorlar.

Doğal olarak genel çizgiden söz ediyoruz burada. Yoksa bin kişilik bir okulda biri çıkıp da öğretmenine böyle bir dille hitap etmişse, gençlerimizin deyişiyle söylemek gerekirse, bu tüm gençliği «bağlamaz». Her zaman uç örnekler, sivri köşelerde gezinenler vardır. Ama bu, bu kitabın konusu değil. Biz genel çizgiyi izliyor, genel çizgide yaşayan gençlerimizi ve ailelerini tartışıyoruz.

Gençliğin giyimde olduğu gibi, dilde de kendi kendini deneme arzusu vardır. Kendi aralarındaki konuşmalarında ve şarkılarında görebiliriz bunu. Ayrıca bazı sözcükler gülmek için çarpıtılıyor. Sadece gülmek için, yoksa Türk diline karşı savaş açmış değiller.

Kaldı ki, dilimizi korumak onların değil, bizim görevimiz. Eğer onlar dertlerini bir avuç sözcükle anlatmaya çalışıyorlarsa, bu onların değil bizim suçumuz. Gençlerimiz bizim eserimiz, bizim aynadan yansıyan görüntümüz. Eğer o görüntüyü beğenmiyorsak, asıl kendimizin beğenilecek yanı yok demektir.

Eskilerin deyişiyle eğri oturup doğru konuşalım. Eğer bir evde ona masallar okuyarak işe başlamıyorsak, onu kitaplarla, sözcüklerle tanıştırmıyorsak, kendimiz okumuyor, ufkumuzu ve sözcük dağarcığımızı geliştirmiyor, üç beş sözcükle idare ediyorsak, kısaca evde böyle yetişiyorsa;

okulda ders kitabı diye önüne konan kitaplar sıkıcıysa ve üstüne üstlük bir türlü kabullenemediği nedenlerle bu kitapların bir de ezberlenmesi gereği varsa, kısaca kitaptan soğutuluyorsa;

yaşamlarında önemli bir yeri olan televizyon yayınlarında haberleri verenlerin, sunucuların hatalı vurgulamalarını, sözcükleri yanlış kullanmalarını sürekli dinliyorlarsa,

daha fazla ne bekleyebiliriz ki?

Gençler şöyle konuşuyor, böyle konuşuyor. Popcular, radyocular öyle demiş, böyle konuşmuş. Bunlar hep gençliğin cıvıl cıvıllığının, kabına sığamamasının ve yeni kalıplar denemesinin göstergesi. Kalem efendisi gibi ağır ve tumturaklı olacak halleri yok ya...

Ama dilimiz ciddi bir konu ve bu önemli konuda görev, toplumun direkleri olması gerekenlere düşer. Toplumun direkleri, pek çok konuda olduğu gibi dil konusunda da; aile, eğitim kuruluşları ve medya olarak ortaya çıkıyor. Bu direklerin sağlam ve güçlü olması gerek. Her biri ayrı telden çalmak yerine, bir diğeriyle uyumlu, bir diğerinden haberdar olarak dimdik ayakta durmalı. Biri uzun, biri kısa olursa, o bina çökmez mi?

Dil konusunda da bu üçlü arasında bir bütünlük sağlayarak onların doğru örnekleri duymalarını, okumalarını ve dinlemelerini sağlamalıyız. Önce bizler, yani toplumun direkleri tutarlı ve sağlam bir örnek koymalıyız gençlerin önüne. Onlar gençliklerini yaşar, kendi dil denemelerini yaparken, model olarak doğru olanı görüp duyduklarında bu, onlar farkında bile olmadan zihinlerinin gerisine yerleşecektir. Ve gün gelince, gençlerimiz kendilerinden de bir şeyler katarak toplumu ayakta tutan güçlü sütunlar olarak yerlerini alabilecek, doğru ve temiz bir dille konuşabileceklerdir.

Önemli olan gençliğin denemeleri değil, sorumlu kuruluşların, temel direklerin güzel ve zengin bir Türkçe için neler yaptığı, ona nasıl sahip çıktığıdır. Dilimizin yozlaşmasını istemiyorsak, önce bizler üstümüze düşeni yapmalıyız. Nasıl mı?

İlgilenerek, sahiplenerek, çaba göstererek ve hepsinden önemlisi «birilerinin» bu hataları düzeltmesini bekleyerek değil, kendimiz ne yapabiliriz, diye sorup, harekete geçerek...

Evde çocuğumuzu kitapla tanıştırıp, okuma alışkanlığı verip, sözcük dağarcığını genişleterek; sonra okulda okudukladını inceleyip, okul idaresi ve öğretmenlerle görüşüp daha aydınlık ve akıcı bir Türkçeyle yazılmış, sıkmayan, kendini okutan kitapların yazılması için gerekli yerlere başvurulmasını sağlayarak; ve televizyon kanallarına mektuplar yağdırarak gençlerimize olumlu örnekler sunmaları konusunda bir toplum baskısı oluşturarak gerçekleştirebiliriz bunu.

Tüm bu gerçekler ortadayken, gençlik dilimizi yozlaştırıyor demek, işin kolayına kaçmak olmuyor mu?

Neden telefonda bu kadar çok konuşurlar?

Gencimiz okula sevgili arkadaşıyla aynı serviste gider, gelir. Sınıfta yan yana oturur böylelikle tüm günü birlikte geçirirler. Oysa eve gelir gelmez telefonun başına geçer ve sanki arkadaşıyla yıllardır görüşmemişler gibi uzun mu uzun bir sohbete dalar. Eh, bu arada fatura da kabardıkça kabarır.

Bizim, «Kızım/oğlum daha yeni arkadaşından ayrıldın. Ne var bu kadar konuşacak. Yeter artık,» feryatlarımıza ya aldırmadan konuşmasını sürdürür ya da, «Üff anne, rahat bir telefon konuşması bile yapamıyorum bu evde,» diye söylenir. Faturalar kötü kader gibi kapımızı çaldığındaysa, babanın haklı öfkesini göğüslemek, o cici cici odasında otururken, yine biz annelere düşer.

Gençler niye bu kadar çok telefonda konuşurlar, hiç merak ettiniz mi?

Ben ettim ve araştırdım. Efendim, çocuklarımız gençlik dönemine adım atarken bir kimlik arayışı içine giriyorlarmış. Ve bu nedenle sürekli kendilerini, arkadaşlarını, içinde yaşadıkları ortamı sorguluyor ve fikirler üreterek işin doğrusunu bulmaya çalışıyorlarmış. Bunu yaparken de kendi yaşdaşlarının neler düşündüğünü merak ediyor, kendi fikirlerini onlarınkiyle kıyaslamak istiyorlarmış.

«Bence coğrafyacı sınıfta Füsun'a öyle bağırmamalıydı. Neymiş: dalga geçiyormuş. Sonuçta herkesin başına gelebilir böyle bir şey, öyle değil mi?»

Karşı taraftan ilginç bir gözlem...

«Bence bugün aşırı sinirliydi. Okula gelmeden önce belki de kocasıyla kavga etti.»

Karşılıklı kıkırdaşmalar...

«Füsun da havalara girdi bugünlerde. Farkında mısın?»

«Canım anlasana. Serhat'la çıkmaya başladı ya... Hem biliyor musun geçen gün Rana'ya ne demiş?»

«Ne demiş?»

«Serhat'ı tanıdıktan sonra hayatım anlam kazandı,» demiş.

«Atıyorsun!»

«Valla! Rana yalan mı söyleyecek?»

«Ne demiş, ne demiş?»

«Serhat'ı tanıdıktan sonra yaşamım anlam kazandı, demiş.»

«Ay, inanmıyorum!»

Ve karşılıklı aygın baygın sesler...

«Bence bu kızın hayatı numara.»

«Bence de...»

İşte bu, «Bence... sence...»lerle çeşitli konularda fikir yürütüyor, kendilerinin ve arkadaşlarının düşüncelerini kıyaslıyorlarmış. Aslında böyle fikir cimnastiği(!) yapmaları, azıcık dedikodu koksa da kıvanç verici. Ah, bir de o faturaları ödeyen bizler olmasak...

İşin kökünde kendini tanımak, çevresinde olup bitenleri sorgulamak, düşünmek ve yanıtlar aramak yatıyormuş. Öbür yandan, bu telefonbaşı kimlik arayışlarının aile bütçesine okkalı darbeler indirmesinin yanısıra, akşama eve önemli bir konuk getireceğini bildirmek isteyen babanın, sürekli meşgul sinyaliyle karşılaşması işin boyutunun daha da ciddileşmesine neden oluyor.

Bu durumda yapmamız gereken gencimizi karşımıza alıp, evdeki telefonu kullanmanın bir anayasal hak olmadığını, sadece ve sadece babasının ter dökerek ona sağladığı bir ayrıcalık olduğunu; ayrıca İnsan Hakları Evrensel Bildirisi'ne göre bu dünyada herkes eşit kabul edildiğinden, telefon kullanma hakkının da eşit olması gerektiğini, buna uymadığı takdirde düzeni altüst eden bir anarşist konumunda «mütalaa» edileceğini; böyle bir durumda da çoğunluk bizde olduğundan adil bir oylama sonucunda ona rahatlıkla ambargo uygulayabileceğimizi diplomasi diliyle tatlı tatlı anlatmalıyız.

Gencimize çalışma olanakları sağlayabilmiş olsak, bir çözüm daha var. Ayrıntılı fatura isteyip, ay sonunda bunu onun önüne koyarak çok daha etkin bir yöntem uygulayabilmiş olurduk. Ama böyle bir olasılık bizler için henüz geçerli olmadığından, diplomasi dilini kullanmak tek çıkar yol gibi görünüyor.

Bu uygulamanın dışında makul ölçüde yapılan konuşmalar ve sınav öncesi gibi kritik günler için biraz daha anlayışlı davranmamız gerektiğini bilmem hatırlatmaya gerek var mı?

Müzik «patlama»sı...

Farkındaysanız son yıllarda adeta bir patlama yapan radyolarla, genç popçularla ve diğer alandaki şarkıcılarla bol bol müzik dinleyen bir toplum olduk. Bu da güzel bir gelişme. Müziğimizde bir kendini arayış, Doğu Batı kültürü arasında bir sentez kurma çabası var. Başı çeken de yine gençler. Radyolarda müzik; canlı, tempo sohbetlerle sürdürülüyor ve bazıları da gençlerden gençlere yararlı mesajlar gönderiyor.

Diğer ülkelerde pek çok konu müzik aracılığıyla iletiliyor gençliğe. Çevrecilik, yağmur ormanlarının korunması, sevgi, dünya barışı, dostluk gibi konular işleniyor bu hareketli parçalarda. Operacılarla popçular, yardım dernekleri için biraraya geliyor, dev konserler veriyorlar. Kimi Pavarotti için, kimi Sting için gidiyor ve böylece iki değişik müziğin değişik kitlelerce tanınması sağlanıyor. Olimpiyatlarda ve Dünya Futbol Kupasında en ünlü operacılar birlikte özel konserler veriyorlar. Sporla müziğin birleştiği ortamda, bir zamanlar küçük bir grubun dinlediği ve sevdiği operayı artık gençler de tanıyor ve severek dinliyor.

Müziğin dili evrensel olduğundan, böylesi bir gelişimden bizler de etkileniyoruz. Gençlerin sevgilisi Burak Kut'a en beğendiği sesler sorulduğunda, «Dışarıda en beğendiğim Pavarotti, içerideyse Hakan Peker,» diye yanıtlıyor. Fahir Atakoğlu'nun besteleri yepyeni bir boyut getirdi müziğimize. Zülfü Livaneli, Yeni Türkü grubu ve Sezen Aksu'nun başı çektiği akım, Batı çalgılarıyla bizimkileri kaynaştırıyor. Gençlerin çok sevdiği şarkıların melodilerine bazen kanunun yağmur damlalarını andıran kristalimsi sesi, bazen de derinden gelen bir ud sesi karışıyor ve ortaya gerçekten büyük bir zevkle dinlenen parçalar çıkıyor.

Gençlerimizin bir arayış içine girmeleri sonunda ortaya çıkan başarılar bunlar. Bu kişileri ünlü yapan, o kasetleri alıp dinleyen, konserlere giden ve bu tür gelişmelere bir zemin hazırlayan yine gençler. Müzikte inanılmaz bir zenginlik yaşıyoruz bugünlerde. Bir bakıyorsunuz, koskoca bir festival Bilkent Gençlik Orkestrasıyla açılışını yapıyor. Bir bakıyorsunuz Sting'in müziğiyle coşuyor, sonra da koca stadyumda hep birlikte çevre yemini ediyorlar. Bir bakıyorsunuz, dedelerinin gözlerini yaşartacak biçimde Muazzez Abacı'yla eski şarkıları söyleyebiliyorlar. Bazen de heavy metal'le kafa şişiriyorlar! Eh, ne yapalım, o kadar kusur kadı kızında da olur. Hoş, bu bizim fikrimiz, onların değil. Kimbilir, gün gelir, belki biz olgunlar, bu tür müziğe de alışırız.

Aramızdaki tek sorun, müziğin ses ayarı. Bizler müziğin uygarca dinlenmesinden yanayız. Saygıdan yanayız. Ses kirlenmesini oluşturan tüp gaz, sebze meyve satıcılarının, reklam kamyonetlerinin, seçim araçlarının gürültüsüne karşıyız. Gençlerimizin müziklerini dinlerken, başkalarını rahatsız ederek aynı paralele düşmelerini istemiyoruz. Saygılı olmalarını bekliyoruz.

Aynı ailede iki genç vardı. Ailenin büyük teyzesine ayrı ayrı ziyarete gitmişler, ikisi de bir süre kalmışlardı. Daha sonraki yıllarda aynı teyze gençlerden birini sürekli ağırlamış, gezdirmiş; diğeriniyse bir daha davet etmemişti.

Davet edilen genç saygılı biriydi. Yatıda kaldığı evin bireylerine, yoluna yordamına uyuyor; kendi odasını topluyor, ev işlerine yardımcı oluyor ve teşekkür etmesini biliyordu. Demek ki, evinde iyi eğitilmişti.

Diğerindeyse ne yazık ki bu saygı yoktu. Yatağını toplamıyor, odasını darmadağınık bırakıyordu. Yemek saatinde bir türlü sofraya gelmiyor, herkesi bekletiyordu. Yardım etmek şöyle dursun, kendi dağıntısını ortada bırakıyordu. Ve, teşekkür etmesini bilmiyordu. Demek ki, eğitilememişti ve bunun bedelini de hiçbir yere istemeyerek ödüyordu.

Hiç kimse saygısız birini çekmek zorunda değil. İşte bizler çocuklarımıza saygılı olmayı öğretirken, onları böyle bir duruma düşmekten koruyoruz. Sevimsiz ve saygısız bir insan olarak değerlendirilmelerini önlüyoruz. Her gittiği yerde sevinçle kabul görmelerini sağlayacak kadar seviyoruz onları.

Müziğini dinlerken bile etrafındakilere saygılı olmasını öğretmek de böylesi bir kişiliği oluşturan ayrıntılardan sadece bir tanesi. Konuyu bu çerçevede açıklarsak, eminim bize hak vereceklerdir. Kendi başınayken dilediği gibi dinlemekte özgür ama başkaları varsa, alt katta bir hasta, yan tarafta uyuyan bir bebek ya da geç saatlere kadar çalışan biri varsa, onları da düşünmek zorunda. Saygılı, bunun karşılığında da sevgi ve saygı gören biri olmalı gencimiz. Bu da sert uyarılarla değil, konuya o açıdan bakmasını sağlayıp, başkalarına saygı kavramını özümleterek olur.

Dev bilmecenin mucizesi...

Bu bölümü toparlarken, gençlerimizin yetişmesi sırasında, şu izin meseleleri az mı zorlu günler yaşattı bize, diye düşünmeden edemiyor insan.

Kâh tartışılan, kâh bağrışılan, kâh küsüşülen günler,

«Aman Tanrım, yine o acayip kılığa girmiş,» diye sessiz çığlıkların atıldığı günler,

Gece yolunu beklerken, «İzin vermese miydim acaba?» diye kendi kendimizi yediğimiz günler,

Her yanından zincirler sallanan yaratığı «can arkadaşım» diye tanıştırdığında dehşete düştüğümüz günler,

İlk aşkı için gözyaşı dökerken, elimize sopayı alıp onu üzeni bir güzel pataklamamak için kendimizi zor tuttuğumuz günler,

Taraftarı olduğu takım maçı kaybetti diye akşam yemeğini kesinlikle yemeyeceğini söylemesini, lahavle çekerek dinlediğimiz günler...

Derken bir gün her şey değişiveriyor. Sanki yerde karmakarışık duran dev bilmecenin parçaları mucizevi biçimde havalanıp yerli yerine oturuveriyor. Tartışmaların yerini dostça konuşmalar alıyor. Çocuğuyla değil de sanki bir arkadaşıyla konuşuyor insan. Hem de her konuda. Güçlü bir sevginin biraraya getirdiği yepyeni bir beraberlik yaşıyoruz.

Ve... uzun bir kıştan sonra baharda açan ilk beyaz lalenin narin güzelliğini seyredermişçesine hayranlık ve gururla bakıyoruz bu yeni ve genç dostumuza.

Şimdi okuyacağınız şiir bu değişimi öyle güzel anlatıyor ki...

İŞTE GELDİK

İnsan yirmiye geldi mi
Kendine biraz dur demeli
Hayatı bir düzene girmeli
Sevgililerini elemeli
Aşkla işi karıştırıp
Her şeyi kördüğüm etmemeli.

İnsan yirmiye geldi mi
Hayatı daha çok sevmeli
Daha çok gülmeli
Gözyaşlarını bırakıp
Geleceğe umutla yürümeli.

İnsan yirmiye geldi mi
Dostlarını bilmeli
Düşmanlıktan vazgeçip
Herkesle iyi geçinmeli.

İnsan yirmiye geldi mi
Aynada kendine gülmeli
Kusurları bir yana atıp
Güzelliklerini görmeli

İnsan yirmiye geldi mi
Çocukluktan silkinmeli
İnsan yirmiye geldi mi
Büyümeli.

Özge Sağduyu

Gerçekten... Nedir Eğitimin Amacı?

«Hangi düzeyde olursa olsun, eğitimin amacı insanın kişiliğini geliştirmektir. Yaşamın kendisine ve başkalarına ifade ettiği anlamı kavramaktır. İşte budur eğitimin temel çizgisi; gerisiyse süslemeden ibarettir,» diyor Grayson Kirk.

Eğitimin amacı bireyi, kendisinin ve başkalarının hayatını her anlamda iyileştirmek, yaşadığı toplumu ve dünyayı bulduğundan bir parça da olsa, daha iyi durumda bırakma düşünce ve çabasına yöneltebilmektir.

İşte asıl öğretilmesi ve öğrenilmesi gereken konuların çok kısa bir özeti. Ve bakın bir gencimiz ne demiş, «Amacım bana verilen yaşama ödülünü en iyi biçimde hak etmek. Bu da hem kendim, hem de başkaları için çalışarak olur. Buna siz ne dersiniz?»

Ne mi derim sevgili Elif? Bu sözlere hem doğruluğu, hem de bu yaşta sergilenen olgunluk açısından sadece ve sadece hayranlık duyulur, derim.

Oysa bizler bu kadar önemli konuları, eğitim diye sayfalarla ezbelenen dersler ve alınan notlarla karıştırıyoruz. Bakın eğitim ve öğrenimin arasındaki farkı Walter Percy nasıl tanımlamış. «Okuldaki derslerinizden on aldığınız halde, hayat diye adlandırılan dersten pekâlâ da çakabilirsiniz.»

Gençlerimiz de bu eksikliğin farkındalar, nitekim bir tanesi mektubunda, «Okullarda yalnızca bilgiyle öğretim yapıldığı için hayat nehrinin içine çırılçıplak itiliyoruz,» diyor. Ne güzel ifade ediş! Gerçekten de eğitimin amacına uygun davranmaz, yani çocuklarımızı hayata hazırlayıcı bilgileri vermezsek, bir «insan yetiştirdik» diyebilir miyiz?

Okulda öğretilenler de gerekli ama sadece bu «süslemelerle» yetinirsek, gencimizi dışı süslü, içi boş ve hayata karşı savunmasız bırakmış olmuyor muyuz? Oysa neydi eğitimin amacı?

Gençlerimize yaşamın anlamı ve amacını özümletmek...

Kendisinin bu dünyadaki yeri ve önemini anlamasını sağlamak...

Kendi gücüne ve yapabileceklerine uyandırmak...

Kendi kafasıyla düşünmesini ve karar almasını öğretmek...

Kendi kendinin insanı olabilmesi için destek vermek...

Kendini «iyi hissetmesini» sağlayarak hayata olumlu bakabilmesini gerçekleştirmek, yürekli ve neşeli olmasını sağlamak...

Kendinden başkalarına da «hizmet vermesi» gerektiğini ona anlatmak...

Çağdaşlığın ve yaşam düzeyinin serpilip gelişebilmesi için herkesin bir başkasına el uzatması, yardım etmesi, eser üstüne eser koyması, emeğe emek katmasının önemini, kısaca «hizmet verme» kavramını açıklamak...

«Kafa ve gönül zenginleri»nden kendilerine model alacakları örnekler vermeliyiz

Evde bizler, okulda öğretmenleri bu konuları onlara üşenmeden tekrar tekrar anlatmalıyız. Her küçük olaydan, her fırsattan yararlanarak onlara hayat dersleri vermeliyiz. Okullara düşünürleri, eğitimcileri, toplumda güzel işler başarmış olanları davet edip sadece meslek seçimi konusunda değil, yaşam hakkında da onları aydınlatmalı, daha iyi şeyler için heveslerini ateşlemeliyiz.

Onurlu kişilerin onurlu amaçlarını ve başarılarını anlattırarak, gençlere kendilerine «model» olarak alabilecekleri örnekler sunmalıyız. Hayran olacakları, imrenecekleri, kafa ve gönül zenginliği sunacak kişilerle tanıştırmalıyız çocuklarımızı. Cehaletin ve fakirliğin bir yazgı olmadığını, bunu değiştirecek güce sahip olduklarını; sorunların her zaman olacağını, buna karşın insanın sorunlarla savaşacak gücünün bulunduğunu hatırlatmalıyız. Tanrı sorunları verdi ama bunları taşıyabileceğin omuzları da verdi, diye bir atasözü vardır. Onlara bu sözün doğruluğunu kanıtlayacak örnekleri bulup, göstermeliyiz.

Belki bazı şeyleri bugünden yarına değiştiremeyeceklerini ama küçük de olsa herkes bir şeyler yaparsa, bunun bir sonrakilere ne büyük bir armağan olacağını anlatmalıyız onlara. Örneğin, ülkedeki tüm cehaleti ben tek başıma yok edemem ki, diye düşünmek yerine bir tek kişiye okuma yazma öğretmenin de elinden geleni yapmış ve insanlığa katkıda bulunmuş olmanın huzurunu ona yaşatacağını; onun gibi düşünenlerin eylemleri sonucunda, damlaya damlaya göl olur, misali yine de bir şeylerin değişeceği umudunu vermeliyiz gençlerimize.

Bir tek fidan dikmenin, kendi kapısının önünü süpürmenin, güç durumda olan birine yardım etmenin, birine bir şey öğretmenin «hizmet verme» eylemini gerçekleştirmek olduğu ve önemli olanın kişinin bir fark yarattığını bilmesinde yattığını açıklamalıyız çocuklarımıza. Ve herkes kendi küçük görevlerini yaptığında da «farkların» gerçekleşeceğini anlatmalıyız. Belki bunu o göremeyecektir ama bu tür hizmet anlayışında önemli olan, amacına bugünden yarına ulaşmak değil, görevini yapmış, insanlığın gelişimine katkıda bulunmuş olmaktır. İşte bunları da öğretmeliyiz gençlerimize.

«Gelip geçerken, ardında sağlıklı bir çocuk, bir küçük bahçe ya da iyileştirilmiş bir toplum umudu bırakarak, dünyayı bulduğundan bir parçacık da olsa, daha iyi durumda bırakmak; sayende tek bir kişinin bile olsa daha rahat nefes aldığını bilmek. İşte bu başarılı olmak demektir,» diyerek Emerson'un sözleriyle seslenmeliyiz çocuklarımıza.

Onlarla hayat, temel ilkeler ve eğitimin amacı hakkında konuşmalı, bilgilendirmeliyiz. Bunu yapmazsak doğacak boşluğu tıpkı gürültü kirliliği gibi hiçbir işe yaramayan, hiçbir yere varmayan fikirler dolduracaktır. Köşedönücülük, gösterişli yaşam merakı, sırf tüketmek için bol para arzusu gibi; sivri ve çağdışı akımlarda çıkış yolları aramak gibi; olumsuzluk, umutsuzluk, nemelazımcılık, adam sendecilik gibi düşünce kirlilikleri dolduracaktır bu taptaze, pırıl pırıl kafaları.

Gençlik gürül gürül akan bir ırmak gibidir. Bir onu doğru yönlendirmek var, bir de ilgilenmeyerek bir o yana bir bu yana dağılmasına ve giderek eriyip yok olmasına izin vermek... Hepimizin birinci görevi bu görkemli ırmağın coşkuyla, neşeyle, dağılmadan gürül gürül akmasını sağlamak. Bunu yapmaksa Nil nehrinin kaç metreküp su döktüğünü ezberleterek değil; yaşamın anlamını, kendi gücünü ve önemini öğretip sonrada bu öğrendiklerini uygulayarak özümlemesine zemin hazırlayarak gerçekleşebilir.

Pek çok öğretmen şimdiki gençlerden yakınıyor. «Her şeyi parayla ölçüyorlar. Akılları fikirleri kolay para kazanmak. Köşedönücülük onlar için bir başarı ölçütü. Kısaca gençlikten hiç umudumuz yok,» diyorlar.

Para kazanmayı istemek kötü bir şey değil, iyi bir şey. Daha iyi yaşamak, üretken olmak, hayatın zevkli yanlarının da tadını çıkarmak, birilerine yardımcı olmak amacı güdüldüğü sürece. Öte yandan sırf caka satmak, gösteriş yapmak, tüketmek için olursa o zaman gençlerimizi iyi ve kötü örneklerle ikna etmeli ve aradaki farkı vurgulamalıyız.

İki baba örneği var. Bir tanesi öldüğünde ayakkabısının altı delikti ama üç çocuğunu da okutmuş, onları kendinden çok daha iyi düzeye getirebilmek için savaş vermişti.

Diğeri köşeler dönmüş, oğullarını da alet etmişti. Bol para içinde yaşayan ve sık sık dedikodu dergilerinde fotoğrafları çıkan bu delikanlılar, kaçakçılık suçuyla yakalanınca bu kez gazetelerin başsayfalarında sergileniyorlardı. Ardından iflas, mahkemeler ve cezaevi...

Gençlerimizi bu somut örneklerle ikna etmeli, işin yaldızlı yanını değil, gerçek yüzünü göstermeli, tartışmalı, bıkmadan usanmadan (ama bu arada onları usandırmadan tabii ki) anlatmalıyız.

Bir de bezginler, umutsuzlar var. Her şeyi maddi sıkıntıya bağlayıp, savaşımı daha başından bırakan yenikler... Oysa buraya kadar sözünü ettiklerimizin parasal güçle ilgisi yok. Bunları elde edememek için fakirlik mazeret değil ki... İnsan onuru, dürüstlük, çalışkanlık, dayanışma, yaşamın anlamını kavrama, kişisel gelişim, hizmet verme kavramlarını elde etmenin parayla hiç mi hiç ilgisi yok. Bunlar kafa ve gönül zenginleri.

Böyle bir örneği İstanbul'un en ünlü birkaç kuaföründen «Bebek'teki Yaşar Bey» diye anılan Yaşar Coka'nın anlattıklarında bulabiliyoruz. Rahat bir yaşamı var, iyi kazanıyor ve en önemlisi çocuklarını en iyi biçimde okutabilmiş. Bunu başarmış olmak onun en büyük övüncü, çünkü kendisine böyle bir olanak sağlanamamış. Çocukluğu kısıtlı koşullar içinde geçmiş geçmesine ama baba evindeki yaşamı anlatırken gözleri sımsıcak bir sevgiyle parlıyor.

«Anadolu'nun küçük bir kasabasında yaşıyorduk. Babam bakkaldı. Beş kardeştik. Hayat zordu ama çok da tatlıydı, çünkü evimizde dayanışma vardı,» diye anlatıyor.

«Babam kış için odunları içeri taşırken başta annem, ben ve kardeşlerim yardım ederdik. Odunları hep birlikte taşır, düzgün sıralar halinde dizerdik. Sabah birlikte kalkılır, birlikte kahvaltı edilirdi. Tüm işleri beraber yapardık, onun için de hepimiz işleri de, zorlukları da benimsemiştik. Annem çok akıllı ve zevkli bir kadındı. Tüm pencerelerimiz çiçekler içindeydi. Fazla bir eşyamız yoktu ama pencere içlerine annemin renk uyumuna özen göstererek dizdiği saksılar evimize bambaşka bir güzellik verirdi.

Her yardım edişimde annem beni över, 'Ellerin dert görmesin oğlum, ne de güzel yaparsın her işi,' diye öyle bir yüreklendirirdi ki, ne iş olsa koşardım. Babam anneme çok saygılıydı. Bir kez olsun iş buyurduğunu duymadım. Dayanışma ve yardımlaşma vardı evimizde. Şimdi dönüp bakıyorum da, kendi evimde yaşadığım o dayanışma, çalışkanlık, dürüstlük; o sevgi, saygı meğer ne büyük şeymiş. Annemle babam okumuş insanlar değillerdi ama değme okumuşların aile düzenine taş çıkaracak bir yaşam biçimi vardı bizim evimizde. Bugünkü başarımı ve çocuklarıma verebildiklerimi, evimizin o anlamlı düzenine borçlu olduğumu düşünmüşümdür hep.»

Çocuklarımıza ve gençlerimize yeri geldikçe Yaşar Coka örneğinde olduğu gibi gerçek kişiler ve olayları anlatarak mesaj vermeliyiz.

Umut, bir amaca sadece iyi olduğu için yönelebilme gücüdür

Gençlerimizin umutsuzluğa, karamsarlığa kapılmalarına izin vermemeliyiz. Daha işin başından yenik insanlar olmamaları için elimizden geleni yapmalıyız.

Çek Cumhuriyeti Başkanı ve yazar Havel'in hapisteyken kaleme aldığı şu sözlere bir bakın.

Umudun dünyanın durumuyla ilgisi olmadığını, bunun bir tutum, bir düşünce biçimi olduğunu savunuyor ve diyor ki, «Umut içimizde ya vardır ya da yoktur; o ruhumuzun bir uzantısıdır da diyebiliriz... İşte umut bu derin ve güçlü anlamıyla bir amaca doğru başarılı olacak diye değil, sadece ve sadece o amaç iyi bir amaç olduğu için ona yönelebilme gücüdür. Ve hepsinden öte, içinde bulunduğumuz koşullar şu andaki kadar umutsuz olsa da, bizlere yaşama gücü ve sürekli yeniliklere yönelme kuvvetini verir.»

Gençlerimize umudu böyle anlatmalıyız. Umutlu olmanın basit bir Pollyanna'cılığa indirgenemeyeceğini; umudu, olumlu ve iyimser olmanın bir ruh zenginliği, bir içgüç göstergesi olduğunu açıklamalı ve bu sözleri yazan o dönemin hapisteki adamı Havel'in, bugün kendi vatandaşlarının ve tüm dünyanın saygıyla alkışladığı bir devlet başkanı ve yazar olduğunu da anlatmalıyız.

Birisini dinlerken hep düşünmeli ve sorular sormalılar. Ancak böyle gerçeğe varabilirler, «Bunca sözden sonra ne dedi bu adam?» diye işin özüne gidebilmeliler.

Bir yazıyı okurken, «Nedir konunun ana fikri? Verilmek istenen mesaj var mı? Varsa ne? Yardımcı fikirler neler?» gibi soruları sorarak okumalılar.

Kendilerine her söyleneni, her okuduklarını kayıtsız şartsız kabullenmemeliler. Bir de bunun karşısında konuşanı dinleyip, yazanın yazdıklarını okumalı ve ancak ondan sonra kendi fikirlerini oluşturmalarını öğretmeliyiz onlara.

Sorgulayarak düşünmeyi öğretebilirsek, gençlerimizi pek çok yanılgıdan koruyabileceğiz. Daima soru sormayı, işin doğrusunu bulmak için araştırarak düşünmeyi, konuları çeşitli ve zıt yönleriyle iyice soruşturduktan sonra oturup «kendi» fikrini oluşturması gerektiğini anlatmalıyız.

Liderlik vasfı: Düşünceyle eylemi birleştirmek

Çocuklarımıza liderlik vasfını aşılamalıyız. Bir toplumda lider olmanın bir partinin başkanı olmakla sınırlanamayacağını anlatmalıyız en önce.

Kaldığımız motelin plajı Akdeniz'in güzel koylarından birinin içine yerleşmişti. Günlerden bir gün yine deniz kıyısına indiğimizde o güzelim, tertemiz plajı çöplerle dolu bulduk. Bir gemi geçerken çöpünü denize atmış, rüzgâr da getirip kıyıya yığmıştı. Denize girilir gibi değildi. Bir iki kişi hemen görevlilere haber verdi. Gelen yanıt, motelin o çöpleri temizleyecek personeli olmadığıydı. Bir tek yaşlı bahçıvan vardı, o da zaten bahçe bakımıyla meşguldü. Gerçekten de az sayıda çalışanı vardı bu küçük motelin.

Deniz kenarında mahzun mahzun, «Eh, ne yapalım, bugün de denize girmeyiveririz. Güneşlenir sonra da duş alırız,» diye düşünürken, gürbüz bir Alman kadınının sert adımlarla kıyıya yaklaştığını gördüm. Geldi, durup çöplere baktı. Sonra havlusunu serdiği şezlonga yöneldi, saatini çıkarıp masanın üstüne koydu, vücudunu bir güzel yağladı, başına güneş şapkasını geçirdi, tekrar kıyıya döndü. Ve... başladı çöpleri toplamaya.

Oturduğum yerden onu gözleyen ben, birden çok utandım, sanki yabancı biri evime girmiş de yatağımı topluyor, odamı süpürüyor gibi bir duyguya kapılıp hemen yerimden fırladım ve ben de bulunduğum yerdeki çöpleri toplamaya koyuldum. Tam o sırada gelen kızım biz iki kadını harıl harıl çalışır görünce o da işe koyuldu. Kısa süre içinde plaja inen erkek kadın tüm müşteriler bize katıldılar. Derken müracatta çalışan delikanlılar geldiler. «Zahmet etmeyin, biz toplarız,» dediler. Onların sesinde de, benim az önce duyduğum mahçubiyet gizliydi. Hepimizin devam ettiğini görünce, bu iki delikanlı paçalarını ve ütülü beyaz gömleklerinin kollarını sıvayıp bize katıldılar.

Öğlene kadar dura dinlene çalıştık, ne de olsa bir avuç insandık. Birkaç saat sonunda, çöpler düzgün kümeler halinde bir kenara toplanmış, plajımız eskisi gibi tertemiz olmuştu. Tanışmadığımız halde birlikte çalışıp, plajı temizlemek aramızda bir dostluk oluşturmuştu. Birbirimize gülümsedik, onlar Almanca, biz Türkçe bir şeyler söyledik ve temiz denizimize girip, doyasıya yüzdük. Plaj bizim ortaklaşa malımızdı artık. Onu temizlemiş, emek vermiştik. Küçük de olsa «iyi bir şey» yapmıştık.

Akşam garson servis yaparken, «Aşçımız özel bir tatlı hazırladı, ne de olsa bugün çok çalıştınız,» diyerek şakayla karışık yapılan işe duyduğu saygıyı belirtti. Belli ki bu çalışma onu da etkilemişti. Ve tüm bu duyguları ateşleyen o gürbüz Alman kadınıydı.

Bir lider gibi davranmıştı.

O gün plajın, motelde kalan birkaç ailenin ve otel çalışanlarının lideriydi bu kadın.

Emirler mi yağdırmıştı? Güç gösterisine mi girmişti? Hayır, hayır, hiçbirini yapmamıştı. Sadece küçük ama «iyi» bir şeye tek başına girişmiş ve yapılması gerekeni yapmıştı. Kimseden destek ya da yüreklendirme beklememiş, yapmayı düşündüğü işin doğruluğuna inandığından işe koyulmuş ve sonuna kadar çalışmıştı. İyi bir örnek oluşturduğu için de, diğerleri ona katılmışlardı.

İşte budur liderlik.

İnsanlar iyi şeyleri de taklit ederler, kötü örnekleri de. Biri arabasını yanlış yere park ederse, onu gören bir başkası da aynı şeyi yapacaktır. Liderlerse iyi örnekler sunanlardır. Toplumun hangi kesiminde olursak olalım, yaşamımızın hangi döneminde olursak olalım, liderlik vasfımız sürekli sorgulanır. Örneğin, plajda o gün ben liderlik vasfını ıskalamıştım. Neden mi? Çekingenlikten. Acaba otel çalışanlarına ayıp mı olur; acaba ne yapıyor bu kadın böyle, derler mi diye kirli denize karşı mahzun mahzun oturup kalmıştım. Oysa gerçekten de içimden hemen o pisliği temizlemek gelmişti. Ama işte... içinden gelmek yetmiyor. Bir adım daha atıp düşündüğünü uygulamak gerek. Düşünceyle eylemi birleştirmek gerek. Lider olmak, daha da önemlisi liderler yetiştirmek gerek.

Ünlü liderler var, ünsüz liderler var. Kurtuluş Savaşının ünlü lideri Atatürk ise, ünsüz liderleri de canını, malını ortak dava için ortaya koyabilen ve bizlere bugün bu topraklar üstünde yaşama olanağı sağlayan binlerce kadın ve erkektir. Bizim kuşaktan diyebilirim pek çok kişinin dedesiyle ilgili dinlemiş olduğu kahramanlık öyküleri vardır. Kimi rahat muayenehanesini ve kazancını bırakıp dağlara çıkmış, yıllarca askerlerimizin peşinden cephe cephe dolaşarak yaralıları tedavi etmiştir. Kimi İstanbul'da kadıyken, Mustafa Kemal'e katılmak için Anadolu'ya geçmiş ve o zorluklar içinde işe hukuksal açıdan yardımcı olmuş. Kimi tüm ürününü askerlere vermiş, kimi evini yaralı askerlere açmış. Öyle çok evde, öyle çok anlatılanlar var ki...

Onların lideri Atatürk'tü, ama onlar da birer liderdiler. «Ben ne yapabilirim; nasıl bir katkıda bulunabilirim?» demişler; «Ben bir tek kişiyim. Benden ne olur ki...» demek akıllarına bile gelmemiş, yapmaları gerekeni yapmış ve böylelikle her biri çevresindekileri ateşleyebilmişti.

Lider olmak için dahi olmaya da gerek yok. Gandi'yle ilgili bir kitap yazan Ved Mehta, Gandi'yi şöyle anlatıyor:

«Tanrı Gandi'ye ne bilimsel, ne de sanatsal yönden üstün bir yetenek vermişti. Ünlü üniversitelerden dereceler alarak da mezun olmadı. Hiçbir seçimde aday olmadı ve bu tür bir göreve de gelmedi. Ama 1948 yılında yetmiş sekiz yaşında öldüğünde tüm dünya onun yasını tuttu.»

Gençlerimize liderliği bu açıdan da anlatmalıyız. Kişi nasıl bir insan olduğuyla, neler yaptığıyla, sağladığı yarar oranında en küçük çevrede bile bir lider olabilir. Bunun yüksek okullar, parlak ortam, güçlü çevre, ünlü olmak, «siyasetçi» olmakla ilgisi yok.

Lider olmanın sekiz temel kuralı

Ve gelelim işin pratik yönüne. Uzmanlar çocuklarımızı bir lider gibi yetiştirebilmemiz için sekiz temel kuralı uygulamamızı öğütlüyorlar.

Birinci kural, daha ilk günden başlayarak onların kendilerine güvenini sağlamamız gerektiği. «Bunu yapabileceğini biliyorum,» diyerek bu duyguyu geliştirmemizi ve «yaptın işte,» diyerek de devam ettirmemizi öğütlüyorlar. Başardığında samimi övgülerle yüreklendirmemizi; eleştirilerimizde ise hem övgü, hem de yol göstericilik bulunmasına dikkat etmemizi istiyorlar.

İkinci kural, keşfetmek istedikleri alanlarda onlara destek olmak. Bizlerin genelde güvenlikleri açısından onları engellediğimizi, oysa bunun çocukta gelişimi olumsuz etkilediğini vurgulayan uzmanlar, çocukların meraklı oldukları konularda engellenmemelerini, aksine teşvik edilmelerini öneriyorlar.

Üçüncü kural, bazı konularda, çocukların, yapmak istediklerini kafalarının içinde evirip çevirirlerken hemen engelleri düşünmeye başlamalarıyla ilgili. Uzmanlar ailelere, çocuklarını engeller üzerinde değil, başarı üzerinde düşünmeye yönlendirmemizi öneriyorlar. Çocukların hatalarını, bunların sonuçlarını ve alınacak dersleri öğrenememelerinin altında, ailenin çocuklara çok sık karışmasının yattığını vurguluyorlar. Deneyen başaramayan, hatalarını düzeltip tekrar deneyen çocuğun kararlı olduğunu ve başarısının kaçınılmaz olduğunu ifade ediyorlar.

Dördücü kural, çocukların gelişme çağında zengin bir hayal dünyasına sahip olduğunu kaydeden uzmanlar, bu hayallerin saçma görünseler dahi teşvik edilmesini öneriyorlar. Bir hayali olan, bunu diğerlerine açıklayabilen ve onları kendi yolunu izlemeleri için ikna edebilen kişinin lider olabileceğini, bunun ilk adımının da hayal gücü olduğunu belirtiyorlar.

Beşinci kural, «Eğer,» diyebilmek. Olasılıkları düşünmenin liderliğin işaretlerinden biri olduğunu bildiren uzmanlar, bir sorunu inceleyip, nasıl çözüleceğini diğerlerine gösterenlerin her zaman yol göstericiler olarak sivrileceklerini belirtiyor ve bunun için ailelerin çocuklarına «Eğer bunu yaparsan, ne olur?» gibi sorular yöneltmelerini öneriyorlar.

Altıncı kural, liderliğin uygulamayla güçlendirilmesi gerektiğini belirten uzmanlar, idealleri olan bir çocuğun liderlik becerilerini göstermek için fırsatlara gereksinimi olduğunu söylüyorlar. Ailelere, çocuklarının sorumluluk alanlarını desteklemelerini; onları spor takımlarına, izci gruplarına, sosyal kuruluşlara kaydettirmelerini öğütlüyorlar.

Yedinci kural, kendini ifade edebilme. Uzmanlar, başkalarının önünde kendini çekinmeden ifade etmenin anahtar becerilerden biri olduğu görüşünde birleşiyorlar.

Ve sekizinci kural, SYS formülü. Uzmanlar, anne babaların çocuklarında geliştirmeleri gereken temel özellikleri SYS formülüyle belirliyorlar. Bu formül, *saygı, yaratacılık ve sorumluluk* olarak tanımlanırken; ailelerin bu konularda çocuklarına sözlerden çok davranışlarıyla örnek olmaları gereğini de özellikle vurguluyorlar.

Aile-okul-medya üçgeni

Çocuklarımıza, gençlerimize bu tür bilgileri verebilmek için bir sacayağı oluşturmalıyız.

Aileler, okul ve medya...

Evde aileler, okulda öğretmenler ve hayatımızın, itiraf etsek de etmesek de, önemli bir bölümünü alan televizyonla aynı mesajları verirsek gençlerimizi boşluğa düşmekten kurtarır, yönlendirebiliriz.

Veliler olarak bizler ne yapabiliriz? Pek çok şey! Ve bu «pek çok şeyi» iki başlık altında toplamak mümkün. Evin içindeki ve dışındaki görevlerimiz...

Evin içindeki görevimiz çocuğumuzun dersleri ve çalışmalarıyla ilgilenmekse, evin dışındakiler de onun mahallesiyle, içinde yaşadığı toplumla ilgilenmektir.

İnsan hayatı bir bütün. Ona verilenle, yaşadığı yerle, aldığı etkilerle kaynaşmış bir bütün. Şöyle de diyebiliriz, ilk birkaç yıl onunla ilgilenir sonra bu ilgiyi kesersek, çocuğumuz çalışmaları ve gelişmesi açısından yarım kalacaktır.

Öte yandan kendisi özenle yetiştirilmiş, çevresindekiler yetişmemişse yine bir şeyler yarım kalacaktır. Çocuklarımızın hayatlarını bir bütün olarak yaşamalarını istiyorsak, onlarla hem evde ilgilenmeli ve bu ilgiyi sonuna dek sürdürmeli; hem de okuluna ve topluma katkıda bulunarak, yaşayacağı çevreyi iyileştirme çabasına girmeliyiz. Ancak bu tür bir çabayla bir bütünlük ve uyuma doğru yol alabiliriz.

El ele vererek bütün çocuklarımız için çalışmalıyız. Amacımız hep birlikte ilerlemek, hep birlikte mutlu olmak olmalı.

Evin içindeki ilk görevimiz onu duygusal açıdan okula hazırlamaktır. Okulun, öğrenmenin, ders çalışmanın önemli ama bu arada da zevkli ve eğlenceli bir uğraş olduğunu ona hissettirmektir. Her konuda olduğu gibi bu duyguyu da ona ne kadar erken aşılarsak o kadar iyi.

Yuvaya ya da ilkokula başlayan çocuğumuzu daha bir önemsemeli, onu pohpohlamalı, bir ayrıcalık kazandığını belirtmeliyiz. Okul hakkında olumlu izlenimler edinmeli. Yaptığı işin önemli ve keyifli olduğunu vurgulamalıyız.

Bu duyguyu verdikten sonra kitapları, okulu ve ödev yapmayı sevdirmek gerek. Bunu her anne kendi yöntemiyle uygulayacaktır. Bütçemizin elverdiğince cicili bicili okul araç gereçleri alarak, daha ilk günden sessizce çalışabileceği bir oda ya da ona ait bir köşe hazırlayarak, okulla ilgili olumlu sorular sorarak onun okuluna iyi duygular beslemesini sağlamalıyız.

«Bugün okulda seni en çok ne güldürdü?»

«Öğretmeninin öğrettikleri arasında en beğendiğini bana anlatır mısın?»

şeklinde olumluyu vurgulayarak okul dönüşü sohbetlerini bir alışkanlık haline getirmeliyiz. Böyle bir konuşma ortamı sorunları olduğunda da ona yardımcı olmamızı sağlayacaktır.

Öğrendiklerini anlattığında bizler de kendi deneyim ve bilgimizle bu öğrendiklerini pekiştirecek konuşmalar yapmalıyız. Başarılarını mutlaka ama mutlaka kutlamalı ve onunla ne kadar gurur duyduğumuzu belirtmeliyiz.

Ödevlerin her şeyden önce geldiğini vurgulayarak görev duygusunu geliştirmeliyiz. Bunu yaparken önce kendimiz örnek olmalıyız ona. Bir televizyon programı, ahbap çayı, telefonda gevezelik hiçbir zaman ödevlerin önüne geçmemeli. Çocuğumuzla oturmuş ders çalışırken telefon çaldığında, arkadaşımıza meşgul olduğumuzu, dersler bittikten sonra onu arayacağımızı söylememiz, çocuğumuzu bin tane nasihattan daha çok etkileyecektir.

Bizler saygılı davranarak, çocuğumuza görevlerine saygılı olmasını öğretmeliyiz. Özellikle olmasını öğretmeliyiz. Özellikle de o küçücük yaşlarda, «Aman boşver,» dersek, çocuğumuzun okula, öğretmene ve uyması gereken kurallara saygısı olmayacaktır.

İlkokul, daha da güzeli okul öncesi, çocuklarımız için bir kitaplık başlatıp geliştirmenin zamanıdır. Öğrendiklerini destekleyecek bilgileri içeren resimli kitaplarla başlayabiliriz işe. Onu eğlendirerek eğitecek kitapları bulup, hem kitabı sevdirmeli, hem de bilgilendirmeliyiz. Önemli günlerde kitap armağan etmek de güzel bir fikir. Örneğin, birinci yaşgününden başlayarak her yaşgünü, ömür boyu kullanabileceği kitaplar ve klasik eserlerden bir tanesini alarak, onun için bir kütüphane oluşturmaya başlayabiliriz.

Televizyondaki ve gazetedeki haberleri, kısa bir süre için bile olsa, onunla konuşacak zaman yaratmalıyız. Olayları karşılıklı konuşmak, fikrini almak ve bu olayların insanları nasıl etkilediğini tartışmak çocuğumuza çok şey verecektir.

Okuduğu kitapları biz de okumalı ve bu kitaplardaki olaylar ve kişiler hakkında da konuşmalıyız onunla. Böyle konuşmalar çocuklarımıza nasihat kokmayan mesajlar gönderebilmemizi sağlar.

Öğrendiklerini özümsemesine yardımcı olmalıyız. Bir orman gezisi, kitapta okuduğu ağaçları yakından tanıma fırsatı verecektir. Hafta sonunda bir müze gezisi, tarihi daha iyi kavramasına yardımcı olacaktır.

İlk yıllarda ödevlerini birlikte yapmak ona çalışma tekniği ve zamanı ayarlamayı öğrenme açısından yardımcı olacaktır. Yalnız bu noktada dikkatli olmalıyız. Ödevlerini onun yerine biz yapmamalıyız; ona yol göstermeli ve destek olmalıyız. Bize yaslanmadan kendi başına çalışmasını öğrenmesi gerek. Ve giderek oyunla çalışma dengesini kurmayı bilmesi gerek.

Ve bütün bu saydıklarımızın gelip dayandığı nokta çocuğumuz için zaman ayırmanın, zaman yaratmanın en önemli öğe olduğudur.

Bir yıl sonu fotoğrafı ve «sınıf dedesi»

Evin dışındaki görevlerimize gelince... Tüm veli toplantılarına katılarak, okulda neler olup bittiğini öğrenerek, kısaca «ilgilenerek» işe başlayabiliriz. Veliler olarak gücümüzün farkına vararak örgütlenmeliyiz. Herkes kendi okuluna sahip çıkar, herkes kendi okulunun iyileştirilmesi için bir şeyler yaparsa, her şey daha farklı olacaktır.

Eksikleri devletin tamamlamasını beklemeyelim. Bizler ne yapabiliriz, bunu soralım ve harekete geçelim. Kendi çocuğumuz mezun oldu diye okulla ilişkiyi kesmeyelim, başkalarının çocukları için de çalışalım. Vaktimiz varsa, gönüllü olarak görev isteyelim.

Büyük kızım ilkokuldayken, torunu kızımla aynı sınıfta okuyan bir öğrencinin büyükbabası okula gelip sınıf öğretmenine yardım teklif etmiş. Öğretmen de bunu memnuniyetle kabullenmişti. O günden sonra emekli bir memur olan bu bey sık sık okula gelir, derslerde hem sınıf öğretmenine, hem öğrencilere yardımcı olurdu. Teneffüslerdeyse onlarla sohbet eder, oyunlar oynardı. Düşüp bir yerini acıtan dedeye koşar, harçlığını evde unutmuş olana dede simit alır, dersini sökemeyene de yine dede yardımcı olurdu.

Yıl sonu geldiğinde toplu olarak sınıf fotoğrafı çekilecekti, okul müdürünün odasına asılsın diye. Bu noktada da yardım önerisi, sınıftaki öğrencilerden birinin, fotoğraf dalında çok güzel çalışmaları olan, babasından geldi. Çocuklar o gün okula ütülü önlükleri, bembeyaz yakalarıyla geldiler. Büyük bir günün heyecanını yaşıyor gibiydiler. Bahçede toplandılar. Nihayet fotoğrafı çekecek olan veli de göründü ama birden kıyamet koptu. Bağırışıyor, bir şeyler söyleyip duruyorlardı. Sonunda öğretmenleri gelince mesele anlaşıldı. Sınıf fotoğraflarında dedelerinin de olmasını istiyorlardı. Dedesiz sınıf fotoğrafı olur muydu hiç?

Şimdi artık yıkılmış olan okulun kıvrılarak inen eski taş merdivenlerinde, kocaman kauçuk ağaçlarının gölgesinde çekilmiş bu birinci sınıf resmi, benim en sevdiğim okul fotoğraflarından biridir. Bir yanlarında sevgili öğretmenleri, öbür yanlarında sevgili «sınıf dedeleri...»

Olanaklarımız elverdiğince okulun parasal yönden güçsüz çocuklarına destek olalım. Ama az ama çok... Birimiz önlüğünü, diğeri ayakkabısını, bir başkası çantasını aldı mı, o çocuk da okula düzgün bir kılıkta gelebilecek, eziklik duymayacaktır. Tüm çocuklarımıza sahip çıkalım, ilgilenelim. Onlar bizim çocuklarımız, toplumumuzu oluşturacak genç bireyler. Bir tek kendi çocuğumuz iyi yetişmiş, diğerleri yetişmemişse, bu bizim çocuğumuzu da etkileyecektir. *Mutsuzların arasında mutlu olamayacaktır.* Hep birlikte yaşıyoruz. Bu tür emekler döner dolaşır yine bizim mutluluğumuzu etkiler.

Güzelliğin ayrıntıları uygarlığın göstergesidir

Özel okullara gittiğimde içim açılıyor. Tertemiz, badanası yapılmış binalar, aydınlık sınıflar, koridorlarda bitkiler, teneffüs ve yemek zamanı hafif bir müzik. Her türlü sanatsal faaliyet var. İmza günleri, müzik çalışmaları, okul dergisi çalışmaları... Çiçeklerle aydınlatılmış sıcacık okul kitaplıkları, güleryüzlü öğretmenler...

Devlet okullarına gittiğimdeyse içime taş gibi bir ağırlık oturuyor. Gri ve kahverengi duvarlar, üstelik camların yarısı da yine griye boyanmış, çocuklar sokağa bakmasınlar diye. Beton duvarlarla çevrilmiş kupkuru bir bahçe. Tozlu raflar, kapısı kilitli ve anahtarının kimde olduğu bilinmeyen kitaplıklar, uzanıp giden kasvetli koridorlar... Elbette bakımlı ve içaçıcı devlet okulları var ama ben yine o genel çizgiden söz ediyorum.

Neden bu okullarda okuyan çocuklarımız da, diğerleri gibi aydınlık bir ortamda güne gülümseyerek başlamasınlar? Evet, para önemli ama bazı öyle şeyler var ki, pekâlâ da el ele verilse ve istense gerçekleştirilebilir. Sanırım parasızlığı pek çok konuda mazeret olarak kullanıyoruz.

İşte burada da yine bizlere görev düşüyor. Gördüğümüz eksikliklerin giderilmesini okul idaresinden, dolayısıyla devletten beklemek yerine Okul Aile Birlikleri ve veliler olarak her türlü imkânı kullanıp okullarımızın eksiklerini tamamlamanın yanısıra çocuklarımıza güzellikler sunabiliriz. Moral o kadar önemli ki...

Örneğin:

İdarenin saptayacağı, hem okulun genel havasına yaraşır, hem de öğrencilerin içini açacak diyelim iki renk üzerinde karara varılsa. Sonra okulda bir referandum yaparak okulun iç duvarlarının hangi renge boyanacağına öğrenciler karar verse... Biz velilerin dayanışmasıyla boyalar alınsa... Gönüllü öğrenciler, öğretmenler, hatta velilerden oluşan ekipler kurulsa ve her sınıf kendi odasını ve koridor bölümünü boyasa... Bunca çalışan öğrencileri ödüllendirmek için idare bir okul çayı, piknik ya da bir gezi düzenlese... Ve okulun içaçıcı renklere bürünmesi hep birlikte kutlansa...

Çevreci veliler, öğrenciler ve öğretmenler devreye sokulsa ve o beton okul duvarları ve binanın dış yüzü yine öğrencilerin seçeceği, bakımı kolay sarmaşıklarla sardırılsa... Yeşile istek öylesine büyük ki, gittiğim pek çok okulda öğretmenler geniş bahçesi ve ağaçları olan okullara özlemlerini dile getiriyorlar hep. «Bizimse hiç yerimiz yok, her yer beton,» diye yakınıyorlar. Çok da haklılar. Ama insanoğlu isterse buna da çare buluyor.

Singapur'da beni etkileyen pek çok şeyden biri de kentte beton ne varsa yemyeşil sarmaşıklarla sardırılmış olmasıydı. Köprülerin ayakları bile sarmaşıklar içindeydi, düşünebiliyor musunuz? Ne kolay ve ne güzel bir çözüm. Sarmaşıklar içinde bir binanın görünümü ne hoştur. Üstelik dış cephenin kirlenmesi derdini de alıp götürüyor o güzelim yapraklar. Kimi sonbaharda sararıp, kızaran cinsten, kim yaz kış yeşil kalan, kimi al çiçekli, kimi turunculu... Benim okulumun cephesi baharda açan morsalkımlarıyla ünlüdür. Geri kalan binalarsa yeşil sarmaşıklar içindeydi. Ama hepimiz ille de o morsalkımların açmasını beklerdik. Öylesine bir güzellikti.

Yine çevreci öğrenciler okul girişine ve koridorlara dev saksılar içinde yeşil bitkiler yerleştirebilir ve bunların bakımını üstlenebilirler. Silivri'deki Özel Balkan Lisesinin bitkiler ve resimlerle donatılmış girişini ve koridorlarını; Gökdil Lisesinin aydınlık ve çiçekler içinde dünya tatlısı kütüphanesini, çiçeklerle kitaplara sevdalı kütüphane görevlisiyle, öğrencilerine biraz daha bir şeyler vermek için didinen güleryüzlü öğretmenlerini unutamıyorum örneğin.

Özel Balkan Lisesinin kurucusu, Erdoğan Alpa'ya okuldaki ayrıntılara gösterilen özenin gerçekten etkileyici olduğunu söylediğimde, «Aslında hem bu bitkiler, hem de duvarlardaki resimler küçük birer ayrıntı ama bir o kadar da önemli,» dedi ve ekledi, «Üstelik bir okula yapılan masrafı gözönüne alırsanız, çiçeklere verilen paranın ne kadar az bir miktar tuttuğunu hemen görebilirsiniz. Oysa sabahleyin okula adımını atan öğrenciyi yeşil bir bitkinin, güzel bir resmin, aydınlık bir penserenin karşılaması çok çok önemli. Ayrıntılar uygarlığın göstergesi bence.» Ne kadar haklıydı!

Bu ayrıntıları neden devlet okullarında okuyan öğrencilerimize sunmayalım? Veli toplantılarında öneriler getirsek, öğrencilerle birlikte bitkileri seçip alsak, daha da iyisi bıraksak çevreci ya da çiçek meraklısı öğrenciler aralarında karar verip alsalar ve bakımını üstlenseler... Ne kadar yararlı olurdu gençlerimiz için.

Önce, insanın üstüne kâbus gibi çöken bir mekân yerine içini açan, neşe veren, hele bir de kendisi katkıda bulunmuşsa, gurur duyacağı okuluna daha da hevesle gelecek...

Sonra; yaşadığı yerde bu tür bir değişimi gerçekleştirebildiğini görünce *gelecekte beğenmediklerini değiştirme cesaretini bulabilecek kendisinde,*

Ve en önemlisi de *güzellikleri görebilme, güzellikleri oluşturma doğrultusunda adımlar atmaya başlamış olacak.*

«Şimdi Çeşme'de Japon gülleri açmıştır»

Fortune dergisinin bir sayısında «altın çocuk», bir başka yayın organındaysa «müthiş Türk» diye sözü edilen kişi gencecik yaşına karşın Coca Cola gibi büyük bir kuruluşta hızla yükselip, tepedeki adamlardan biri olmuştu. Bizleri uluslararası düzeyde yeteneği ve iş alanındaki başarılarıyla gururlandıran yüzaklarımızdan biriydi kısacası. Adı, Muhtar Kent.

Tahmin edebileceğiniz gibi iş temposu çok ama çok hızlıydı. Ülkelerarası gidip gelmeler, kıtalararası toplantılar, herkes yatağında uyurken sabahlara kadar çalışmalar... Eh, bu da başarının bedeliydi. Ama bu genç adam yoğun temposuna karşın ailesine zaman ayırmayı ve ilginçtir bunu doğa sevgisiyle bütünleştirerek yapmayı başarıyordu. Denizi, yeşili, özellikle de yeşili çok seviyordu. Öyle ki, nereye gitse, nerede otursa hemen yaşadığı yeri yeşillerle donatıyordu. Bir apartman katında otururken sadece balkonlarını saksılarla doldurmakla yetinmemiş, apartmanın önündeki bozuk kaldırımı tamir ettirerek, kaldırımın kıvrıldığı köşelere büyük saksılar koydurmuş, içine rengârenk sardunyalar ve yeşil bitkiler diktirmişti. Sadece kendi evinin önü değil, apartmanın önünden geçen yolun da temiz ve güzel olması, önemliydi onun için.

Yaşamayı en sevdiği yerlerden biri de İzmir'in Çeşme'siydi. Sonunda eşiyle birlikte orada hayallerinin yazlık evini inşa etmeye karar verdiler. Her hafta sonu uçakla geliyor, evin inşaatının yanısıra bahçe düzenlemesiyle de bir kuyumcu titizliğiyle ilgileniyordu. Kısa sürede evleri bitti ve sevdikleri Çeşme'de, yeni evlerinde, ilk yazlarını geçirdikten sonra işi nedeniyle yaşadıkları Viyana'ya döndüler.

Viyana'ya geldikten birkaç gün sonra bir akşam yatağına uzanmış, gözlerini tavana dikmiş öylece yatıyordu.

Yine kimbilir hangi iş sorununu çözmeye çalışıyor, diye düşündü eşi ve sordu.

«Ne düşünüyorsun?»

Bir anlık sessizlikten sonra kendi kendine konuşurmuşçasına yanıtladı eşini. «Şimdi Çeşme'de Japon gülleri açmıştır.»

Doğaya ve güzelliklerine olan sevgiyi bir kez tattı mı insan, artık ondan vazgeçemiyor.

Güzelliklere, düzene, temizliğe alışınca artık çirkinlikler, çıplak duvarlar, kötü seçilmiş renkler, çiçeksiz, yeşilsiz bir yer insanı rahatsız ediyor.

Çocuklarımızı çirkinliklere alıştırmayalım. Çünkü ne yazık ki göre göre, yaşaya yaşaya insan çirkinliklere de alışıyor ve artık görmez oluyor. Alışıyor alışmasına da, mutlu, huzurlu, keyifli gidip gelmiyor o yerlerden, o sokaklardan. İçinde hep bir sıkıntı, bir bunalma duygusu... Ne yazık değil mi?

Okul koridorlarını bir düşünün. Uzayıp giden sağır duvarlardan oluşur. Bir örnek çerçeveler içinde neşeli posterler, ünlü ressamların reprodüksiyonları ya da bakınca insanı güldürüveren okul yaşamıyla ilgili karikatürler dizisiyle bu duvarlar hayata geçirilse fena mı olur?

Yine bir başka okulda, Bilfen Lisesinde girişe konmuş iki dev kutu gördüm. Kullanılmış her türlü kâğıdın buraya atıldığını anlattılar. Böylece eski defterler, müsvedde kâğıtları çöpe gitmek yerine, toplanıp fabrikaya gönderiliyor ve yeniden kâğıda dönüşüyordu. Katılımın çok yüksek olduğunu söyledi öğretmenler.

Bir diğerindeyse çöp kutuları rengârenkti. Öğrenciler tarafından çizilip boyanmış çizgi film kahramanları, sıradan çöp sepetlerini insanın yüzüne gülücükler oturtan nesnelere dönüştürmüştü. Sınıflarda da bu böyle miydi bilmiyorum ama bahçedeki tüm çöp kutuları çılgıncasına neşeliydi.

Bunların hepsi öğrencilerin zevk alarak yapacakları ve bu arada da onlara zevk verecek ayrıntılar. Büyük paralar istemeyen ama yaşadığı yeri aydınlatan, neşelendiren ayrıntılar...

Çocuklarımızı çirkinliklerle yaşamaya mahkûm etmeyelim. Onlara güzellikler sunalım. Onca iş arasında, «Şimdi Çeşme'de Japon gülleri açmıştır,» dedirtecek kadar güzelliklere sevdalandıralım onları.

Okullarımızın sanatsal faaliyetlerine, kültürel etkinliklerine de yardımcı ve destek olmalıyız. Çok çok yükseklere bakıp, oralara nasıl erişirim, demek yerine; şimdi, şu anda bu olanaklar oranında çocuklarımıza ve gençlerimize hizmet verelim. Bugünün küçük başarısı, yarın daha büyüğünü yapabilmek için bize güç verecektir.

Veliler olarak yapabileceklerimiz deyince, ilk akla geliverenler bunlar. Yapacak olduktan sonra neler var neler...

Mutsuzların arasında «mutlu» olamaz, diye düşünürsek, yapacak öyle çok şey var ki...

Veliler olarak sadece kendi çocuğumuzu düşünmekle yetinmeyelim, demiştik ya, bu bağlamda sadece okuldakilere değil yaşadığımız bölgenin çocuklarına da bir biçimde el uzatmalıyız. Bu, vaktimizin elverdiği oranda bir gecekondu bölgesi okuluna yardım etmek olabilir. O bölgelerde yaz okulları açılmasını sağlayıp, tatil zamanı sokaklarda avare gezinen çocuklara olumlu ve yararlı bilgiler öğreten, onları eğlendiren kurslarda gönüllü çalışmak olabilir. Yazın haftada birkaç saat ayırmakla tüm biz ev kadınlarının yapabileceği bir şey bu.

Amatörce de olsa bildiklerimizi öğretelim. Artık okumadığımız kitaplarla, dergilerle, kullanmadığımız giysilerle, okulda öğrenip de bir türlü kullanma fırsatını bulamadığımız yabancı dilimizle, şarkılarla, masallarla bizimkilerden daha zor koşullarda olan bu çocuklarımızı ilgisizliğin o soğuk ve karanlık boşluğundan çekip alalım.

Yapılacaklar gözümüzde büyümesin. Belki tenis oynatamayız ama jimnastik yaptırabiliriz. Biraz bir imkânımız varsa voleybol ya da basketbol öğretebilir, oynatabiliriz.

Belki ünlü galerilerdeki resim sergilerine götüremeyiz ama ellerine kâğıt ve renkli kalemler vererek onlara kendi mahallelerinde bir sergi açtırabiliriz.

Belki baleye götüremeyiz ama onlara balenin ne olduğunu ve halk danslarını öğretebiliriz.

Ve hepsinden önemlisi onlara kitabı ve okumayı sevdirebiliriz.

Sevgi ve emekle gerçekleşecek şeyler bunlar. Çocuklarımızın

evde, okulda, mahallemizde ve dünyada bizlerin ilgisine gereksinimleri var. Onlardan bu ilgiyi esirgemeyelim. Çocuklarımız için, toplumumuz için, hepimizin mutluluğu için üstümüze düşen görevlerin bilincinde olmalı ve bunları yerine getirmeliyiz artık. Kapkaranlık uzanan ve adına ilgisizlik denen o boşluktan bütün çocuklarımızı kurtarmalı, korumalıyız.

Bir tek çocuğa kitabı sevdirebilirsek ya da bir başkasına bir güzellik ufku açabilirsek, diğerini sporla tanıştırabilirsek, kısaca onların dünyasında bir ışık yakabilirsek, işte o zaman bizim yaşamımız da anlam kazanacaktır.

Gönüllü çalışma ve hizmet kavramını bir de bu açıdan düşünmeliyiz.

İşte bir örnek ve bunu duyuran gazete kupürü. «Boğazda Tanışma Keyfi» başlığı altında bir vapurda şarkılar söyleyen çocukların fotoğrafı var. Altındaysa şunlar yazılı:

«Bizim Ülke Derneği, yaz okullarının temmuz ayı katılımcılarına 'güle güle', ağustos ayı katılımcılarına 'merhaba' demek için düzenlediği Boğaz turuna katılan altı yüz çocuk gönüllerince eğlendi.»

Ve yazı devam ediyor.

«Başkanlığını Prof.Dr. Aysel Ekşi'nin yaptığı Bizim Ülke Derneğinin Fındıkzade, Sarıyer ve Reşitpaşa'daki yaz okullarında bir ay geçiren 7-13 yaşlarındaki çocuklar, ağustos ayında yaz okullarına devam edecek arkadaşlarıyla tanışmanın mutluluğunu tattılar. Çocuklar tur boyunca şarkılar söylediler.

Derneğin yöneticileri sevgi ve özveriyle büyüyen bu çalışmayı, önümüzdeki yıllarda da sürdüreceklerini belirtirlerken, dernek üyesi Betül Sözen ise amaçlarının özellikle okullar kapandıktan sonra sokaklarda dolaşan çocuklara çevre ve kültür bilinci aşılamak olduğunu söyledi.»

Derneklerde, vakıflarda, kulüplerde ve daha başka yardım kuruluşlarında çalışan erkek kadın pek çok kıymetli insan var. Her biri kendi zamanından çalarak yararlı işler için çalışıp, didiniyorlar. Değerli insanlar bunlar.

Benim sözünü etmek istediklerimse, gönüllü gruplar... Bu kişiler ne dernek üyesi, ne de vakıf; sadece gönüllü olarak ellerinden geleni yapmak isteyen, bir insan olarak kendilerini sorumlu hisseden kişiler.

Günümüze kadar yuvarlana yuvarlana gelip bir çığ gibi büyümüş olan ilgisizlik yumağını çözmeye çalışan bir grup sade vatandaş... Ev hanımları, çalışan kadınlar, emekli öğretmenler ve üniversite öğrencilerinden oluşuyor bu gönüllü gruplar.

Çocuklarımızla, gençlerimizle ilgilenilmediği takdirde, onların nasıl bir boşluk içine yuvarlanabileceklerini görebilen insanlar.

Bana ne deyip, omuz silkerek başkalarının sıkıntılarına, dertlerine sırt çevirmenin dönüp dolaşıp bir gün hepimizin yüzüne patlayacağının farkında olanlar.

Ve iyi bir şeyler yapmak için devletten, ondan bundan yardım beklemek yerine, kollarını sıvayıp kendileri bir şeyler yapanlar...

İşte Çağdaş Eğitim Vakfının bünyesinde çekirdeği üç dört kişiden oluşan gönüllü gruplardan biri, bakın neler neler yapıyor.

Kendi yaşadıkları bölgelerdeki okulları geziyor, okul müdürleriyle görüşüyorlar. Nasıl yardımcı olabileceklerini soruyorlar. Önce parasal sıkıntı içinde olan öğrencilerin bir listesini çıkarıyorlar sonra da okulun gereksinimlerinin. Örneğin bir okul müdürü, «Sizden hiçbir şey istemiyoruz, yeter ki şu damımızı aktarın. Kış geliyor, bir yağmur yağdı mı, sınıflarda oturmak mümkün değil,» demiş.

Bir başka okul müdürü, ecza dolabının bomboş olduğundan yakınmış. Çocukların ne doktora, ne de diş hekimine gidebildiklerini, okuldaysa böyle bir olanağın zaten olmadığını anlatmış.

İşte grup bu gereksinimleri saptadıktan sonra dağılıp kendi çevrelerinde çalışmaya başlıyor. Herkesten her tür yardım kabul ediyorlar. Zamanı olanların gönüllü çalışmalarını, zamanı olmayıp da destek olmak isteyenlerden de para yardımı kabul ediyorlar. Ve bu paralarla çocukların gereksinimleri karşılanıyor.

İlaç fabrikalarını geziyorlar ve okullara için ücretsiz ilaç toplayıp, bunları götürüp bir şişe tentürdiyotu bile olmayan okullara dağıtıyorlar.

Evlerden kullanılmayan eşyaları, giysileri, kitapları, eski oyuncakları yine okullara götürüp, ihtiyaç sahibi çocuklara veriyorlar.

Damı aktarmak için kolları sıvamışlar bile. Sanırım bu kış çocuklar ıslanmadan ders yapabilecekler.

Yazın günlerini sokaklarda geçiren ve bir kursa gidecek olanakları bulunmayan çocuklar için her semte bir yaz okulu veya kültür evi düşüncesinden çıkarak, kapı kapı gezerek özellikle de o bölgenin varlıklı kesiminden yardım istemişler. Diğer gönüllülere göre bu grup daha şanslıymış ki, o semtin eski ailelerinden biri bu amaç için bir ev bağışlamış, bir diğeri de içinin döşenmesini üstlenmiş. Gelecek yaza bu kültür evinin açılacağını söylüyorlar.

Böylesine cömert bağış alamayanlar okullarla anlaşıp, yazın en azından okulun bahçesinde bu tür faaliyetlerini sürdürmeyi düşünüyorlar. Emekli öğretmenlerle, üniversite öğrencileri de destek oluyorlarmış bu çalışmalara. Örneğin, emekli bir beden eğitimi öğretmeni bir başka bölgedeki kültür evinde çocuklara jimnastik yaptırıyor, oyunlar oynatıyormuş. Emekli öğretmenlerin bu çalışmalara büyük katkıda bulunduklarını söylüyor grup çalışanları. Üniversitelilerse örneğin bir pazar günü mahallenin çocuklarını alıp, onları deniz kenarına gezmeye götürüyorlar. O bölge çocuklarının böyle yerlere gitmeleri pek olası değil. Bu tür bir gezinti onlar için bir bayram oluyor adeta.

Bu küçük gruplar biraraya gelen birkaç kişi ve onların çevrelerinde oluşturdukları yardımlaşma zincirinden ibaret. Herkes kendi bölgesine ya da bölgesine yakın yerlerde küçük küçük gereksinimleri karşılamak, çocuklarımızın ihtiyaçlarını gidermek, gezmeye götürmek, olumlu bir şeyler öğretmek için çalışıyorlar.

Herkesin yapabileceği bir şeyler vardır.

Yeter ki isteyelim.

Ve bütün çocuklarımız için kolları sıvayıp biz de kendi okulumuzda, mahallemizde, yaşadığımız bölgede hizmet verelim. Dostlarımızı da bu tür çalışmalara uyandıralım. Çocuklarımızı ilgisizliğin, sevgisizliğin karanlığından koruyalım.

Onların dünyasında bir ışık yakalım.

Bir başka yapabileceğimizse, yurtlarda kalan öğrencilerle ilgilenmek. Eğer küçük çocuklarla pek aramız yoksa, kentinden ve ailesinden uzakta hele de ilk yılı büyük bir yalnızlık içinde geçiren nice üniversiteli var. Onlar için bir şeyler yapabiliriz.

Yalnız yaşıyorsak, yurtlarda yer bulamayan bir öğrenciyi evimize alabiliriz. Bunu yapanlar var. Hem kendi yalnızlığını giderirken, hem de genç bir üniversiteliye o pek güçleşmiş kalacak yer bulma sorununa destek olmuş oluyorlar. Bu o genç için öyle büyük bir nimet ki...

Ya da yurtların müdürleriyle konuşarak, örneğin bir hafta sonu beş on öğrenciyi eve yemeğe davet edebiliriz. Onlarla bir pazar geçirebiliriz. Özellikle de hiç kimseyi tanımadığı yeni bir kente gelmiş gençler için haftada ya da on beş günde bir, bir ev yemeği yemek, bir aile ortamında bulunmak, konuşmak, yalnızlığını, sorunlarını paylaşabilmek çok önemli. Bizim de çocuklarımız başka kentlere gidiyorlar ve yalnızlık çekiyorlar. Birinin çıkıp onlarla ilgilenmesi, evine davet etmesi bizi mutlu etmez mi? Biz bir başkasının çocuğunu ağırlarken, o başkası da bizim çocuğumuzla ilgilense, içimiz sımsıcak olmaz mı?

Yurt müdürlerine yardım önerebiliriz. Yurtları yuva görünümüne kavuşturmak, onların ev özlemini hafifletebilmek için kaldıkları yeri güzelleştirme çabası içine girebiliriz. Yurt görevlileriyle el ele vererek gönüllü çalışmalar yapabiliriz. Bakın Cumhuriyet gazetesinde yurtlar hakkında çıkan «Keşke Yurtlar Evi Anımsatsaydı» başlıklı yazıda neler yazılı.

«Kız öğrenciler, yurtların biraz olsun eve benzemesi için uğraş veriyorlar. Tabii yasaklar olmasa...» diye başlayan yazıda üç yıldır yurtta kalan Sevil adında bir genç kız ilk izlenimini şöyle anlatıyor. «Odaya ilk girdiğimde gözüme çarpan ranzaların gri, çarşafların mavi rengi olmuştu. Gri hapishaneyi, maviyse hastaneyi anımsattı bana.»

Bir başkası, Betül adlı genç kızsa, «Yurda son giriş saati 21:00 olduğundan sosyal etkinliklere katılamıyorum, sinemaya, tiyatroya gidemiyorum,» diyor.

Yine bir başkası sırf bu yasak nedeniyle ihtiyacı olan part-time işi kaçırdığını anlatıyor. Devlet yurtlarından şikâyet öyle çok ki... Temizlik yok, parasını ödedikleri yemekler kötü, sağlık koşulları kötü, banyo yapmak bir mesele ve bol bol yasaklar...

Öte yandan özel yurtlar ya da yöneticileri gerçekten gençleri ve işini seven ve bir şeyler yapmak isteyen kişilerse; koşullar çok daha iyi. Bizler koşulları zor olan yurtlara ve bu yurtlarda kalanlara yardım önerebiliriz. Parası olanlar yurtların eksikleri için bağış yaparken, zaman ayırabilenler de başka biçimlerde yardımcı olabilirler.

Dedim ya, yapmak istedikten sonra yapacak öyle çok şey var ki...

Üç soruda sınıfta kalan eğitimciler

Çocuklarımızın yaşamında önemli yeri olan öğretmenler çeşit çeşit. Her meslekte olduğu gibi...

Mahrumiyet bölgelerinde can güvenliği olmadan çalışanlar, idealist öğretmenler; işini baştansavma yapıp bir an önce çekip gitmeyi düşünenler; çocukları ve gençleri görünce gözleri parlayan sevecenler; sorunlarının acısını çocuklardan çıkaran dayakçılar; çağdaşlar, bağnazlar... Kişilikleri nasıl olursa olsun hepsinin ortak yanı çok çok önemli bir görevde bulunmaları. Geleceği elinde tutanlar, geleceği yoğuranlar onlar. Neredeyse en önemli görev onların, demek geliyor içimden.

«Eğitim, ekmek ve sudan sonra halkın en zorunlu ihtiyacıdır,» demiş Danton.

Thomas Jefferson ise, «Toplumu aydınlatırsanız, her türlü baskı ve baskı aracı gün ağırırken kayboluveren kötü ruhlar gibi yok olacaktır,» diyor.

İşte bu karanlığı kovalayıp, bizleri, çocuklarımızı, hepimizi aydınlığa kavuşturmaya çabalayanlar, öğretmenler. Anımsayacaksınız, daha önceki bir iki mektupta gençler öğretmenlerinden gördükleri destek ve anlayışı ailelerinde bulamadıklarını anlatıyorlardı. Ve o öğretmenlerini nasıl şükranla anıyorlardı. Benim de onlara saygım öylesine büyük ki, benden genç de olsalar, bir öğretmenle tanıştırıldığımda hemen kendimi ayakta buluyorum. Ama... az önce de dediğimiz gibi her mesleğin iyisi de var, kötüsü de...

Önce eleştirilere bakalım. *Hürriyet* gazetesinin ekinde Ertuğrul Timur'un hazırladığı «Fevkalade Bulaşıcı Mizah Köşesi»ndeki şiir hem eleştiriyor, hem güldürüyor.

EĞİTİMCİLERİ EĞİTELİM

Yıl 1939. İlk Milli Eğitim Şûrası.
Hasan Ali kürsüde dedi ki:
«Temel eğitim sekiz yıl olacak...»
A benim canım hükümetlerim
Kendi F-16'sını yapan idarecilerim

A be çok mu zordur ki
53 yıldır yapamadınız?
A be çağ jetle mi atlanır?
Yoksam eğitimle mi yakalanır?
Sözüm değil son yetkiliye
Sözüm gelmiş geçmiş hepsine
Toplanın hepiniz bir yere
Geçem karşınıza ben de
Yazın soru biiir!
Çaldıran Savaşının tarihi?
Ne o ezber bilemediniz mi?
Siz bilemeyonuz da niye
öğretiyonuz?
Soru ikiii!
Hep Atatürkçü ol dediniz de
Nesini öğrettiniz?
Dön dolaş pembe boyalı ev
Dön dolaş pusulası bozuk gemi
Hangi derste yer aldı ideolojisi?
Topu topu iki cümle
Şapka Devrimi?
Yazın soru üüüüç!
50 kişilik sınıfta
Bir tek kimyacı olacaksa
Öbür 49'unun günahı ne?
Sodyum sulfatı ezberlemekte?!
Genel kültür bu mudur?
Sen ezberledin de Ohm kanununu
Söyle kaç kere lazım oldu?
Bu sene de denecek
Eğitim düzelecek
Zihniyet hep aynı ama
Kitap kapları değişecek
2000'e sekiz kala
Ben şaşarım aklınıza.

Gelmiş geçmiş tüm eğitimciler
Sınıfta kaldınız üç soruda!

Bir gencimizin mektubundan alıntı...

«En çok sorunlarla karşılaştığımız yerse, okul. Öğretmenlerimiz bize küfür ediyor, dövüyor ve sürekli disipline vermekle tehdit ediyorlar. Şunu söylemek istiyorum! Eğer bize örnek olmak istiyor ve saygı gösterin diyorsanız, biz konuşmaya ve saygı göstermeye hazırız ama biz de saygı görmek ve sizlerin tarafından sevilmek istiyoruz. Hepinizi sıcacık bir gülümsemeye davet ediyorum.»

Ne güzel ve anlamlı bir çağrı değil mi?

Ve *Cumhuriyet* gazetesinde Erdal Atabek'in «Biz Bize» köşesinde «Bize Bu Yapılır mıydı Galatasaray?..» başlıklı yazısından bir bölümü aktarmak istiyorum.

Eğitimcilerde aranılan nitelikler

«Kopenhag'da (Danimarka) eğitim danışmanı olarak çalışan Hüseyin Duygu dostumuz 'okul müdür', 'okul müdürü yardımcısı' arayan iki ilanı çevirerek göndermiş. Belediye okullarına aranan yöneticinin özellikleri şöyle belirtilmiş: Öğretmenleri, öğrencileri, velileri ilgilendiren konularda duyarlı olmak... Ortak çalışmaya istekli ve yetenekli olmak... Eğitimi geliştirici deneyime sahip olmak... İleriyi görebilme özelliği taşımak... Problemleri demokratik yolla çözebilme özelliğine sahip olmak... Neşeli ve şakacı bir kişiliğe sahip olmak... Buyrun bakalım! Okul yöneticilerinde bu özelliklerin aranması çok şaşırtıcı değil mi? Bizim, surat asıklığını ciddi olmak sanan, yaratıcı olmak yerine talimatnameleri dikkatle uygulamayı marifet sayan, dahası din kurallarını belletmeyi eğitmek kabul eden eğitim anlayışımız nasıl da ters değil mi? Geçen gün gazetemizde yayımlanan 'Dayak Cennetten Değil, Okuldan Çıkma' başlıklı haberle nasıl bir çelişki oluşturuyor. Sorunumuz buralardan başlıyor ve hayatımızın her alanında sürüp gidiyor.»

Bu kez bir övgü...

İstanbul'da Oğuz Kaan Koleji öğretmenlerinden Süleyman Taşyürek'in öğrencilerine yazdığı mektup, öğrencisi Alaz Kılıçaslan'ı öylesine duygulandırmış ki, bunu *Milliyet* gazetesine postalamış, köşeyi hazırlayanlar da örnek olması dileğiyle bu mektubu yayınlamışlar. İşte «Örnek Öğretmen Taşyürek» başlığıyla verilen mektup.

«Sevgili yavrum,

Başarılı bir yılı bitirip tatile girdiniz. Daha nice başarılarla bitecek bundan sonraki yıllar da. Şimdi hepiniz evlerinizde, tatil yörelerindesiniz. Okulunuzu, öğretmenlerinizi hatırlıyorsunuz, özlüyorsunuz. Bilmelisiniz ki, ben de sizleri özlüyorum. Daha şimdiden arıyorum tatlı yüzlerinizi, sevgiyle yaklaşmalarınızı ve yaramazlıklarınızı.

Kuşkusuz güzel geçiyordur günleriniz, bol bol geziyor, oynuyor, televizyon izliyorsunuz, eğleniyorsunuzdur ve de sevgili çocuklarım, en önemlisi okuyorsunuzdur. Benim çok akıllı çocuklarımın okumanın en iyi eğlenme ve dinlenme olduğunun bilincini taşıdıklarını biliyorum.

Çevrenizde yeni arkadaşlar edinip, günlerinizi güzel geçirirken, odalarınızdaki en güzel arkadaşlarınızı, yani kitaplarınızı sakın ihmal etmeyin, onları küstürmeyin.

Bu benim sana yaz ödevim değil tatlı çocuğum. Bütün işler, arkadaşlıklar sevgiyle kurulursa yararlı olur. Seversen, istersen oku. İyi arkadaşlar gibi iyi seç kitaplarını.

Bir günlük tut ve tatil anılarını yaz, bu uzun zamanını almayacaktır. Akşam yatağına yatarken günlüğüne beş dakikanı ayırırsan daha mutlu uykulara dalacaksın...

Annemize yardım etmeyi de unutmayalım olur mu sevgili çocuğum?

Yaz tatilini çok iyi geçirmeni diler gözlerinden öperim...»

Ne kadar sıcak ve etkili bir mektup değil mi? Okurken insanın içi huzur doluyor.

Şimdi de bir liste var, göz atmanızı istediğim. Bir okulun dokuzuncu sınıf öğretmeni öğrencileri arasında anket yapmış. Sorduğu soru: «Kendinizi 'iyi hissedebilmeniz' için bizlerden beklediğiniz davranış biçimleri nelerdir?» İşte gelen yanıtlardan oluşan liste:

Sorunlarımızı anlamaya çalışın.
İyi bir çalışma yaptığımızda bizi kutlayın.
Biz tüm sınıfın önünde utandırmayın.
Bize bağırmayın.
Yanlış yanıt verince bize aptal muamelesi yapmayın.
Anlayışlı olun.
Sınıfa öfkeli gelmeyin.
İlgilendiğimiz şeylerle siz de ilgilenin.
Ayırım yapmayın.
İstendiğimizi bize hissettirin, bizimle ilgilenin.
Bizimle alay etmeyin.
Bizlere çocuk muamelesi yapmayın.
Herkesin hata yapabileceğini söyleyin
Bana da sınıfın gözde ve sevilen öğrencilerindenmişim gibi davranın.
«Afferin sana!» deyin.

Nasıl? Müthiş bir liste değil mi?

Haydi bakalım sevgili öğretmenler, kolay gelsin!

Oradan buradan yazılar, eleştiriler, övgülerden oluşmuş bir kolaj sunmak istedim. Buralardan da gördüğümüz gibi gençlerimizi etkileyenler onlara sevgiyle yaklaşabilen eğitimciler. Bu tür davranışlarla onlara yaşamın ve bilginin özünü sunanlar... Bir ömür boyu yararlanabilecekleri hayat derslerini kendi davranış ve tutumlarıyla birleştirerek öğretenler...

Öğretmenlerle veliler sık sık biraraya gelerek, kaynaşarak, bütünleşerek çocuklarımızı ve gençlerimizi olumlu biçimde yönlendirmeli. Adeta bir güç birliği oluşturmalı. Çocuklarımız için aile, okul ve medya mutlaka el ele vermeli.

Medya artık «eğlendirerek eğitme» sorumluluğunu duymalı

Sacayağın üçüncü bölümünü oluşturan medya acaba bu ülkenin geleceğini yani çocuklarını ve gençlerini düşünerek ne yapıyor diye eminim sizler de düşünmüşsünüzdür. Hele de milyonlar milyonlar harcanarak yapılan programları izlerken...

Tüm bu kargaşanın içinde doğru dürüst bir şeyler yapmaya çalışan birkaç özverili kişinin çabaları dışında ne yapıyorlar gerçekten?

Ailenin biraraya geldiği, birlikte televizyon izlediği saatleri gözönüne alarak programlar hazırlıyorlar mı?

Kimi işinden, kimi okulundan yorgun gelmiş insanları eğlendiren ama bir anlamı olan, güldürürken eğiten, insanın içini açan programlar mı yapıyorlar yoksa 'reality show' adı altında kan revan içinde kazalar, felaket haberleri mi sunuyorlar?

Sanat diye insanı birlikte izlediği kişilerden utandıran bol açık saçık sahneler mi izlettiriyorlar? Tamam, o kadar istiyorlarsa, onu da yapsınlar ama en azından belli bir saatten sonra. Bunun ne sanatla, ne de ilericilikle ilgisi var. En özgür toplumlarda bile ailenin hep birlikte televizyon izlediği saatlere, özellikle de çocukları düşünerek, bu tür filmleri koymuyorlar. Ya gece yarısından sonra ya da özel şifreli kanallarda gösteriliyor bu tür sahneler. Onlar bizden daha mı az demokrat? Ama her şeyin bir yaşı ve zamanı olduğunun bilincindeler. Televizyon programlarını hazırlayanlar konularında bilgililer; önce araştırıyor, uzmanlara, psikologlara danışıyor, sonra işe koyuluyorlar.

Buna karşın o saatlerde çocukları ve gençleri eğlendirerek eğiten, olumlu mesajlar veren aile komedileri yer alıyor. Bir «Cosby Show»u, bir «Küçük Ev»i, bir «Beyaz Gölge»yi milyonlarca insan, özellikle de çocuklar ve gençler zevkle izledi, bu arada farkında bile olmadan dersler aldı. Hem eğlendiren, hem de düşündüren, insana bir şeyler veren diziler bunlar.

Öyle çok eğitilmeye gereksinimimiz var ki... Çevre bilincinden temizliğe, insanlarla ilişkiden kent hayatında birlikte yaşama adabına kadar. Neden bunları hedef alarak programlar hazırlamazlar da, hiçbir mesajı olmayan, iki saat izledikten sonra, şimdi yani ne demek istedi bu film ya da dizi, dedirten cinsten şeyler yaparlar.

Çocuklarımızın kitap okumamaları, bu nedenle pek çok konuda bilgisiz olmaları televizyon izlemelerine bağlanıyor. Artık masal da dinlemek istemediklerini söylüyor bazı anneler. Masal yerine televizyonu yeğliyorlarmış.

Madem televizyon çocukların bunca ilgisini çekiyor, yapımcılar bu ilgiyi olumlu biçimde yönlendiremezler mi? Örneğin, çizgi filmlerin içine bilgi yerleştiremezler mi? Bir dergide okumuştum. Başrolde farelerin olduğu bir çizgi filmden söz ediliyordu övgüyle. Önce sevimli farelerin maceralarıyla çocuğun ilgisi yakalanıyor, sonra çok şirin biçimde çizilmiş Benjamin Franklin beliriyormuş farelerin arasında. Ve Benjamin Franklin'in Amerikan anayasasını hazırlayan çok önemli birkaç kişiden biri olduğu konuşmalar arasında anlatılıyormuş. Yazıda henüz okula başlamamış Amerikalı çocuklara Amerikan tarihinin çizgi filmlerle eğlendirerek öğretildiği anlatılıyor ve neden bizde de yuva çağındaki çocuklarımız için bu tür eğlendirerek bilgilendiren programlar yapılmadığı soruluyordu.

Amerika depresyon dönemini yaşarken Başkan Roosevelt'in büyük film şirketlerinin patronlarını çağırarak bir toplantı düzenlediği ve onlara, «Halkımız zor günlerden geçiyor. Onun için sizlerden ricam eğlenceli, moral verici filmler yapmanız,» dediği söylenir. Gerçekten de en çok danslı, şarkılı, bol kostümlü ve dekorlu filmler o döneme ait. Amaç halkın gün be gün yaşadıkları zorlukları bir iki saat için bile olsun unutturabilmek.

Burada medyanın gücünün farkında olan yöneticilerle, bu sorumluluğun bilincinde olan film yapımcılarının dayanışmasını görüyoruz.

Pek çok sorunu olan ve daha da önemlisi pek çok şeyi öğrenme gereksiniminde olan halkımıza karşı medya da artık bu sorumluluğunu üstlenmeli. Kendini yetiştirip, daha güzel, daha yararlı yapıtlar ortaya koyarak, halkına olan saygısını kanıtlamalı.

Güzel bir çalışma yapıldı mı, bunu hepimiz hemen takdir ediyor, mutlu oluyoruz. Belgeseller, «Kurtuluş», «Bizimkiler» gibi yerli dizileri hiçbirimiz kaçırmadan izliyoruz. İzleyiciye saygı gösteren, ciddi bir çalış-

ma ürünü olan programlar hemen sivriliyor. Ah, bir de çocuklarımız ve gençlerimiz için özenli programlar yapılsa... Aile ve okulda verilmek istenenler, bir de onların olanakları kullanılarak pekiştirilse...

Eminim o günler de gelecek ve daha iyiyi isteyen izleyici, bunu yapımcıyı zorlayarak başaracak.

Ve bakın bir gencimiz *Cumhuriyet* gazetesinde çıkan mektubunda medyayla ilgili neler söylüyor, neler öneriyor.

«Gazete okuduğuma pişman oluyorum.

Benim bahsetmek istediğim konu basında ve özel kanallarda sürekli ön plana çıkarılan şiddet, taciz, eğitime ters düşen programlar ve haberler. Bayiden okumak için birkaç gazete aldığımda pişman oluyorum. Çünkü okuyacak doğru dürüst bir haber bulamıyor ve diğer haberlere, resimleriyle birlikte göz gezdirdiğimde ise iğreniyorum. Ülkemizde çözülmesi gereken önemli sorunları konu etmek, halka duyurmak varken en ufak önemsiz haberleri 1. sayfaya koyarak 'çok önemlidir' havası veriliyor. Bilinçli bir toplum yetiştirmeye (özellikle bazı kırsal genç kesimleri) çalışmalı ve bunun için çaba sarfetmeliyiz. Şu sıralar en çok üstünde durulan konulardan bir tanesi intihar olayları, her kafası bozulan dama ya da Boğaz'ın derin sularına gömülmek için köprüye çıkıyor ve bunlar, özel kanallarda 'reality show' adı altında programlarda en ince ayrıntısına değin inilerek inceleniyor. Amaçları böyle yaparak izleyenleri uyarmak, bu tür konular hakkında bilinçlendirmek değil, tam tersine izleyen kesimi bu tür olaylara teşvik etmek, taciz etmektir.

Gelelim çocuklar için hazırlanan çizgi filmlere. Çocuklar sevgiyle büyümelidirler, şiddetle, kavgayla, kinle değil. Evde Ninjaları izleyen çocuklar, dışarıda aynı hareketleri arkadaşlarına ya da korumasız, ufak-minik çocuklara yapıyorlar. Bu sevimli yaratıklara mümkün olduğunca bu programları izlettirmemeye çalışalım. Bu zamanlarda onları çocuk parklarına ya da tiyatroya götürebiliriz. En büyük dileğim bu tür programlara ve basında yer alan korkunç haberlere bir daha rastlamamak ve bu haberlerin yerine,

kültür-sanat etkinlikleri, her kesimin anlayabileceği şekilde politika ve ekonomi alanlarında program yapılması, habe.ler yayımlanması. Her türlü şiddet ve tacizlere 'hayır' diyor ve bu konuda gerekenin yapılması için yetkilileri uyarmak istiyorum.

2000'e doğru, temiz ve bilinçli bir toplum için haydi el ele...»

Marmara Üni. Öğrencisi
F.Serpil Ulu

Eğitimin çeşitli boyutlarını ve uzantılarını tartıştığımız bu bölümü toparlarken gerçek anlamda eğitim deyince:

Umutsuzluğun, karamsarlığın karşısına Havel'in sözleriyle çıkarak,

umudu,

hayranlıkla bakabilecekleri, kendilerine «model» olarak alabilecekleri iyi işler başarmış onurlu kişileri onlara tanıtarak,

liderliği,

sorular sorup, işin özüne bakmasını öğreterek,

sorgulayarak düşünmesini,

devraldığı insanlık mirasına kendinden de bir şeyler katarak gelecek kuşaklara daha güzel şeyler sunmak için çaba göstermesi gerektiğini ona anlatarak,

topluma hizmet vermeyi,

ve başkalarının mutluluğu için çalıştığında bunun dönüp dolaşıp ona da mutluluk getireceğini öğütleyerek, insanlık ailesinin kendisi kadar şanslı olmayan bireylerine de elini uzatarak, onların dünyasında,

bir ışık yakmasını,

öğretmeliyiz gençlerimize.

İşte gerçek eğitim bunları öğrenmek ve öğretmek olmalı diye düşünüyorum. Burada sözü edilenleri ve daha nice nicelerini... Ne dersiniz?

Yaşam Bir Senfoniyse Eğer...

Yaşam bir senfoniyse eğer... önce bir giriş vardır. Bu girişle senfoniye can veren çalgılar, ince bir motifin eşliğinde kendilerini tanıtmaya başlarlar, birer ikişer.

Kimi kalın sesli, tumturaklıdır; kimi yumuşacıktır, huzur verir. Kimisi de neşelidir, çılgındır, binbir çıngıraktan oluşmuş çocuksu iniş çıkışlarla süsler diğerlerinin sürüp giden seslerini. Tıpkı bir ailenin bireyleri, annesi, babası, çocukları gibi.

Sonra gelişme bölümü başlar. Geri planda ilk duyduğumuz motif, bu süreçte kâh alçak, kâh yüksek perdeden kendini belirginleştirir. Senfoninin ana temasıdır bu.

Derken tempo hızlanır. Fırtınalar kopar, çalgılar bir diğeriyle çatışır. Tıpkı ailenin içindeki çatışmalar gibi. Bildik motif bile hırçınlaşmıştır.

Son bölümdeyse, bunca fırtınadan sonra giderek bir kabullenme, bir huzur, bir arınma gelişir. Çalgılar birbirleriyle daha yumuşak tonlarda konuşuyorlardır bu kez.

Ve... bu müzik şöleni; bölümler boyu kâh yalvarırcasına, kâh sesini yükseltip bazılarını susturururcasına, kâh teselli ve sevgi verircesine senfoniyi ve tüm çalgıları birarada tutan o bağlayıcı motifin yorgun ama mutlu ezgileriyle, zaferini ilan edercesine muhteşem bir finale ulaşır.

Bizlerse tüm bu savaşımı, farkında olmasak da, kendi yaşamımızdan bir şeyler bularak dinlediğimizden, bağlayıcı motifin zaferiyle sona eren ezgileri hayat yolundaki bir savaşçının diğerini anladığını belirtircesine, alkışlarımızla selamlarız.

Yaşam bir senfoniyse eğer, tüm bu iniş çıkışları aşmasını sağlayan bağlayıcı motif de... *bağışlayabilmektir.*

Bir düşünün. Karşılıklı bağışlamalar olmasaydı aile bireyleri birlikteliklerini sürdürebilirler miydi?

Çocuklarımızı bağışlayarak, onlara bağışlamasını öğretmeliyiz. Çünkü öfke, taşıması en ağır yüklerdendir. Esarete dönüşebilir. Bir ömür boyu taşınan öfkeler, insanın hem kendini, hem de yakınlarını mutsuz eder, acı çektirir.

Çocuklarımıza bağışlamasını öğreterek, onları bu esaretten koruyalım. Çünkü bağışlamak huzur bulmaktır, arınmaktır, kötü ve acı duygulardan kurtulmak, özgür olmaktır.

Evlatlarımız kötü şeyler yapmışlarsa, hayatın içinde ilerlerken yüreğimizde onları bağışlayacak sıcaklığı bulalım. Bağışlamak kolay değil. Zaman ve çaba ister. Olayları içine sindirerek kabullenmek ister.

Bağışlamak bir olayı yok saymak, içimizdeki duyguları bastırmak da değildir. Tam tersine, yapılanla, duygularımızla yüz yüze gelmek, içimizdeki zehiri akıtıp, oradan yola çıkabilmektir.

İşte bizler bunları başarabilirsek, çocuklarımıza örnek olabileceğiz; bağışlama sırası onlara geldiğinde nasıl davranacaklarını bilebilecekler.

Buraya kadar anne babanın evladını bağışlamasını konuştuk. Bir de gencin anne babasını bağışlaması var. Bilerek, bilmeyerek biz de onları kırıyoruz. Sözlerimiz, düşüncesiz tavırlarımızla...

Gencin, anne babasını bağışlaması daha güç. Çünkü anne baba çocuğuna karşı sorumlu. Onu kırdıysa, demek ki görevini tam anlamıyla yerine getiremedi. Ama... bu kırgınlıkları bir ömür boyu sürdürmek, gencin yaşamını zehirlemekten başka bir sonuç vermeyecektir. Bu nedenle, gencin huzura kavuşmak için yapması gereken, çocuklukta olanları o dönemde bırakıp, annesiyle babasını bağışlayarak yoluna devam etmektir. Geçmişle sürekli kavga etmek, onu mutsuz etmekten başka bir işe yaramayacaktır. Günlerine, yıllarına yazık olacaktır. Değer mi?

Ve, bir de şunu düşünmelidir. Annesiyle babası kendi bildikleri ölçüde davrandılar. Onlar da hayata başladıklarında pek bir şey bilmiyorlardı. Yaşayarak, hatalar yaparak öğrendiler. Mükemmel değildiler belki, ama kim kusursuzdur ki?

Anne babalarına hayranlık duymayabilirler, ama onları oldukları gibi kabullenerek sevmeyi öğrenebilirler. Ve bunu başardıkları takdirde, huzura kavuşacak, geçmişin esaretinden kurtularak, kendi hayatlarını yaşamaya başlayabileceklerdir. Sürekli geçmişle kavga halinde olmak, sürekli anne babayı suçlamakla bir yere varılamayacağının yanısıra, asıl önemli olan kendi hayatını yaşayamamaktır.

Genç insan geçmişiyle hesaplaşmalı, acılarıyla yüzleşmeli, anne babasını bağışlayarak huzura kavuşmalı, geçmişi geçmişte bırakıp yoluna devam etmelidir.

Bu anlatılanların yapılması elbette kolay değil ama zaman en büyük yardımcı. Nekahat dönemi yaşayan bir hasta gibi sabırla, gayretle gün gelip acıları aşabilecek, özgürlüğüne kavuşacaktır.

Böylece adına *bağışlamak* dediğimiz o bağlayıcı motif bir kez daha görevini yerine getirerek aileyi, hayatın fırtınaları içinde birarada tutacaktır. Ve zor dönemlerde bu motif yinelendikçe, senfoninin son bölümünde olduğu gibi, karşılıklı bağışlamaların getirdiği zaferle o muhteşem finale ulaşacaktır yaşam ve aile ilişkileri...

Çalışmalar sona erdiğinde, mektupları bir kez daha elden geçirdim.

Ne kadar da iyiniyetli, ne kadar duyarlı ve sevgi doluydular. Bir anne babanın kalbini kırmanın binbir yolu olduğunun bilincindeymişçesine sevgilerini vurgulayarak yazmışlardı bütün eleştirilerini.

İnsan kimden gelirse gelsin, her türlü eleştiriyi göğüsleyebiliyor da, evladından gelen en ufak söz tâ derinlerden yaralamaya yetiyor. İşte bu gerçeği bilirmişçesine yazmışlardı mektuplarını. Dikkatle, özenle, sevgiyle... Tek amaçları zaten var olan o çok değerli ve güzel ilişkiyi daha da güzel ve pürüzsüz kılmaktı.

Ortak çalışmamızı okuyan tüm anne babaların bu iyiniyet gösterisini aynı iyiniyetle karşılayacaklarına yürekten inanıyor, bu arada, istemeden de olsa, bir kusur ettiysek bizleri *bağışlayacaklarını* umuyorum.

Sonsöz

Salıncakta Yalnız Değilim

Bu çalışmalar sırasında sanki zaman içinde bir yolculuğa çıkmış gibi hissettim kendimi. Konu, anne babalarla evlat ilişkileri olunca ister istemez ben de annem ve babamla ilgili anılarıma, böylece geçmişe dönüş yaptım. Kızlarım ve günün birinde dünyaya gelecek torunlarımla ilgili düşüncelerse beni geleceğe taşıdı. Kimi mektupta gerilere gidip düşündüm, kimi mektupta ileriye dönük hayaller kurdum. Kimi mektupta da kendi dönemimi, anneliğimi sorguladım, durdum. Herhalde en zoru da buydu.

Böylece salıncakta kolan vuran çocuklar gibi geçmişle gelecek arasında gittim geldim, gittim geldim. Bu da insanın kendi hayatında bazı şeyleri daha iyi görmesini sağlıyor.

Bugün durduğum noktadan geriye baktığımda, babamın anısını sevgi, saygı ve minnetle anarken; annemi bitip tükenmeyen sevgisiyle her zaman, her koşulda sığınabileceğim limanım olarak görüyorum. Hâlâ!

Ve kendim de anne olduğumdan bunun ne demek olduğunu çok iyi biliyor ve, «Teşekkürler anneciğim teşekkürler... Seni çok seviyorum,» demek istiyorum bütün kalbimle.

İşte geçmişe kolan vurduğumda hissettiklerim...

Geleceğe kolan vurduğumdaysa, annemden aldığım bu değerli mirası kızlarıma layığıyla devredebilmiş olmayı umuyorum. Buna, yıllar sonra onlar karar verecekler. Onlarla ilgili düşünceler, umutlar ve varlıklarının bana verdiği mutluluk, ayaklarım taa yükseklerdeki dallara değmişçesine bir sevgi ve sevinçle dolduruyor içimi ve beni bunca mutlu ettikleri için onlara, «Teşekkürler, teşekkürler... iyi ki varsınız,» diye seslenmek istiyorum.

Salıncakta yalnız değilim. En yakın dostum, hayat arkadaşım var yanımda. Üzüntülerin, sevinçlerin, başarısızlıkların ve başarının içinden birlikte kolan vuruyoruz, bir ileri, bir geri. Beni salıncakta yalnız bırakmadığı, güçlü sevgisi ve desteğiyle yere yuvarlanmaktan koruduğu için de ona, «Çok çok teşekkür ederim. Umarım ben de sana iyi bir arkadaş oldum,» diye tüm sevgimi fısıldamak geliyor içimden.

Hayat sürüp gidiyor. Ve biz birlikte, bir ileri, bir geri kolan vurmaya devam ediyoruz.

Kaynakça

1. Bilgin, Melis, *Henüz Çocuğum,* kendi basımı, 1992.

2. Campbell, Ross, (Çev.: Meral Gaspıralı), *Çocuk Sevgiyle Büyür,* Altın Kitaplar Yayınevi, İstanbul, 1991.

3. Cüceloğlu, Doğan, *İçimizdeki Çocuk,* Remzi Kitabevi, İstanbul, 1993.

4. Cüceloğlu, Doğan, *İyi Düşün Doğru Karar Ver,* Sistem Yayıncılık A.Ş., İstanbul, 1993.

5. Davis, Henri P. (Ed.), *The Modern Dog Encyclopedia,* The Stackpole Company, Harrisburg, Pennsylvania, U.S.A., 1956.

6. Edelman, Marian Wright, *The Measure of Our Success,* Harper Perennial, Boston, 1993.

7. Ekşi, Aysel, *Çocuk, Genç, Anababalar,* Bilgi Yayınevi, Ankara, 1990.

8. Köknel, Özcan, *İnsanı Anlamak,* Altın Kitaplar, İstanbul, 1986.

9. Reader's Digest, *How to Live With Life,* Reader's Digest Asia Ltd., Hong Kong, 1968.

10. Turk, Blossom, *Living With Teens,* Legendary, Publishing Company, Idaho, 1990.